مقارنة الأديان

الأستاذ الدكتور
سعدون محمود الساموك
كلية الشريعة / الجامعة الأردنية

دار وائل للنشر
الطبعة الأولى
٢٠٠٤

رقم الايداع لدى دائرة المكتبة الوطنية : (٢٠٠٣/٩/٢١٠٣)
٢٩١
مقارنة الأديان/ سعدون محمد الساموك.
- عمان: دار وائل للنشر والتوزيع ، ٢٠٠٣ .
(٢٦٤) ص
ر.إ. : (٢٠٠٣/٩/٢١٠٣)
الواصفات: الديانات المقارنه / الاسلام / المسيحيه / اليهوديه
* تم إعداد بيانات الفهرسة والتصنيف الأولية من قبل دائرة المكتبة الوطنية
****

ISBN ٩٩٥٧-١١-٤٥١-٤ (ردمك)

* مقارنة الأديان
*الأستاذ الدكتور سعدون محمد الساموك
*الطبعـة الأولى ٢٠٠٤

* جميع الحقوق محفوظة للناشر

دار وائـــل للنشر والتوزيع

* الأردن - عمان - شارع الجمعية العلمية الملكية - مبنى الجامعة الاردنية الاستثماري رقم (٢) الطابق الثاني الجبيهة)-هـاتف : ٠٠٩٦٢-٦-٥٣٣٨٤١٠ - فاكس : ٠٠٩٦٢-٦-٥٣٣١٦٦١ - ص. ب (١٦١٥
* الأردن - عمـان - وسـط البـلد - مجمـع الفحيص التجــاري- هــاتف: ٠٠٩٦٢-٦-٤٦٢٧٦٢٧
www.darwael.com
E-Mail: Wael@Darwael.Com

الإهداء

إلى/ روح والدي الطاهرة

وإلى/ طلابي الأعزاء في كليات الشريعة

"في كل مكان"

المحتويات

بسم الله الرحمن الرحيم

المقدمة

ما من شك في أن موضوع مقارنة الأديان ،موضوع شائك يستدعي تفهما من المرء بدينه والإحاطة بحيثياتهِ ومسائله بتمعن وروية ليجعل من السهل على المرء أن يتفهم موضوعي الديانة اليهودية والديانة المسيحية- موضوعي الكتاب- خاصة إذا ما أخذنا بنظرة الاعتبار أن مصدر كل الأديان واحد .

الدين مؤسسة اجتماعية لا تستغني عنها أية جمعية بشرية مهما كانت بدائية،إذ أن فكرة الدين اندمجت مع الإنسان منذ أول نشأته فقد كانت هذه الفكرة - قديما - ساذجة تتسم بالخوف والرجاء من مظاهر الطبيعة المخيفة ، والرجاء في مظاهرها الخيرة .. وقد قضى الإنسان قرونا طويلة لم ينفك خلالها من طلب معرفة منشأهِ ومصيره.

وفي طريقهِ لمعرفة هذه الحقيقة ،كان يقف حائرا تارة أو متحمسا أخرى ، فيضل الطريق مرة ويتعرج أخرى ليبلغ بعدها الرقي الفكري نصيبا في التكامل حين نزل الإسلام فانفتحت له الأبواب لمعرفة الدين معرفة واضحة .

والدين في اللغة يعني هو الجزاء والإسلام والعادة والعبادة والطاعة والاستعلاء والسلطان والحكم والملك والتوحيد فالله مالك يوم الدين أي يوم المحاسبة والجزاء والدين لله أي الحكم لله والخضوع له ودان المرء بشيء أي اتخذه مذهباً واعتقده .

أما في المصطلح فإن الدين هو وضع الهي سائق لذوي العقول باختيارهم إياه إلى الصلاح في الحال والفلاح في المآل أو هو وضع الهي يرشد إلى الحق في الاعتقادات والى الخير في السلوك والمعاملات [1]. وهذا التعريف ينطبق على الأديان الصحيحة أو الديانات السماوية أما عند غير المسلمين فالدين هو الاعتقاد بوجود ذات أو ذوات غيبية علوية، لها شعورواختيارولهاتصرف وتدبير للشؤون

---

(1) الدين ، د. محمد عبد الله دراز ص/٣٠-٣١.

التي تعني الانسان ، اعتقاد من شأنه أن يبعث على مناجاة تلك الذات السامية في رغبة ورهبة وفي خضوع وتمجيد [1].

وقد صنف المسلمون الأديان إلى صحيحة وهي الأديان الموحى بها، لذلك يبتدئ تعريفهم للدين بأنه (وضع الهي) تفريقاً لما يصنعه الإنسان والتي أسموها أدياناً باطلة وهي التي ندعوها اليوم الديانات الوضعية والتي سنتحدث عنها في النهاية.

لقد عرف الإنسان المسلم أن الدين نزل مع آدم أول نبي في تاريخ البشرية، وكانت الرسالات تنزل بعده تباعا حيث لم يترك الباري عز وجل الإنسان سدى، إلا أن الجهل الذي كان يسود القرون الأولى جعل من تحريف الرسائل مصاحبا لكل رسالة تنزل من السماء أي إن الأديان السابقة للإسلام كلها قد تعرضت للتحريف بسبب الجهل والأمية . إلا أن الرسالات لم تنقطع حيث قال تعالى : (وَإِنْ مِنْ أُمَّةٍ إِلَّا خَلَا فِيهَا نَذِيرٌ (٢٤)) [فاطر:٢٤] لكن المقاومة العنيفة من الكفار والجهل والأمية التي كانت تسود الأمم والمجتمعات قديما،قد جعلت معظم الأديان تنحسر وتختفي لتظهر في صورة حقيقية عظيمة بعدئذ مع إبراهيم عليه السلام الذي تسنى له أن يتعرف على أعداء الله عن كثب ويدرك مستوياتهم الفكرية فقارعهم بها في عقر دارهم . ثم ما لبثت الرسالة أن تهودت زمن موسى عليه السلام ولكنها انغلقت على بني إسرائيل وحبست عن العالمين فأرسل الله عيسى عليه السلام برسالة صارت عالمية إذ طلب من تلاميذه أن يذهبوا بها من بعده إلى الأمم وأن يقوموا بتعليمها حين وقف قومه منه موقفاً شائناً . فانتشرت رسالة المسيح بين الناس واعتنقها الكثير، فصار الناس معروفين بمعتقداتهم وانتماءاتهم، فهذا يهودي ، وذاك مسيحي.

والكتاب هذا دراسة في تاريخ وعقائد ومناسبات دينية وعبادات الدينين اللذين سبقاً الإسلام...(اليهودية والمسيحية) . وفي الأثر "من تعلم لغة قوم أمن

---

(1) المصدر السابق نفسه ص/٥٢

شرهم". ولغة القوم ليست بالضرورة الكلام وإنما العقل والثقافة والتفكير وكل ما يصدره وينتجه بني البشر.

فهذا الكتاب إذن هو لغة القومين، اليهود والنصارى ، وقد تقررت دراستهما في كثير من الجامعات ووضعت لهما الخطط الدراسية اللازمة لذلك.

وقد قمت بتنظيم الكتاب وفق المنهج الذي يدرس في الجامعات، جامعاً كل الإيجابيات والسلبيات والتطورات التي صاحبت مسيرتهما التاريخية والعقيدية، فكان منهجنا في البحث يقوم على العرض التاريخي، ومن خلاله يتم التركيز على خصائص ومميزات كل من الدينين والإشارة إلى أوجه الاتفاق والاختلاف بينهما، ولم نستعرض الدينين من خلال الإسلام فقط كما يفعل بعض الباحثين ، لأن ذلك سيشكل ضيقاً في الأفق وقصوراً في المعرفة وعدم الدقة في التعبير، فاستعراض الدينين حين الحديث عنهما يجب أن يكون من خلال كتبهما وممارساتهما ومقارنتهما بعد ذلك بما في القرآن الكريم لمعرفة فيما إذا كان هناك اختلافات أم لا.

وقد اكتفينا بما ضم هذا الكتاب من وحدات وبالشكل الذي سيجده القارئ ، متوخين الحقيقة- كما سبق أن ذكرت- واجتهدنا أن يكون هذا المؤلف شاملاً لمنهج " مقارنة الأديان" الخاص بالديانتين اليهودية والمسيحية.

إن العرب والمسلمين قد تركوا لنا ثروة مثرية في هذا العلم ومباحثه أغنت المكتبة العربية الإسلامية والعلمية قروناً طويلة ، وقد استعنت في تأليف هذا الكتاب بما قدمته تلك الكتب التي أشرت إليها في النهاية ، إضافة إلى العديد من المصادر الحديثة الأخرى، مما جعل الكتاب محاولة رائدة في علم مقارنة الأديان . وقد قسمت الكتاب إلى سبع وحدات، ضمت كل وحدة ما تحتويه الديانتين اليهودية والمسيحية من تاريخ ومفاهيم وممارسات فيهما. وقد حاولت أن التزم الحياد التام في عرض كل ديانة منهما ، أي أن آخذ المعلومة من مصدرها دون تعصب أو انحياز، فان احتجت إلى مناقشة الجانب السلبي فإنني لم أتوانَ عن ذكر ذلك وما هو غرضي منها ، إلا أن أعرض الحقيقة على طلاب الدراسات الدينية المقارنة راجياً

أن يفيد منها الجميع فإن كنا قد وفقنا لذلك فذلك فضل من الله- الذي كان قطب الرحى في هذه الدراسة - ، وإن تكن الأخرى فحسبنا بذل الجهد وسلامة القصد.

والله نسأل أن يوفقنا ، فهو القصد ومنه العون إن شاء الله.

الأستاذ الدكتور
سعدون محمود الساموك

بعد دراسة هذا الكتاب ينتظر من الطالب :

- أن يعرف أن تاريخ الديانتين اليهودية والمسيحية كان واحداً، وأن دراسته تعني دراسة تاريخ واحد مستمر.

- أن يعرف أن منشأ المسيحية كان بين ابناء الديانة اليهودية وبسبب تصرفاتهم وسلوكاتهم الخاطئة.

- أن يعرف تطور العقيدة عند المسيحيين وكيف كان ذلك بسبب الفكر اليهودي المنغلق والرافض للتجديد والتطور التاريخي.

- أن يعرف أن منشأ الأديان واحد

- أن يعرف أن إبراهيم عليه السلام أبو الأنبياء.

- أي يعرف معنى الدين السماوي والدين الوضعي وأن يوضح نماذج من كل من الدينين.

- أن يعرف معنى رجال الدين في كل من الديانتين اليهودية والمسيحية ومعنى البابوية وسلطات البابا السياسية.

- أن يعرف التطور الذي حصل في العقائد اليهودية والمسيحية. ويفرق ما بين التثليث والتوحيد وأن يعرف الدور الذي لعبته المجامع الكنسية في تطور معنى التثليث عند النصارى .

- أن يعرف الفرق ما بين اليهود والنصارى في معتقداتهم العامة.

- أن يعرف بعض التشابه ما بين الفرق في كلا الدينين

- أن يعرف أعياد كل فرقة من الفرق في الديانتين

- أن يعرف أن الاصلاح الديني والحركة الصهيونية حركتان سياستان هادفتان في كلا الدينين.

الوحدة الأولى

تاريخ الديانتين اليهودية والمسيحية

المصطلحات اليهودية
العصر الذي ظهرت فيه تسمية اليهودية
الحروب الصليبية
البابوية والكاثوليكية.

يتوقع من الطالب بعد دراسة هذه الوحدة

- أن يعرف معنى المصطلحات التي يطلقها اليهود على أنفسهم.
- أن يعرف علاقة النسب ما بين الأنبياء
- أن يعرف الهدف من اعتبار اليهود أنفسهم شعباً مختاراً.
- أن يعرف العصور التاريخية التي مر بها بنو إسرائيل
- أن يعرف عدد وصايا موسى والمحاور التي تدور حولها.
- أن يعرف العلاقة ما بين الكنعانيين وما بين العبرانيين.
- أن يعرف العلاقة ما بين اليهود والنصارى.
- أن يعرف المراحل التاريخية التي مر بها المسيحيون
- أن يعرف نشأة البابوية وسلطات البابا.
- أن يعدد مميزات المعتقدات المسيحية .
- أن يعرف المبادئ العقائدية التي ثبتت عليها الكنيسة.
- أن يعرف التحركات القبلية للبرابرة والأقوام الجرمانية
  والانجلوساكسونية والغوثية ومدى تأثيرهم على الكنيسة.

المبحث الأول
بنو إسرائيل واليهود في التاريخ

في هذا المبحث سيتعلم الطالب جملة امور منها:

١- الأهداف التي يسعى إليها اليهود منذ البدء في عقيدة الشعب المختار وتشخيص أرض فلسطين وطناً لهم.

٢- التسميات التي أطلقوها على أنفسهم لتقوية الارتباط بتلك الأهداف.

٣- اعتبار اليهود للأنبياء الحنيفيين أنبياء يهود مع عدم ظهور اليهودية في زمن بعثتهم.

٤- وصايا موسى عليه السلام العشرة وما فيها من تحريف.

٥- العصور التي مر بها اليهود عبر تاريخهم والأنبياء الذين ارتبط بهم تاريخهم وميزة كل عصر من تلك العصور .

٦- متى ظهرت تسمية (اليهود) تاريخياً.

تمهيد:

يربط اليهود تأريخهم بأقدس السلالات البشرية، فنحن نجدهم ينسبون أنفسهم إلى إسرائيل ، وإسرائيل هو يعقوب ، ويعقوب بن إسحاق ، وإسحاق بن إبراهيم الخليل (عليهم السلام). ويتسلقون في أنسابهم حتى يوصلوها بآدم أبي البشر (عليه السلام). وذلك لعدم اختلاطهم بأجناس العالم حسبما يصورون ذلك لأتباعهم وللعالم أجمع، فهم يبقون ذلك الجنس الذي حافظ على السلالة النقية التي تنحدر من آدم (عليه السلام) ، وإن بقية الناس قد اختلطت أنسابها، ليجعلوا أنفسهم ذلك الشعب المختار الذي اختاره يهوه (الههم) ليمنحهم مجده ونصره ويعطيهم أرض كنعان(أرض غربتهم) لتكون لهم أرضاً إلى الأبد.

وسنحاول هنا أن نفند الآراء وأن نصحح تلك المفاهيم ونضع النقاط على الحروف حتى لا تضيع الحقيقة ويحل محلها الخيال الذي يسود عالم الغرب المسيحي ، الذي يتعاطف مع اليهودية العالمية ومع الصهيونية العالمية في ذلك لا لسبب إلا لكون العهد القديم ، وهو مجموعة الكتب اليهودية المقدسة التي جمعوها على مر القرون([1]) قد أصبح جزءاً من إنجيل الكنيسة التي اعتمدت العهد القديم كأساس للعهد الجديد.

وكان هدف اليهود من كتابة التوراة -كما سنرى- تحقيق غرضين رئيسين أولهما تمجيدهم لأنفسهم ليكونوا صفوة الأقوام البشرية([2]) والشعب المختار الذي اصطفاه الرب من دون بقية الشعوب، ولتحقيق ذلك كان لا بد من إرجاع أصلهم إلى أقدس شخصية قديمة، أي شخصيةإبراهيم الخليل (عليه السلام) وقد حالفهم

([1]) العهد القديم ، هو القسم الأول من الإنجيل المسيحي ، وتتمجد به الكنيسة ، يؤيد ذلك قول إنجيل (متى / ٥/ ١٧-١٨) "ونصه " أتظنون إني جئت لا نقض الناموس الذي نزل على موسى والأنبياء ، ما جئت لا نقض ، بل لأكمل ، فالحق أقول لكم : إن زوال السموات والأرض أيسر من زوال حرف واحد أو نقطة واحدة من الناموس، حتى يكون الكل " علماً بأن بعض الطوائف اليهودية لا تعترف بصحة معظمه كما سنبين في فرق اليهودية.

([2]) انظر مزمور /٨٢ لأساف /٦-٧ الذي نصه (أنا قلت : إنكم الهة وبنو العلي كلكم). كذلك تثنية ١/١٤، وانظر إنجيل يوحنا ١/٣٤-٣٥ غير أن توراتهم تذمهم وتعلن تبرؤ ربهم منهم (لأنكم لستم شعبي ، ولا أنا أكون لكم) "هوشع/١-٨.

الحظ في سرد تاريخهم حسب أهوائهم مسبغين عليه صبغة دينية ليضمنوا قبوله من أتباعهم فأرجعوا تاريخهم إلى إبراهيم الخليل والى حفيده يعقوب "عليهما السلام ".وابتدعوا فكرة الشعب المختار والتي أصبحت عقيدة المسيحيين فيما بعد[١]. وجعل اليهود من تاريخهم الموضوع الرئيس الذي تدور حوله جميع الحوادث الواردة في التوراة فعدتهم التوراة موجودين في كل الأدوار التي سبقت ظهور يعقوب (عليه السلام) إلى عالم الوجود أو الأدوار التي حدثت بعد أربعمائة وخمسين عاماً ونسبت كل الذين دخلوا إلى ديانة موسى (عليه السلام) في عهد الملوك والانقسام وزمن الترحيل البابلي إلى بني إسرائيل[٢].

أما الهدف الثاني، فهو جعل فلسطين وطناً لهم لتكون مطالبتهم بها ذات صبغة دينية شرعية فجعلوا من ميثاق منح الرب أرض كنعان إلى إبراهيم (عليه السلام) وذريته [٣]. إذناً بإبادة الكنعانيين هم وأطفالهم وشيوخهم ونساؤهم ليحلوا محلهم وكذلك إبادة جميع أعدائهم على مر الزمان[٤].

هذا هو الذي جاء به كتبة التوراة ونسبوه إلى إبراهيم (عليه السلام) وإلى يعقوب (عليه السلام) والى موسى(عليه السلام) ويشوع الذي وصفته التوراة بالجزار وداود(عليه السلام) الذي تسميه التوراة رجل الدماء زوراً وهؤلاء هم اليهود الذين سماهم القرآن كفاراً لكذبهم على موسى (عليه السلام) وتحريفهم

---

(١) انظر رسالة بولص الثانية إلى أهل كورنيوس (٣/٦-٧، ٦/١٦-١٩) يقول العهد الجديد (أما أنتم فجنس مختار، أمة مقدسة شعب اقتناء ، الذين قبلاً لم يكونوا شعباً، وأما الآن فأنتم شعب الله) رسالة بطرس الرسول ٢/٩-١١ ويؤكدها (فإنكم أنتم هيكل الله الحي ... وأكون لكم أباً وانتم تكونون لي بنين وبنات) رسالة بولص الثانية /٦-١٦-١٩ (أما تعلمون أنكم هيكل الله وروح الله يسكن فيكم، أنتم هيكل الله المقدس) ، رسالة بولص الرسول إلى أهل كورنيوس /٣/١٦-١٧ فالمسيحيون بعقيدتهم هم شعب الله المختار المقدس ، بل هم هيكل الله المقدس.

(٢) أحمد سوسة، العرب واليهود في التاريخ ص /٩٠.

(٣) لقد كان اسماعيل (عليه السلام) من ذرية إبراهيم (عليه السلام) أيضاً ، فلماذا تقتصر التوراة على عقيدة منح الأرض إلى إسحاق (عليه السلام) وأولاده دون إسماعيل (عليه السلام).
اليس ذلك دليلاً على أن كتبة التوراة قد اخترعوا هذا الوعد ليجعلوا من أرض فلسطين العربية أصلاً موطناً لهم ولاتباعهم دون العرب ، انظر "مشروعية تملك اليهود لفلسطين وتنفيذها من خلال (التوراة) للأستاذ عابد توفيق الهاشمي.

(٤) وتكرر الأمر بإبادة أعدائهم عشرات المرات في التوراة أمراً من الله لأنبيائهم ومن أمثال هذه النصوص: (وأما مدن هؤلاء الشعوب التي يعطيك الرب الهك نصيباً فلا تستبق منها نسمة بل تحرمها تحريماً كما أمر الرب الهك) "تثنية ٢٠/١٦-١٧ وكثيراً ما تكرر هذه النصوص (بل يبادون كما أمر الرب موسى) (لم يبق منها شارد ولا منفك).

التوراة فيقول الله تعالى فيهم "ضربت عليهم الذلة أينما ثقفوا وباوؤا بغضب من الله. ذلك بأنهم كانوا يكفرون بآيات الله ويقتلون الأنبياء بغير حق. ذلك بما عصوا وكانوا يعتدون" [١] وتقسم التوراة أصل بني إسرائيل واليهود خطأ بثلاثة عصور. يتضح من خلالها الخلاف التاريخي حول أصلهم ، وفيما إذا كانوا يمتون إلى عصر من العصور أو إلى أكثر منها وهذه العصور:-

أولاً:عصر الآباء الجوالين، وهم إبراهيم الخليل[٢] وإسحاق ويعقوب (عليهم السلام) وأولاده الذين سكنوا مصر خمسة قرون . ويرجع تاريخ هذا العصر إلى القرن التاسع عشر قبل الميلاد.واليهود قد ظهروا بعد ذلك بأحد عشر قرنا . وهو عصر يرتبط بالجزيرة العربية وبلغتها الأم وبقبائلها التي سميت فيما بعد بالعرب البائدة لانقراضها .

ثانياً:عصر الخروج أو عصر موسى عليه السلام والذي يبتديء بخروج موسى عليه السلام من مصر مع قومه واتباعه وينتهي بدخول يوشع باتباعه إلى أرض كنعان .

وكان موسي عليه السلام رجلا من بني إسرائيل من مواليد فترة الفرعون رمسيس الثاني (١٣١٠ -١٢٣٤ ق.م) وقد تربى في قصر هذا الفرعون بعد أن ألقته أمه في النهر وهو في داخل التابوت.

قاد موسى عليه السلام قومه باتجاه البحر للذهاب إلى فلسطين وتبعهم فرعون ومعه فريق من جنده لمنعه من ذلك فأوحى الله إلى موسى(أَنِ اضْرِبْ بِعَصَاكَ الْبَحْرَ فَانْفَلَقَ فَكَانَ كُلُّ فِرْقٍ كَالطَّوْدِ الْعَظِيمِ (٦٣) وَأَزْلَفْنَا ثَمَّ الْآخَرِينَ (٦٤) وَأَنْجَيْنَا مُوسَى وَمَنْ مَعَهُ أَجْمَعِينَ (٦٥) ثُمَّ أَغْرَقْنَا الْآخَرِينَ (٦٦))[الشعراء:٦٣-٦٦]

---

(١) آل عمران /١١١

(٢) إن إبراهيم الخليل (عليه السلام) لا علاقة له باليهودية إذ يقول القرآن الكريم (ما كان إبراهيم يهودياً ولا نصرانياً ولكن كان حنيفاً مسلماً وما كان من المشركين) آل عمران ٦٧.

وفي الطريق إلى فلسطين ترك موسى بني إسرائيل بناء على أمر ربه ليصعد إلى جبل الطور ليتلقى من الله الألواح التي فيها الوصايا العشر. ويعين المؤرخون تاريخ خروج موسى عليه السلام وأتباعه من مصر إلى أرض كنعان (فلسطين) في حوالي سنة ١٢٩٠ ق.م. يوم كان رمسيس الثاني على عرش مصر، وقد قدر الباحثين عدد هذه الجماعة آنذاك بحوالي ٦٠٠٠ إلى ٧٠٠٠ نسمة عند خروجهم من مصر[1].

ثالثا: العصر الذي ظهرت فيه تسمية (اليهودية)، ويبدأ في القرن السادس قبل الميلاد في أعقاب السبي البابلي ، أي منذ كتابة التوراة على يد الكهنة في بابل باللغة التي صارت تعرف بالعبرية أو (بآرامية التوراة) والتوراة التي نعرفها اليوم هي غير التوراة التي نزلت على موسى (عليه السلام) إذ يتبين منها أن اليهود قد انحرفوا عن ديانة موسى (عليه السلام) وعبدوا الأوثان وابتدعوا إلهاً خاصاً بهم هو (يهوه) لا يهمه من العالم والخلق غير اليهود "شعبه المختار" وذلك على غرار مبدأ التفريد الذي اعتنقته الأقوام القديمة[2].

وقد أخذ اليهود ذلك من البابليين عندما دونوا توراتهم في بابل.

ويدعي اليهود أن تاريخهم في فلسطين يرجع إلى خمسة آلاف عام، وإن العرب لم يدخلوها إلا بعد الفتح الإسلامي وهذا يشكل أكبر تزييف للواقع التاريخي وقد نجح دعاة الصهيونية في الترويج لهذه الخرافة حتى صدقها الكثير من الأوروبيين والأمريكان ، بل نجحوا فيها حتى صدقها أناس من العرب أيضاً[3].

---

(١) العرب واليهود في التاريخ ص/٢٤٨.

(٢) يقوم مبدأ التفريد على تعظيم الهة معينة من مجموعة الهة يؤمن بها مجتمع غير موحد.. وقد عرف المصريون والبابليون وكثير من الشعوب البدائية القديمة بمبدأ التفريد الذي يقابل مبدأ لتفصيل ذلك راجع الأديان، دراسة تاريخية مقارنة ص/٦٥.

(٣) هذا لا يعني أن بقية الأجناس لا تعود إلى آدم (عليه السلام) ولكنهم يعنون اختلاط الأجناس وضياع أصولها بينما يعتبرون أنفسهم جنساً نقياً لم يختلط ببقية الأقوام ونسبهم كما يصور لهم كتابهم المقدس واضح ونقي يعود بهم إلى آدم "عليه السلام".

وقد عد اليهود خروج موسى "عليه السلام" من مصر مع أتباعه في أواخر القرن الثالث عشر قبل الميلاد هجرة ثالثة للعبرانيين لكي تبقى سلالتهم نقية غير مختلطة بأجناس أخرى فترتبط بأقدس السلالات البشرية وذلك لتمرير عقيدتهم التي تطلق عليهم لفظ "الشعب المختار"[١].

وقد أتتنا معظم المعلومات التاريخية عن بني إسرائيل واليهود من التوراة ، وربما تكون التوراة هي المصدر الوحيد الذي يخبرنا عن الجذور التاريخية للأقوام التي تجمعت تحت لواء الديانة اليهودية الممتزجة بالصواب والخطأ وهي كحاطب ليل، فيها العشوائية والحقد المسموم على البشرية ، أما القرآن الكريم فهو أصح مصدر يحدثنا عن بني إسرائيل واليهود تفصيلاً في عشرات المواضع في سورهِ الكريمة .

الآباء الأولون

النبي إبراهيم وأولاده عليهم السلام:

فبحسب مآثر التوراة وقصصها فإن إبراهيم (عليه السلام) جاء من أور الكلدانيين[٢] ، مع عائلته وبزعامة أبيه تارح إلى حران التي قضى تارح نحبه فيها تقول التوراة (سفر يوشع ٢٤/١-٥) (هكذا قال الرب اله إسرائيل آباؤكم سكنوا عبر النهر منذ الدهر ، تارح أبو إبراهيم وأبو ناحور - عبدوا الهة أخرى فأخذت أباكم إبراهيم من عبر النهر وسرت به في كل أرض كنعان فأكثرت نسله وأعطيت إسحاق يعقوب وعيسو وأعطيت عيسو جبل سعير ليملكه . وأما يعقوب وبنوه فنزلوا إلى مصر) وهكذافعلى خلاف أبيه الذي آمن بدين قومه المتمثل في عبادة

---

(١) أقرأ ما كتبه سولوف "كيف نما الشعب اليهودي" اقتطفه الدكتور أحمد سوسة في كتابه "مفصل العرب واليهود في التاريخ " ص/٩٤.

(٢) لا يرد ذكر مدينة "أور" العراقية القديمة في الترجمة السبعينية الإغريقية للتوراة ، ومع ذلك فإن المؤتمر الصهيوني الأول دعا إلى جعل جنوب العراق ووسطه الوطن القومي لليهود بناء على هذه المآثر التي تجعل الوطن الأول لإبراهيم - مدينة اور الكلدانية.

الظواهر الطبيعية وخاصة الشمس والقمر ، فإن إبراهيم (عليه السلام) وهو أبو الأنبياء قد رفض الوثنية ابتداء وآمن بإله واحد لا شريك له ولا مثيل[1].

واستمد هدايته ورسالته من وحي ربه قال تعالى :(الَّذِي خَلَقَنِي فَهُوَ يَهْدِينِ (٧٨))[الشعراء:٧٨]. انتقل إبراهيم من حران إلى أرض كنعان حيث عقد مع الرب "العهد- الميثاق" تقول التوراة(سفر التكوين/١٧) "ولما كان إبرام ابن تسع وتسعين سنة، ظهر الرب لإبرام وقال له ، أنا الله القدير ، سر أمامي وكن كاملاً ، فأجعل عهدي بيني وبينك وأكثرك كثيراً جداً ، فسقط إبرام على وجهه وتكلم الله معه قائلاً: أما أنا فهو ذا عهدي معك وتكون أباً لجمهور من الأمم ، فلا يدعى اسمك بعد إبرام بل يكون اسمك إبراهيم".

ميثاق إبراهيم عليه السلام:

وكان العهد – كما تقول التوراة يتضمن:

أولاً: الاعتقاد باله واحد قدير ، اختار بني إسرائيل من بين الأمم لحمل رسالته (ومن هنا جاءت أسطورة شعب الله المختار).

ثانياً: الأخذ بسنة الختان: كعلاقة على الدخول في العهد والميثاق.

تقول التوراة (سفر التكوين ١٥: ٨) وقال له أنا الرب (أنا يهوه) الذي أخرجك من أور الكلدانيين ليعطيك هذه الأرض وترثها وتقول التوراة (سفر التكوين: ١ ١١:) " يختن منكم كل ذكر، فتختنون في لحم غرلتكم ، فيكون عهد بيني وبينكم".

وكانت "حبرون" هي موطن إبراهيم الأول، وبعد ذهابه إلى مصر وعودته منها ولد له إسحاق الذي ولد له يعقوب الذي فضل من بعد إقامته عدة سنين في "فدان آرام" على أخيه عيسو وجعل وريث أبيه وبدل اسمه إلى "إسرائيل" ومعناه

---

(١) تاريخ الآلهة ، الكتاب الثالث ، في الديانة العبرية ص/٣٥ وما بعدها.

عبد الإله[١] تقول التوراة (سفر التكوين : ٣٥ :٩) "لا يدعى اسمك فيما بعد يعقوب، بل يكون اسمك إسرائيل" كما بدل اسم عيسو بادوم أي الأحمر، وسميت من بعده ذريته بالأدوميين وهكذا أخرجت التوراة أحفاد عيسو من العبرانيين بكذب يعقوب (ع) على أبيه مدعياً أنه عيسو فأخذ بركته [٢] كما أخرجت - من بعد إسماعيل ، ولد إبراهيم من جاريته هاجر[٣]، حيث فضل عليه أخوه إسحاق وجاء من يعقوب الأسباط الإثنا عشر، وكان يوسف الابن الحادي عشر لراحيل ، قد بيع في مصر، ونال حظوة في بلاط الفرعون، وبعد أن عاش أحفاد يوسف وأحفاد أخوته في مصر ما يزيد عن أربعة قرون، رجعوا كما تقول التوراة إلى فلسطين بقيادة النبي موسى (عليه السلام) وهذه هي بداية الهجرة الثالثة التي ينسب اليهود إليها تاريخهم وأصلهم (التكوين /٣٦-٥٠).

ثانياً : أنبياء بني إسرائيل

النبي موسى (عليه السلام) :

وكان موسى [٤] (عليه السلام) قد تلقى الوحي والنبوة في مدين، في الجزء الجنوبي الشرقي من شبه جزيرة سيناء جنوب أرض كنعان ، وبينما موسى يرعى غنمه قرب جبل حوريب "جبل موسى " إذا بصوت السماء يناديه من شجرة مشتعلةٍ إن عد إلى أخوتك في مصر لتخرجهم منها وتنقذهم من عنت فرعونها ، فتقول التوراة " وظهر له ملاك الرب بلهيب نار من وسط عليقة، فنظر فإذا العليقة تتوقد بالنار والعليقة لم تكن تحترق ، فلما رآه الرب أنه مال لينظر ناداه الله من وسط العليقةوقال :موسى ... موسى،فقال ها أنذا فقال: لاتقترب إلى ههنا، اخلع

([١]) الموسوعة الفلسطينية ص/١٥(٢) التكوين ٨/٢٧.

([٢]) التكوين ٨/٢٧.

([٣]) تجمع المصادر التاريخية على إن هاجر هي جارية لزوجة الفرعون أهدتها إلى سارة زوجة إبراهيم (ع) إلا أن القاضي محمد سليمان (المنصور فوري) قد حقق في الأمر حتى وصل إلى التأكد أنها ابنة فرعون (رحمة للعالمين، المنصور فوري ص/٣٦-٤٧) انظر الرحيق المختوم ، صفي الدين المباركفوري ، دار السلام، الرياض ١٤١٤هـ/١٩٩٣م ص ١٨.

([٤]) تجمع المصادر العبرية إن اسم موسى عبراني مشتق من الفعل ماثا ومعناه الخارج ، ولكن بعض المؤرخين ومنهم فايلو الفيلسوف اليهودي (٥٠م) يرون بأن اسمه مصري معناه في المصرية القديمة (الطفل) انظر / سامي سعيد الأحمد، الأسس التاريخية للعقيدة اليهودية ص/٨ وكذلك تاريخ الألهة ، الكتاب الثالث ص/٧٠.

حذاءك عن رجليك لأن الموضع الذي أنت واقف عليه أرض مقدسة، ثم قال: أنا اله أبيك إبراهيم وإله إسحاق وإله يعقوب، فقال موسى لله: فإذا قالوا لي ما اسمه فماذا أقول لهم ... فقال الله لموسى: اهية الذي أهية .. أنا من أنا – يهوه وهكذا تقول لبني إسرائيل "أهية أرسلني إليكم ، وقال الله لموسى هكذا تقول لبني إسرائيل يهوه إله آبائكم ، إله إبراهيم وإله إسحاق وإله يعقوب أرسلني إليكم ، هذا اسمي إلى الأبد"([1]) وتخبرنا التوراة كما أخبرنا القرآن الكريم بأن بني إسرائيل كانوا يعيشون تحت ذل عبودية الفراعنة لهم ، وقد دعا موسى (عليه السلام) فرعون إلى توحيد الله والسماح لبني إسرائيل بالهجرة عن مصر ، ولما يئس موسى (عليه السلام) من فرعون قاد بني إسرائيل باتجاه البحر للذهاب بهم إلى فلسطين فاتبعه فرعون وجنوده وأغرقهم الله ونجا موسى (عليه السلام) وبنو إسرائيل ، ثم إن بني إسرائيل تمردوا عليه كما تذكر التوراة وتمردوا على الله بطلبهم عبادة غير الله (العجل الذهبي) في الوقت الذي كان موسى (عليه السلام) يكلم ربه على جبل الطور .

الوصايا العاشرة

وقد تلقى موسى (عليه السلام) من ربه الألواح التي فيها الوصايا العشرة وهي :-

١- أنا الرب إلهك، الذي أخرجك من أرض مصر، بيت العبودية لا يكن لك إلهة أخرى أمامي .
٢- لا تصنع لك تمثالاً منحوتاً ، ولا صورة ما ، مما في السماء من فوق ، وما في الأرض من تحت وما في الماء من تحت الأرض. لا تسجد لهن ولا تعبدهن لاني أنا الرب إلهك، غيور أفتقد ذنوب الآباءفي الأبناء في

([1]) يظهر للقارئ بأن هذه العقيدة تخالف نص القرآن الكريم (فَلَمَّا أَتَاهَا نُودِيَ يَا مُوسَى (١١) إِنِّي أَنَا رَبُّكَ فَاخْلَعْ نَعْلَيْكَ إِنَّكَ بِالْوَادِ الْمُقَدَّسِ طُوًى (١٢) وَأَنَا اخْتَرْتُكَ فَاسْتَمِعْ لِمَا يُوحَى (١٣) إِنَّنِي أَنَا اللَّهُ لَا إِلَهَ إِلَّا أَنَا فَاعْبُدْنِي وَأَقِمِ الصَّلَاةَ لِذِكْرِي (١٤)) [طه:١١-١٤]

الجيل الثالث والرابع من مبغضي واضع إحساناً إلى الوف من محبي وحافظي وصاياي.

٣- لا تنطق باسم الرب إلهك باطلاً لأن الرب لا يبرئ من نطق باسمه باطلاً.

٤- اذكر يوم السبت لتقدسه ، ستة أيام تعمل وتصنع جميع عملك، وأما اليوم السابع ففيه سبت الرب إلهك لا تصنع عملاً ما ، أنت وابنك وابنتك وعبدك وأمتك ونزيلك الذي داخل أبوابك لأن في ستة أيام صنع الرب السماء والأرض والبحر وكل ما فيها واستراح في اليوم السابع لذلك بارك الرب يوم السبت وقدسه.

٥- اكرم أباك وأمك ، لكي تطول أيامك على الأرض التي يعطيك الرب إلهك.

٦- لا تقتل

٧- لا تزن

٨- لا تسرق

٩- لا تشهد على قريبك شهادة زور.

١٠- لا تشته بيت قريبك، لا تشته امرأة قريبك ولا عبده ولا أمته ولا ثوره ولا حماره ولا شيئاً من قريبك [1]

وحين رجع موسى (عليه السلام) إلى قومه بني إسرائيل بعد تسلمه الألواح وجدهم يعبدون العجل الذهبي الذي صنعه لهم هرون (عليه السلام) حسب عقيدة التوراة والسامري حسب عقيدة القرآن فعاقبهم الله تعالى بالتيه أربعين سنة وفي نهاية التيه غضب الله على موسى (عليه السلام). وقد ذكر موسى بن ميمون في إيمان اليهود بشريعة موسى عليه السلام قوله:

• أنا أومن إيماناً تاما إن نبوة سيدنا موسى عليه السلام حقيقة وأنه كان أباً للأنبياء الذي كانوا قبله والذين بعده .

---

[1] خروج ٢٠/١-١٦.

- أنا أومن إيماناً تاماً أن الشريعة الموجودة الآن بأيدينا هي المعطاة لسيدنا موسى عليه السلام .
- أنا أومن إيماناً تاماً أن هذه الشريعة لا تتغير .
- أنا أؤمن إيماناً تاماً أنه (أي الله) يكافئ الذين يحفظون وصاياه ويعاقب الذين يخالفونها.

النبي يوشع عليه السلام

وخلف يشوع بن نون موسى (عليه السلام) في قيادته لبني إسرائيل وكان وصفه في التوراة أبشع جزار في عمر البشرية إذ اقتحم فلسطين وبدأ مجازره بمدينة أريحا " وأحرقوا المدينة بالنار مع كل ما بها "[١]

بناء الهيكل :

وبعد تمكن بني إسرائيل من الأجزاء التي احتلوها في فلسطين، اختلطوا بسكان المنطقة بالتزاوج فتكاثروا ، ويؤخذ من التوراة أنهم قسموا ما استولوا عليه من الأراضي بين إحدى عشرة قبيلة من القبائل التي ينتسب لها بنو إسرائيل الاثنتي عشرة المنسوبة إلى الأسباط، أما القبيلة الثانية عشر ، وهي قبيلة لاوي، فقد وزعت بين القبائل الأخرى لتقوم لها بإدارة الشؤون الدينية بهيئة كهنة وأحبار ومعلمين ، وبعد أن قسموا أنفسهم على هذا النحو في أرض كنعان ، مر بنو إسرائيل بفترة عصيبة تشتت فيها وحدتهم واستمروا في ارتدادهم عن دين التوحيد ، وقد عبر سفر القضاة عن الانحلال السياسي" كل واحد يعمل ما يحسن في عينه" ، أما من الناحية الدينية فقد اختلطت بالديانة اليهودية الكثير من معتقدات الوثنيين الكنعانيين [٢] مثل تقديم الأبناء قرابين للآلهة، والفحش وذلك بممارسة البغاء مع زوار المعابد بل إن التوراةتصف بني إسرائيل بالزانية(إن الناس يسمون بيت إسرائيل زانية) (سكبت

---

(١) تثنية ٥/٥٤ وعدد ١٢/٢٠-٣.

(٢) مفصل العرب واليهود في التاريخ ص/٥٧٧.

زناك على كل عابر سبيل فكان له) بل إن (الهيكل) بيت الله المقدس لديهم كان محاطاً بدور المأبونين كما تذكر التوراة[1] وأخذوا عن البابليين عادة البكاء على الإله تموز وكذلك الاحتفال بالأعياد الوثنية مثل عيد الخصوبة ونصبهم تماثيل آلهة الخصب "تيرافيم" وقد تحول بعض بني إسرائيل عن عبادة الإله الواحد ـ يهوه ـ إلى عبادة عشتروت (الإله بعل) ومنهم من جمع بين الوثنية والتوحيد، فعبد الإله يهوه باعتباره إله بني إسرائيل ، والإله بعل إلهاً للخصب وجمع الكروم. وهكذا انتهى بنوا إسرائيل إلى فوضى عامة شملت الحياة الدينية والسياسية ، تقول التوراة (سفر أرميا : ٧: ٧-١٧)"أتسرقون وتقتلون وتزنون وتحلفون كذباً وتبخرون للعجل وتسيرون وراء إلهة أخرى لم تعرفوها أما ترى ماذا يعملون في مدن يهوذا وفي شوارع أورشليم ، الأنبياء يلتقطون حطباً والآباء يوقدون النار والنساء يعجن ليضعن كعكاً لملكة السموات عشتروت" وقد أطلق اليهود على ذلك العصر اسم عصر الاستيطان والفوضى والذي ينتهي بيوشع صاحب موسى (عليه السلام) فتلاه عهد القضاة الذي يشغل بوجه التقريب الربع الأخير من القرن الثاني عشر ق. م. أما هؤلاء القضاة واسمهم في العبرانية "شوفيطيم" جمع شوفيط فلم يكونوا في الواقع زعماء شعبيين وحكاماً وإنما رؤساء قبليين بروزا أزمان الشدائد لقيادة شعبهم في الحرب مع الأقوام المجاورة [٢] منهم شمشون الجبار ، وعلى عهد صموئيل – آخر القضاة- انتهت الردة الدينية والزندقة فأعيدت عبادة يهوه وفي هذا العهد وقعت بين بني إسرائيل والأقوام الفلسطينية [٣] حروب طويلة انتهت سنة ١٠٥٠ ق م

---

(١) تكرر ذلك كثيراً، انظر مثلاً سفر هوشع.

(٢) Hitti, History of Syria PP. ١٢٠ Ottley, Ashort History of the Hibrews pp.١٠١

(٣) الفلسطينيون ، أقوام بحرية عرفت بالقوة واستعمال الحديد ، واستقروا على امتداد الشاطئ في سلسلة من المدن أصبحت أهمها وأعظمها غزة وأشدود وعسقلان. والفلسطينيون نزحوا ابتداء من البحر والمناطق الشمالية، ومن الباحثين من يسوي بينهم وبين الهكسوس.

بهزيمة بني إسرائيل وتشتت قواهم. وتمكن الفلسطينيون من أسر تابوت عهد الرب[١] .

عصر الملوك:

وهكذا وبسبب هذه الهزائم المتلاحقة قام الموسويون باختيار ملك لهم كما كان عند الأقوام المجاورة، وكان أول ملك عليهم هو شاؤول (في حدود سنة ١٠٢٠ ق.م) الذي يحدد بداية تاريخ الموسويين كمجموعة لها كيان سياسي[٢] .

فتروي التوراة أن الموسويين طلبوا من القاضي صموئيل ، أن يعين لهم ملكاً ليحكم فيهم مثل الأقوام والشعوب الأخرى (سفر صموئيل :٨ :٥) . "أجعل لنا ملكاً يقضي لنا كسائر الشعوب" وبعد معارضته لهم خوف تسلط هؤلاء الملوك واستبدادهم، انصاع لطلبهم ،بعد أن قيد سلطان الملك المعين في دستور وضعه أمام الرب يهوه. تقول التوراة (سفر صموئيل: ١٠: ٢٥) "فكلم صموئيل بقضاء المملكة وكتبه في السفر وصنعه أمام الرب "وكان شاؤول قد عرف في قومه بالقوة والبطولة فكان أطول من كل الشعب من كتفه فما فوق صموئيل لجميع الشعب أرأيتم الذي اختاره الرب "إنه ليس مثله في جميع الشعب فهتف كل الشعب وقالوا ليحيا الملك".

الملك شاؤول :

وتذكر التوراة إن شاؤول لم يكن كفوءاً لتحمل أعباء الحكم فاخفق في إنقاذ قومه من نفوذالفلسطينيين ،وفي معركة اشتبك فيها معهم . قتل أبناؤه الثلاثة

---

(١) تابوت العهد القديم ، صندوق خشبي طوله ذراعان ونصف ذراع وعرضه ذراع ونصف ذراع وكذا ارتفاعه، وتغطيه من الداخل والخارج صفائح من الذهب النقي ويحيط به الهيكل من الذهب ، وبه أربع حلقات من الذهب في قوائمه الأربع وعصوين من الخشب المغشى بالذهب تدخل في الحلقات الجانبية ليحمل التابوت بهما وتوضع في التابوت الوصايا العشرة المحفورة على لوحين حجريين يعرفان باسم لوحي الشهادة ، اللوح الواحد يشتمل على خمس وصايا "سفر الخروج :الإصحاح :٢٥-٢٦".

(٢) مفصل العرب واليهود في التاريخ ص/٥٧٠ ، وانظر كذلك Ottley, A short History of the Hebrews, pp.١٢٠

وجرح هو جرحاً خطيراً وانتحر فقطع الأعداء رأسه وعلقوا جسمه وأودعوا درعه وسلاحه قرباناً للآله عشتروت وسمروا جسده على سور بيت شان (سفر صموئيل٣١ : ١- ١٠).

النبي داود عليه السلام.

وخلف شاؤول في الحكم النبي داود(ع) الذي وحد البلاد واتخذ اورشليم عاصمة له وأقام معبد الإله يهوه جاعلاً عبادته الديانة الرسمية للملكة وقصة داود (ع) كما ترويها التوراة تحوي من قتل وسفك دماء واغتيالات يأخذ بعضها برقاب بعض مما يجعلها أشبه بتاريخ بعض رؤساء المتوحشين منها بتاريخ ملك متمدن وهذا ديدن اليهود في توراتهم، فإنهم قد أساؤوا لكل نبي من أنبياء الله ناسبين إليهم كل المنكرات والمثالب.

النبي سليمان عليه السلام

ثم خلفه سليمان (عليه السلام) الذي بنى الهيكل [١] ليستقر فيه تابوت عهد الرب ، الرمز المقدس لبني اسرائيل الأقدمين ، وكان قبل بناء الهيكل يوضع في خيمة كبيرة وينقل من مكان مرتفع إلى آخر[٢] وكانت القرابين تقدم عادة للرب في عدد من الأماكن المرتفعة المختلفة ، وأصبحت القرابين منذ هذا العهد تقدم على مذبح الهيكل.

وتذكر التوراة أنه كان لسليمان سبعمئة زوجة وثلاثمئة سرية، وإن بعض نسوته أملن قلبه وأوقعنه في الوثنية فتقول التوراة(سفر الملوك/١١-٧): وكانت له

---

(١) الهيكل أو المعبد ، بناه سليمان (عليه السلام) بعد أن قدم له الملك (حيرام) ملك صور مشاهير البنائين وجميع الأدوات اللازمة للبناء من خشب وغيره، وكان المعبد السليماني يتجه شرقاً ويبلغ طوله ثلاثين متراً وعرضه عشرة أمتار وارتفاعه خمسة عشر متراً وهو ينقسم إلى مكانين : وكان يعرف باسم "دبير" وآخر هيكل وفي الجهة الغربية يقوم قدس الأقداس وكان مكعباً تبلغ مساحته نحو عشرة أمتار مكعبة، وفي قدس الأقداس هذا يوجد التابوت" انظر التوراة سفر الملوك الأول ، الأصحاح السادس وما بعده " وقد هدم اليهكل مرات عديدة في التاريخ ، هدمه نبوخذ نصر سنة ٥٩٨ وسنة ٥٨٦ ق.م وأنطيخوس أبيقا نوس سنة ١٦٨ ق.م وطيطس سنة ٧٠ للميلاد.

(٢) هذا التقليد سرى إلى عرب الجاهلية ، حيث كانت القبيلة تصنع صنمها أو وثنها في خيمة على ناقة ، وكانت تلتف من حول الخيمة ، خاصة في شدة الحروب وعنفوانها وكان شيخ القبيلة غالباً يحلف بألا يستسلم حتى تسقط الخيمة.

سبع مائة من النساء السيدات وثلاث مائة من السراري ، فأمالت نساؤه قلبه عن الرب . ومما نسب إلى سليمان عليه السلام ظلماً من قبل التوراة ، المباذل الجنسية في نشيد الأنشاد مما لا يجرأ لسان ولا قلم على ذكره تعظيماً لسليمان(عليه السلام).

وتقول التوراة (وكان في زمان شيخوخة سليمان أن نساءه أملن قلبه وراء إلهة أخرى ولم يكن قلبه كاملاً مع الرب إلهه كقلب داود أبيه ، فذهب سليمان وراء، عشتروت، إلهة الصيدونيين).

والواقع إن وصف الكتاب المقدس لسليمان(عليه السلام) يصوره لنا ملكاً متقلباً كغيره من الملوك ويصور بني إسرائيل شعباً معتقداً بالخرافات وذا عقلية مبلبلة قلقة ككل الشعوب المحيطة بهم.

عصر الانقسام:

وخلف سليمان أبنه الذي أساء التصرف كما تقول التوراة مع شعبه وحكماء دينه (سفر الملوك الأول/١١-١٢) تقول التوراة "أبي أدبكم بالسياط وأنا أؤدبكم بالعقارب".

وقد رفضت عشر قبائل الاعتراف به ملكاً واختارت بدلاً منه (يربعام) من سبط أفرايم ، فتكونت من هذه القبائل العشر المملكة الشمالية التي عرفت باسم إسرائيل ، وكانت عاصمتها السامرة وتألفت من القبيلتين الباقيتين وهما (يهوذا وبنيامين) المملكة الجنوبية على عهد رحبعام التي عرفت باسم مملكة يهوذا وعاصمتها أورشليم [١].

وقد صحب انقسام المملكة ردة بني إسرائيل ثانية إلى عبادة الأرباب من دون الله ، فظهرت حركة قوية جديدة يدعو أصحابها الناس إلى التمسك بعبادة الإله يهوه ونبذ الشرك والطقوس الوثنية ، كان بعضهم أنبياء وأول هؤلاء الأنبياء أليجا أو إيلياء (الياس) الذي اعترض على عبادة (بعل)وتسوية بني إسرائيل بينه وبين

---

(١) مفصل العرب واليهود في التاريخ ص٥٨١/ وما بعدها.

يهوه في العبادة وقد مات أليجا دون أن يحقق ما أراده ، ثم جاء من بعده تلميذه (اليسع) الذي حاول إعادة القوم إلى العبادة الصحيحة، عن طريق ثورة أثارها في قصر الملك وانتهت بقتل الملك وزوجته وجميع كهنة الإله بعل .تقول التوراة (سفر الملوك الأول) :١٨ - وما بعده) فقال إيلياء قد غرت غيرة للرب ، إله الجنود ، لأن بني إسرائيل قد تركوا عهدك ونقضوا مذبحك وقتلوا أنبياءك بالسيف فبقيت أنا وحدي وهم يطلبون نفسي ليأخدوها، وترى المآثر اليهودية أن إيلياء صعد في العاصمة إلى السماء ونفسه حية في مركبة من نار وخيل من نار(سفر الملوك الثاني).

الأسر البابلي:

وفي هذه الفترة قامت سلسلة حروب عسكرية وفتن دينية واختلافات في الرأي والعقيدة أوهنت قوة بني إسرائيل ، وقد صادف ذلك ازدهار قوة الأشوريين، فاندفعوا في حملات سريعة إلى فتح بلاد الشام، وفي زمن سرجون سنة ٧٢٢ق.م . هاجم الأشوريون ، مملكة إسرائيل وحاصروا عاصمتها السامرة ودمروها وأجلوا رجالها إلى خارج البلاد ، وبهذه الضربة الأشورية انتهت مملكة الشمال . فصارت يهوذا المركز الديني لبني إسرائيل ومحور تاريخهم ، وقد تعرضت يهوذا هي الأخرى ، بعد قرن وثلث إلى هجمات المصريين أولاً، ومن بعدهم لضربات البابليين حيث حاصروا عاصمتها أورشليم سنة ٥٩٧ق.م وأسروا ملكها ونقل مقيداً بالسلاسل إلى بابل، ثم لما تمردت أورشليم ثانية ، جاء نبوخذ نصر بملك يهوذا وزوجته وحاشيته و ٧٠٠٠ من جنده مسبيين إلى بابل، وهذا هو السبي البابلي الأول، ثم ثارت أوشليم بعد ذلك بسنين قليلة وبتحريض من مصر غضب نبوخذ نصر غضباً شديداً وأرسل حملة قوية حاصرت اورشليم ، وبعد حصار دام زهاء السنة ونصف السنة ، سقطت اورشليم سنة ٨٦، ولما حاول ملكها التعس (يهوياكيم) الهرب ، قبض عليه وأخذ إلى مقر قيادة الملك البابلي فذبح أبناؤه أمام عينيه ، ثم فقئت عيناه هو، وقيد بالسلاسل حيث أخذ مع المسبيين وعددهم ٥٠,٠٠٠، كما تقول

التوراة إلى بابل[1] أما المدن المهمة في مملكة يهوذا ، فقد خربت تخريباً تاماً، وهذا هو السبي البابلي الثاني، وقد جرى بين بني إسرائيل والبابليين في فترة السبي التي دامت قرابة خمسين سنة تمازج عنصري وفكري عميق والحقيقة المجردة التي يمكن استخلاصها من روايات التوراة هي إن بني إسرائيل ذهبوا إلى بابل همجاً وعادوا منها متمدينين ، خرجوا جمهوراً مختلطاً منقسماً على نفسه لا يربطهم رابط وطني وعادوا بروح وطنية ودينية شديدة وجنوح إلى الاعتزال، جعلهم ينزوون عمن عداهم إذ لم يحدث إلا قبل السبي بأربعين عاماً، إن اكتشف الملك يوشع كما يقال كتاباً للقانون في المعبد ، وفيما عدا ذلك فليست هناك أي إشارة في السجل إلى تلاوتهم أي كتاب فهاجر أحفادهم إلى فلسطين من بابل ومعهم القسم الأكبر من مادة العهد القديم وواضح أن بني إسرائيل قد تخلصوا من ملوكهم القتلة المتنازعين وابتعدوا عن السياسة .

أصبح الجو الذي عاشوا فيه باعثاً على النشاط الذهني ، حين رأوا أن البابليين يدونون عقائدهم في كتب مقدسة فخطوا هم أيضاً خطوة تعتبر جديدة بالنسبة لهم، فقد بدأوا بتدوين عقائدهم وكتبهم المقدسة أيضاً كما ستأتي إلى ذكر ذلك.

عصر كورش:

ونعتوا كورش - الذي سمح لهم بالهجرة إلى فلسطين - بالمخلص الإلهي أو المسيح المنتظر ، تقول التوراة، (سفر اشعيا ٣٨/٤٤: ١/٤٥) هكذا يقول الرب لمسيحه كورش الذي أمسكت بيمينه لادوس أمامه، وتذكر أسفار عزرا ونحميا ، إن عدد الذين غادروا إلى اورشليم ٤٢٣٦٠ فرداً وهو عدد مبالغ به ولا شك[2]

---

(١) راجع مفصل العرب واليهود في التاريخ ص/٥٨٤ وما بعدها.

(٢) هاجر أحفاد يهود الترحيل بقيادة زورو بابل (أي بذرة بابل) وهو "حفيد يهوياكيم الملك اليهودي الأخير قبل الغزو البابلي بمملكة يهوذا" ومعهم كنائز الهيكل التي سلبها نبوخذ نصر وهناك بقية ثانية عادت بسماح الملك الفارسي بقيادة عزرا، وقد أتم عزرا بناء الهيكل وأخذ القسم والعهد من اليهود للحفاظ على الشريعة والسير بموجبها وفي هذه الفترة اكتملت كتابة الأسفار الخمس والأسس الثابتة للأعياد المهمة، وحددت أوقات الصوم. وظهرت طبقة المعلمين والكهنة والحاخامات والمجامع الدينية العلمية والرأي الراجح عند الباحثين إن عقيدة البعث الأخروي سرت إلى اليهوديةفي هذه

وعندما فتح الاسكندر المقدوني الممالك الشرقية سنة ٣٣٣ ق.م خضعت له فلسطين كغيرها من المناطق ولم يكن الاسكندر مجرد فاتح عسكري وإنما كان يرمي من حملاته نشر الثقافة الهيلينية في الأراضي المفتوحة بكل أوجهها، فنها وفلسفتها وأدبها ، وفي الوقت الذي تأثرت فيه معظم شعوب البلاد المفتوحة بالثقافة الأغريقية فإن بني إسرائيل عامة والذين أخذوا يطلقون على أنفسهم لفظ (اليهود) باعتبار أنها ثقافة وثنية تناقض في روحها تعاليم التوراة وما فيها من دعوة إلى التوحيد وقد تسامح الإسكندر معهم في مواقفهم وترك لهم حرية التعبير عن معتقداتهم الدينية وإنمائها وتطويرها كما يشاؤون وتمتع اليهود بتسامح مماثل في عهد البطالسة الذي خلفوا الإسكندر في حكم الممالك التي فتحها إلا أن يهود مصر الخاضعين البطالسة تأثروا تلقائياً بأوجه الثقافة اليونانية فنشأت في الإسكندرية مدرسة يهودية . جمعت ومزجت بين الدين والفلسفة وراحت تبشر بالثقافة الإغريقية وقام فايلو الاسكندراني (٥٠م) وجماعته بترجمة التوراة إلى اليونانية عرفت فيما بعد بـ(الترجمة السبعينية – السبتوجينت) وبلغت الثقافة اليونانية أوجها عند الكثير من اليهود ، فتركوا الالتزام بأحكام التوراة وتركوا تقديس السبت وعادة الختان وانشغلوا بتقليد اليونان وذلك بظهورهم عراة في ساحات الألعاب كذلك بدأ العهر المقدس يعود للإنتشار من جديد بين اليهود – ثم أصبح أمره اجبارياً بينهم .

الثورة المكابية:

عملت فئة من اليهود المرتدين ، وعلى رأسها جاسون الذي عينه الرومان حاخاماً أكبر على فرض ثقافتهم على اليهود المحافظين والمتشددين وفرضت عقوبة الموت على من يلتزم السبت والختان ويحرم الخنزير وأحرقت الكتب المقدسة وصار امتلاكها جريمة كبرى، وحول المعبد والهيكل إلى معبد وثني للإله زوس

الفترة بتأثيرات الديانة الزرادشتية إذ ليس ثمة إشارة قبل سفر دانيال إلى العقيدة في أسفار التوراة الأخرى ، ولهذا أيضاً فقد اختلفت اليهود بشأنها. فآمنت بها فرقة الفريسيين وأنكرتها وردتها فرقة الصدوقيين كما سنذكر ذلك (من محاضرة للدكتور سعدون الساموك/ كلية الشريعة ١٩٨٢).

الإله اليوناني الأعظم والذي صار لحم الخنزير يقدم على مذبحة تقصداً في تحقير اليهود وإذلالهم ، وشهدت هذه الفترة حملات اضطهاد وعنت وقسوة لم يشهد لها اليهود نظيراً في تاريخهم وكان رد الفعل على ذلك إن قامت ثورة فكرية وسياسية عرفت باسم زعيمها متياس اشترك فيها بعض اليهود لدوافع دينية حفاظاً إلى التقاليد الموروثة .

وقد شكلت هذه الجماعات عصابات صغيرة انتشرت في البلاد وصارت تعمل جاهدة على القضاء على البدع الوثنية ، فجهز الأعداء حملة تأديبية ضاربة ضدهم مستغلين فيها يوم السبت حيث لا تجوز الحركة أو الدفاع عن النفس عند اليهود ، فانتهت الحركة من غير مقاومة . ومن حينها صدرت فتوى يهودية جديدة صارت من التقاليد المعترف بها أوجبت على اليهودي المضطهد المكره الدفاع عن نفسه حتى وإن كان اليوم يوم سبت، وبعد موت زعيم الحركة وفشلها ، ترأس حركة المقاومة أبناؤه الخمسة خصوصاً يهوذا المكابي (الفأس الحديدي) الذي تنسب إليه الحركة المكابية والتي كانت حركة عسكرية أقرب منها إلى الحركات المدنية وقد أحدث بعض قادتهم في أسلوب المقاومة[1] من حرب الخنادق إلى الهجمات الليلية المباغتة السريعة استطاع بها تحرير الأرض وإنقاذ القدس واستعادة المعبد في ٢٥ نوفمبر عام ١٦٥ ق.م وهو اليوم الذي يحتفل فيه اليهود بإشعال الشموع في عيد معروف عندهم بـ(الخانونكة) أي الإهداء ،ومدته ثمانية أيام ثم عقد اليهود بعد ذلك بينهم وبين السلطات الرومانية الحاكمة معاهدة منحوا بموجبها حرية العبادة تبعاً لتقاليدهم الدينية.

ظهور السيد المسيح عليه السلام:

وبظهور السيد المسيح ، انقسم اليهود على أنفسهم إلى جماعتين ، الأولى يهودية مسيحية أيدت المسيح وناصرت دعوته كما سيأتي ذلك وأخرى عارضته

---

(١) Ottley, Ashort History of Hebrews PP.٢٦٤

وبقيت على شريعة التوراة فقط وكانت الجماعة المؤيدة للسيد المسيح لا تختلف بادئ الأمر عن بقية اليهود إلا في اعتقادها بأن عيسى هو المسيح المنتظر، وفيما عدا ذلك التزمت بتقاليد الدين اليهودي وأحكامه، فكان أفرادها يؤدون الصلوات في بيت التوراة ويزورون الهيكل ويعظمون جملة الشعائر الدينية لبقية اليهود ، ثم ملامحه المميزة التي ستأتي على ذكرها ، وعاش اليهود في ذلك الوقت فترة عصبية تجاذبتهم حظوظ متباينة من التسامح والاضطهاد حتى سنة ٧٠ م حيث ثار اليهود على السلطات الرومانية فقام تيتوس بتدمير أورشليم وحرق الهيكل وبنى معبداً للاله (جوبيتر) محله، وانتقاماً لذلك قامت السلطات الرومانية بقتل الكثير من اليهود في مذبحة عامة تفرقوا أثرها في الأقطار المختلفة وبدأت فترة الضياع الحقيقية لليهود(الدياسبورا) والتجأ من نجا منهم إلى شمالي جزيرة العرب ، حيث سكنوا الواحات الغربية في فدك وتيماء ويثرب وغيرها ، ثم استمر اليهود في ثوراتهم ضد الرومان مرات عديدة على عهد تراجان(سنة ١٠٦م) وعلى عهد هادريان سنة(١٣٠م) وقد قتل الأخير عدداً كبيراً منهم ، ثم لما صارت المسيحية الديانة الرسمية للدولة الرومانية في عهد الإمبراطور قسطنطين سنة ٣١٣م كما سيأتي ذكر ذلك وصارت القدس العاصمة الدينية للمسيحية، وجعل يوم الأحد بدل السبت يوم عطلة وراحة ، صار التهود بدعة دينية وجريمة سياسية يستحق صاحبها العنت والاضطهاد وأغلقت المدارس الدينية، وبلغت الحياة العامة لليهود حداً لا يطاق ، وعلى مدى القرون الوسطى أظهر المسيحيون عداء مفعماً بكل صور الاضطهاد لليهود حتى أجبروا على الحياة في أوروبا في مناطق مخصوصة لا يجوز لهم تجاوزها عرفت بالجيتو (أي المناطق الفقيرة)

اليهود والإسلام:

وفي العراق أيضاً قام الفرس الساسانيون باضطهاد اليهود والقسوة عليهم وخصوصاً خلال عهد الملك يزدجرد الثاني (٤٣٨م) الذي أصدر أوامره – تحت تأثير الكهنة المجوس من عبدة النار بإنزال العقوبات بيهود بابل وقد بلغت حملات

الاضطهاد الديني أوجها زمن أبنه (فيروز) حيث أغلق معاهدهم الدينية بتحريض من (مزدك) الا أن ذلك لم يستمر طويلاً، حيث عادت الحياة الى طبيعتها بعد موت مزدك[١].

وعاد لليهود أمنهم وحريتهم بظهور الإسلام ، حيث أخذ اليهود بالاستيطان في فلسطين بعد أن حرم أجدادهم منها قروناً طويلة واستمر حال اليهودية في النمو والتطور بفضل سماحة الإسلام والمسلمين، فالبيزنطيون قبل الإسلام لم يكتفوا بتنظيم الشؤون الدينية لليهود فحسب ،بل كان الحكام يتدخلون حتى في شؤونهم الدينية البحتة.

وانتقل الحال في الأندلس بعد الفتح الإسلامي ، من تشريد وقتل لليهود على أيدي المسيحيين إلى رخاء وطمأنينة لم ير اليهود مثلها قط وبلغت الثقافة اليهودية في ظل العرب هناك درجة من التميز بشكل لم تعرفه قبلاً وبعد سقوط الأندلس أجبر اليهود على اعتناق المسيحية، وإن رفضوا ذلك عذبوا في محاكم التفتيش وأحرقوا وقتلوا وطوردوا بل وأصبح اليهودي يباع كالعبد في كثير من البقاع[٢].

وقامت أول حركة فكرية لليهود في العصر الحديث في أوروبا، واستطاعوا بما لهم من نفوذ وقوة أن يحملوا رجال الثورة الفرنسية سنة ١٧٩١م على الاعتراف لليهود بحق المواطنة الكامل اجتماعياً وسياسياً وعقائدياً، ومنح نابليون نفس الحقوق والامتيازات ليهود إيطاليا وغرب ألمانيا.

واليهودية كعقيدة بقيت تتقاذفها الأمواج عبر التاريخ ثم أضحت صريعة حركة فكرية قامت فيها، شقتها إلى جماعتين مختلفتين محافظة تزعمها سمسون روفائيل هيرش. وأخرى متحررة تزعمها تلامذة مندلسن[٣] ثم جاءت الحركة الصهيونية في أواخر القرن التاسع عشر لتتخذ من الجماعة المجددة الأداة التي

---

(١) Rattey, Ashort History of the Hebrews PP.١٤٦

(٢) Kuiper, the church in history Pp.٢٣٠ وانظر مختصر الديانتين اليهودية والمسيحية ص /١٤-١٥.

(٣) سنشير إلى ذلك في وحدة الطوائف والفرق اليهودية

تحقق بها حلمها في إنشاء ما يسمى بوطن قومي لليهود في فلسطين على حساب العرب والمسلمين ، ونجحت في تحقيق ذلك الحلم الخبيث الذي تثبته توراة اليهود في مواثيق ربانية لـ ١٢ نبياً ابتداءً بإبراهيم "عليه السلام" وانتهاء بحبقوق في أكثر من ثلاثين موضعاً أن يملكهم الرب أرض كنعان- الميعاد- أي فلسطين ، إبدياً لهم ولذراريهم حتى قيام الساعة.

وهذه العقيدة السياسية الصهيونية بينتها التوراة، فهي عقيدة كل من يؤمن بالتوراة ويصدقها سواء أكان صهيونياً أم غير ذلك.

أما حين ينبذ اليهودي توراته ولا يؤمن بهذه المواثيق فهو غير يهودي لا يعتد بكلامه أو تصريحاته.

ومما تقدم يمكننا أن نقسم العصور التي مر بها اتباع موسى واليهود إلى الأقسام التالية:

١- عصر الخروج والذي ابتدأ بخروج موسى (عليه السلام) من مصر مع قومه وأتباعه بدخول يوشع بأتباعه إلى أرض كنعان.

٢- عصر القضاة والذي يبتدئ بيوشع القاضي الأكبر الأول وينتهي بصموئيل.

٣- عصر الملوك والذي يبتدئ بالملك شاؤول وينتهي بموت النبي سليمان (عليه السلام)

٤- عصر الانقسام والذي ابتدأ بموت سليمان (عليه السلام) وانقسام مملكة سليمان إلى دولتين إسرائيل ويهوذا[١].

٥- عصر الانهيار والسبي البابلي.

٦- ظهور المسيح (عليه السلام) ودخول اليهود في عصر التشتت والتشرد.

---

(١) يميل بعض المؤرخين إلى اعتبار عصر الانقسام جزءاً من عصر الملوك فيسمى كلا العصرين بعصر الملوك ، انظر الموسوعة الفلسطينية ص/١٦.

ولقد كان من المؤمل أن يكون ظهور السيد المسيح (عليه السلام) عاملاً جديداً لجمع شمل اليهود وبناء دولة داؤد (عليه السلام).. ولكن غرور اليهود ودخول الأفكار الغريبة بعد أن حرفت التوراة الأصل قد بنت نفسها على العنف والخداع والغدر قد جعلت مسار التاريخ يتغير، فتتأسس دولة عالمية أخرى تقوم على معتقدات جديدة تختلف اختلافاً كبيراً عما سعى لها اليهود فكانت تلك الدولة هي الدولة التي آمنت برسالة السيد المسيح بعد أن أصبحت رسالة أممية أخرجت معتقدات العهد القديم خارج الإنغلاق والتعصب اليهودي.

ونخرج من خلال عرض تاريخ بني إسرائيل واليهود الى أنهم قد استخدموا بعض المصطلحات عبر تاريخهم الطويل بمعنى واحد، وسنعرض هذه المصطلحات بشيء من الايجاز وبيان الاختلاف في معنى كل منها ومن تلك المصطلحات :

١- **العبرانيون:** وهم عند المؤرخين ، الجماعة الرابعة من الساميين[١] الذين نزحوا أصلاً من بوادي الجزيرة العربية والمفروض أن مجيئهم إلى الجزء الذي سكنوه في بلاد كنعان قد تم في هجرات عديدة مفترضة مستنتجة من التوراة ، وأقدم هذه الهجرات كانت من بوادي ما بين النهرين الشمالية، والمرجح أن هذه الهجرة قد حدثت في القرن الثامن عشر ق.م أما الهجرة الثانية فيقرن زمنها بهجرة الآراميين في القرن الرابع عشر ق.م[٢].

صارت كلمة "عبري" مرادفة لابن الصحراء أو ابن البادية بوجه عام. لذلك فإن نعت إبراهيم الخليل (عليه السلام) بالعبراني، كما ورد في التوراة ، إنما أريد به معنى العبريين"العبيرو" وهم القبائل البدويةالعربية ومنها القبائل الآرامية العربية

---

(١) يميل الدكتور سامي سعيد الأحمد إلى تسميتهم بالقبائل الجزرية أنظر (القبائل الجزرية) من منشورات اتحاد المؤرخين العرب.

(٢) مفصل العرب واليهود في التاريخ ص/٨٥.

التي ينتمي إليها إبراهيم الخليل(عليه السلام) نفسه، لذلك يجب التمييز بين العبري من جهة وبين الإسرائيلي أو اليهودي من جهة أخرى عند الحديث عن اليهودية وليس لإبراهيم (عليه السلام) أية علاقة باليهود لأنه سبق وجود اليهودية[1].

وقد قال الله سبحانه وتعالى في كتابه الكريم (يَا أَهْلَ الْكِتَابِ لِمَ تُحَاجُّونَ فِي إِبْرَاهِيمَ وَمَا أُنزِلَتِ التَّوْرَاةُ وَالْإِنجِيلُ إِلَّا مِن بَعْدِهِ أَفَلَا تَعْقِلُونَ (٦٥) هَا أَنتُمْ هَٰؤُلَاءِ حَاجَجْتُمْ فِيمَا لَكُم بِهِ عِلْمٌ فَلِمَ تُحَاجُّونَ فِيمَا لَيْسَ لَكُم بِهِ عِلْمٌ وَاللَّهُ يَعْلَمُ وَأَنتُمْ لَا تَعْلَمُونَ (٦٦) مَا كَانَ إِبْرَاهِيمُ يَهُودِيًّا وَلَا نَصْرَانِيًّا وَلَٰكِن كَانَ حَنِيفًا مُّسْلِمًا وَمَا كَانَ مِنَ الْمُشْرِكِينَ (٦٧)) [آل عمران:٦٥-٦٧] وقد استعمل حاخامات اليهود كلمة العبري بمعنى اليهودي عند تدوينهم للتوراة في فلسطين [2] بعد سقوط دولة بابل.

٢- **"بنو إسرائيل"..** وإسرائيل هو يعقوب حفيد إبراهيم الخليل (عليهما السلام) وأطلق لفظ بني إسرائيل على أولاد يعقوب (عليه السلام) وقد عاشوا في القرن السابع عشر قبل الميلاد واستمرت هذه التسمية لمدة (١٤٠٠) سنة، ولغتهم هي اللغة الآرامية ، وهي نفس اللغة التي يتكلم بها الكنعانيون والعموريون في فلسطين.

واندمج بنو إسرائيل بالمصريين بعد هجرة يعقوب (عليه السلام) وأولاده إلى مصر لينضموا إلى يوسف (عليه السلام) فاختفى ذكرهم ولم يظهر لهم أثر تأريخي قبل ظهور النبي موسى (عليه السلام).

٣- **الموسويون"** وهو مصطلح جديد (لم يعهده اليهود سابقاً) أطلقه الدكتور أحمد سوسةعلى اتباع النبي موسى(عليه السلام)لكونه يرى أن كثيراً من غير بني

---

(١) دائرة المعارف البريطانية طبعة ١٩٦٥ ج١١ ص/٣٧٩.

(٢) دائرة المعارف البريطانية طبعة ١٩٦٥/ج١١ ص٣٧٩ وانظر كذلك مفصل العرب واليهود في التاريخ ص /٨٧ وانظر الموسوعة الفلسطينية ص/١٥.

إسرائيل قد التحق معهم مؤمناً بدينه ورسالته [١] فهو في رأيه مصطلح يمكن إطلاقه على جماعات خليطة من أحفاد بني إسرائيل ومن بقايا الهكسوس وهؤلاء كانوا يدينون قبل ظهور النبي موسى (عليه السلام)[٢] بدين التوحيد الذي ورثوه عن إبراهيم (عليه السلام) أو الذي دعا إليه اخناتون، فرعون مصر الموحد، وقد آمنوا برسالة موسى (عليه السلام) وقد اضطر موسى عليه السلام وأتباعه تحت ضغط الوثنيين واضطهادهم لهم بعد موت اخناتون إلى الهرب من مصر، وكان يأمل أن يقودهم إلى أرض كنعان(فلسطين) لهداية الناس إلى دين اله ، دين التوحيد[٣]، وكان ذلك في القرن الثالث عشر قبل الميلاد [٤] ولم يستخدم القرآن الكريم أو الباحثون من قبل هذا المصطلح ..(الموسويون) [*].

وكان أتباع النبي موسى (عليه السلام) يتكلمون اللغة المصرية، وبها نقل النبي موسى (عليه السلام) الشريعة والوصايا العشرة وكتبت بالهيروغليفية [٥].

وتعلم أتباع موسى (عليه السلام) لغة كنعان وتأثروا بثقافتها وتقاليدها ومعتقداتها بعد دخولهم كنعان، ولم يعثر على أثر لشريعة موسى (عليه السلام)

---

(١) قال تعالى :(فَأَلْقَى مُوسَى عَصَاهُ فَإِذَا هِيَ تَلْقَفُ مَا يَأْفِكُونَ (٤٥) فَأُلْقِيَ السَّحَرَةُ سَاجِدِينَ (٤٦) قَالُوا آمَنَّا بِرَبِّ الْعَالَمِينَ (٤٧) رَبِّ مُوسَى وَهَارُونَ (٤٨) قَالَ آمَنتُمْ لَهُ قَبْلَ أَنْ آذَنَ لَكُمْ إِنَّهُ لَكَبِيرُكُمُ الَّذِي عَلَّمَكُمُ السِّحْرَ فَلَسَوْفَ تَعْلَمُونَ لَأُقَطِّعَنَّ أَيْدِيَكُمْ وَأَرْجُلَكُمْ مِنْ خِلَافٍ وَلَأُصَلِّبَنَّكُمْ أَجْمَعِينَ (٤٩) قَالُوا لَا ضَيْرَ إِنَّا إِلَى رَبِّنَا مُنْقَلِبُونَ (٥٠) إِنَّا نَطْمَعُ أَنْ يَغْفِرَ لَنَا رَبُّنَا خَطَايَانَا أَنْ كُنَّا أَوَّلَ الْمُؤْمِنِينَ (٥١)) [الشعراء:٤٥-٥١]

(٢) يستدل الباحثون من المدونات التاريخية القديمة على أن موسى (عليه السلام) كان قبل إن يوحى إليه بالنبوة ، قائداً مصرياً في الجيش المصري واشترك في الحرب ضد الحبشة واسمه اسم مصري بحت، وقد تربى في البلاط الفرعوني وتزوج من إمرأة اثيوبية في الحبشة (انظر د.سامي سعيد الأحمد/الأسس التاريخية للعقيدة اليهودية ص/٨).

(٣) تذكر التوراة إن الرب منع موسى وهرون(عليهما السلام) من دخول فلسطين(لأنكما خنتماني ولم تؤمنا بي إذ لم تقدساني ، فإني لا أدعكما تدخلان أرض كنعان ، فإنك تنظر الأرض أرض كنعان من قبالتها ، ولكنه لا تدخل إلى هناك إلى الأرض التي أعطيتها لبني إسرائيل) التوراة . (العدد ٢٠/١٢-١٣ وكذلك التثنية /٥٤-٥٥).

(٤) مفصل العرب واليهود في التاريخ ص/٥٥٥.

(*) وهذا اللفظ هو غير المصطلح الذي يطلقه بعض أبناء الشيعة المسلمون على أنفسهم حيث أن المقصود بذلك عندهم هو: أبناء ونسل موسى الكاظم الإمام السابع عند الشيعة الأمامية.

(٥) التوراة الهيروغليفية ص/٣.

باستثناء إشارات جاءت في وثائق وادي قمران التي اكتشفت أثناء احتلال البحر الميت عام ١٩٦٧ من قبل العدو الصهيوني[١].

٤- وأطلقت تسمية (اليهود)[٢]: على بقايا جماعة يهوذا الذين رحلهم نبوخذ نصر إلى بابل في القرن السادس قبل الميلاد نسبة إلى مملكة يهوذا المنقرضة. وقد اقتبس هؤلاء، قبيل الترحيل البابلي لهجتهم العبرية المقتبسة من الآرامية وبها دونوا التوراة ، أي بعد زمن موسى (عليه السلام) بثلاثمائة عام، لذلك صارت تعرف هذه اللهجية "بآرامية التوراة " وهي بلا شك غير الشريعة التي نزلت على موسى (عليه السلام).

---

(١) مفصل العرب واليهود في التاريخ ص/٥٥٧.
(٢) أطلق القرآن الكريم لفظ بني إسرائيل على اتباع موسى (عليه السلام) تارة ولفظ اليهود تارة أخرى ، ولم نجد فيه ذكراً للعبرانيين أو الموسويين.

المبحث الثاني
المسيحية والكنيسة عبر التاريخ

في هذا المبحث سيتعلم الطالب التطورات التي حصلت في الكنيسة والتي يمكن حصرها بما يلي:

١- انتقالها من العمل السري الذي دام ثلاثة قرون إلى العمل العلني.

٢- انتقالها من التوحيد إلى التثليث واعتبار التوحيد كفراً ومطاردة معتنقيه.

٣- دور بولص الرسول في تغيير السمات العقيدية للمسيحية وأسباب اعتناق الأوروبيين لعقيدة التثليث .

٤- ظهور الاسلام وتأثيره على سير المسيحية.

٥- ظهور البابوية وتحديد سلطات البابا منذ نشوئها وحتى العصر الحاضر .

٦- الحروب الصليبية وأثرها على أوروبا من جانب والعالم الاسلامي من جانب آخر ونتائج تلك الحروب.

تمهيد:

يتميز تاريخ الديانة المسيحية بأنه ينقسم إلى مراحل مميزة ثلاثة، تكون كل مرحلة منها أساساً يهيئ للمرحلة التي تعقبها ،ثم أن المرحلة طويلة جداً نسبة لما عهدناه في المراحل التي مرت بها اليهودية ... فمراحل الديانة اليهودية ليس فيها تغيير في بقية الديانة نفسها، أما في المسيحية فإننا سنرى أن الديانة المسيحية ستنحى في هذه المراحل مناحٍ جديدة لا تتغير صورة الدولة والكنيسة فيها فحسب، وإنما تتلوها تغيرات في صلب العقيدة .. بل تصاحبها انقسامات تأخذ شكل التغيرات في بنية الديانة نفسها... وهذه المراحل هي:

١- العصر السري

٢- حرية الكنيسة

٣- العصور الوسطى

العصر السري: عندما اجتمع المسيح مع حوارييه قبل أن يرتفع إلى السماء طلب منهم قائلاً: "اذهبوا وتلمذوا جميع الأمم وعمدوهم باسم الاب والابن والروح القدس[1] " فانتهت بذلك نظرة اليهود المغلقة من المؤمنين بالديانة الجديدة. فصارت الدعوة أممية وأن راعيها يطلب من أتباعه أن يذهبوا إلى الأمم فيتلمذونهم. لقد كانت الدعوة المسيحية دعوة إلى بني إسرائيل في بدايتها واستمرت كذلك لقول المسيح عليه السلام "إنما بعثت إلى خراف بني إسرائيل الضالة " . إلا أن الحرب عليه وعلى دعوته من قبل اليهود وانتهائه إلى المصير الذي يتحدث عنه الإنجيل قد دعاه إلى اطلاق دعوته الأممية . ويذكر لنا الإنجيل أن الحواري بطرس الأول الذي توجه إلى الأمم الأخرى لدعوتهم إلى الانضمام إلى الدين الجديد) والذي أصبح عالمياً بعد أن انتشر الحواريون والمعلمون والتلامذة في كل بقاع الأرض

---

(1) إنجيل متى ١٩/٢٨-٢٠.

وكان الأكثر أهمية في نشر الديانة المسيحية بين القبائل الوثنية هو "بولص الرسول"[١] والذي عمل من اجل نشر الديانة المسيحية بصورة غير مألوفة في الشرق.

وقد سبق أن بينا أن اليهود قد اتجهوا لجمع المال وفرض السيطرة السياسية ـ التي يمثلها مجلس "السنهدرين" والتي أصبحت تخدم الرومان في أيامها الأخيرة قبل ظهور المسيح عليه السلام ـ على أبناء ملتهم وأهملوا رعاية (الهيكل) بأن حولوه إلى سوق تجارية عامة[٢] فراح الكثير من اليهود ينتظر بفارغ الصبر ظهور الزعيم الذي بشرهم به أشعيا ودايننال، ذلك الفارس سليل داود (ع) ليعيد ملكوت الله فيملأ الأرض عدلاً ويوقظ دولة الأجداد لتمتد من الفرات إلى النيل تحت حكم التوراة [٣] وقد قام يوحنا، النبي يحيى (ع) بتعميد عيسى بن مريم(ع) وأخبره بأنه المسيح المنتظر ، وأخذ المسيح (ع) يبشر برسالته بين أصحابه، وكان يعرف اليهود بمفاسد رجالات دينهم.

لقد قاد المسيح حرباً عقيدية ضد رجالات الدين اليهودي، وقد تبعه في البداية أثنا عشر رجلاً هم الحواريون، فعلمهم تعاليمه وأرشدهم إلى ما يحب عمله وراح ينشر دعوته في القرى والمدن الصغيرة ، فهيأ أذهان عامة اليهود لتقبل دعوته ونقل دعوته بعد ذلك إلى المدينة المقدسة، فأصبح لزاماً عليه أن يواجه السلطتين السياسية والدينية فقبض عليه وصلب ثم قام ورفع إلى السماء كما تقول الأناجيل المسيحية أو رفع إلى السماء كما يفهم من القرآن الكريم[٤]. قال تعالى "إني متوفيك ورافعك الي" وقد وقف اليهود من عيسى بن مريم(ع) موقفاً سلبياً ولم

---

(١) يقول ويلز في كتابة (The outline of History Vol. 3P.٦٧٩) أن يسوع الناصري في نواة المسيحية أكثر منه مؤسساً ، فشاؤول - الذي سمي فيما بعد بعد بولص ، هو في الحقيقة مؤسس المسيحية . راجع أحمد شلبي أن المسيحية ص/٧٥.

(٢) قصة الديانات – سليمان مظهر ص٣٩٩.

(٣) تاريخ الرسل والملوك الطبري ص/١٦ وانظر ٢٩٦ . Religionen S.

(٤) انظر قصص الأنبياء / الصهيونية ٢٧٣ وكذلك Religionen Pp٢٩ f

يدافعوا عن حياته لعدم اعتقادهم بأنه المسيح المنقذ، ولعل ذلك يرجع إلى عدة أمور منها:

١- إن الاسرائليين كانوا ينتظرون قائداً قوياً سيأتي على رأس جيش يقارع الأعداء بصلابة ليثبت جدارته ، بينما جاء المسيح(ع) شخصاً مسالماً يدعو إلى تعاليم تناقض ما عهده اليهود من العنف والوحشية والقوة، وكانوا يتوقعون زعيماً يقودهم ضد الرومان ليؤسس بالقوة ملكوت الله، إذا به يدعوهم أحبوا أعداءكم باركوا لاعنيكم ، احسنوا إلى مبغضيكم ، وصلوا لأجل الذين يسيئون إليكم ويطردونكم ". "متى ٥: ٤٤" [١].

٢- إن المسيح الذي ظهر اليهم وقف موقفاً مناهضاً لأعضاء السنهدرين أصحاب السطوة الدينية دون قوة تسنده وهاجم الأغنياء فألبهم على نفسه.

٣- إن عامة الناس لم يتوفر الوقت اللازم كي يفهموا منحى تعاليمه بصورة جيدة ولم يدركوا طريقة قلب النظام السياسي القائم آنذاك من قبل عيسى بن مريم (ع) والذي توقعه أن يقوم به المسيح الذي يأملون [٢].

٤- إن المسيح الذي جاءهم لم يستمر طويلاً في نشر دعوته ، فبينما قضت اليهودية فترة طويلة في التاريخ تكتب وتطور عقيدتها، لم يقض السيد المسيح أكثر من ثلاث سنوات في نشر تعاليمه قضى معظمها في القرى والأرياف ، ولم يأت إلى القدس للدعوة إلا قبيل انتهاء رسالته بفترة قصيرة ومحدودة جداً.

وقد أنتشر أنصاره في المدن الكبرى حول العالم لينقلوا تعاليمه إلى شعوبها ، فابتدأ عهد جديد في تلك الرسالة بأنها تحولت من رسالة محلية خاصة ببني إسرائيل إلى رسالة لكل الأمم لتكون ديانة عالمية ولقد كتب بعضهم مذكراته عن السيد المسيح

---

(١) وفي النقيض من هذا الكلام ، توسع الإنجيل في مجال التعامل الإنساني حسب الظروف بنصوص فيها شدة أحياناً وردعاً للشر أحياناً أخرى ومن هذه القصص "لا تظنوا اني جئت لألقي سلاماً على الأرض ، ما جئت لألقي سلاماً بل سيفاً(متي :١٠/٢٤-٢٥) كما يدعو إلى التسلح (من ليس له ثوب فليبع ثوبه وليشتري سيفاً) " لوقا:٣٥/٣٢".

(٢) المسيحية د. أحمد شلبي الصهيونية ٨٢.

ضمنها الكثير من أقواله وأفعاله، ولكن (بولص الرسول) جمع الكثير من المعلومات فكتب رسائل وأعمالاً كثيراً تضمنها الكتاب المقدس مما رسم أموراً ميزت ديانة السيد المسيح بمميزات جديدة ، فصارت بعد ذلك ديانة تدعى الديانة (النصرانية) أو المسيحية.

بولص (الرسول)

ولد واضع لاهوت التثليث المسيحي في طرطوس، في السنة العاشرة الميلادية، وكان أبوه من الفريسيين اليهود ، ونشأ بولص -وكان اسمه شاؤول- على مبادئ هذه الجماعة الدينية المتحمسة، وظل الاسمان يطلقان عليه منذ طفولته ، وبولص نفسه يهودي كما يقول عن نفسه في كتبه، أو فيما نقله عنه تلميذه لوقا(أنا يهودي فريسي ابن فريسي على رجاء قيامة الأموات).

يروي عنه لوقا في أعمال الرسل:- كان شاؤول راضياً بقتل المسيحيين ، وكان يسطو على الكنيسة ، ويدخل البيوت، ويجر رجالاً ونساء ، ويسلمهم إلى السجن، ولم يزل ينفث تهديداً وقتلاً على تلاميذ الرب، وعند دخوله المسيحية يقول لوقا(وعندما كان بولص قريباً من دمشق في طريقه إلى أورشليم بغتة أبرق حوله نور من السماء، فسقط على الأرض وسمع صوتاً قائلاً له ،أنا يسوع الذي تضطهده ؛ فقال يا رب ماذا تريد أن أفعل؟ فقال له (قم وكرز بالمسيحية) ويقول لوقا في ختام هذه القصة جملة مهمة غيرت وجه التاريخ ، وللوقت جعل يكرز في المجامع بالمسيح أن هذا هو ابن الله ، ولم تكن هذه الفكرة قد عرفت من قبل، فأصبحت نقطة التحول في الدراسات المسيحية ، وكان ذلك سنة (٣٨) ميلادية[1] أي بعد وفاة المسيح ، ثم دخل بولص النصرانية ، وأصبح معلماً لها، وأخذ الزمام في يده، وهو الذي لم ير المسيح قط ولا سمعه يتكلم ، ولكنه قال بصلة مباشرة بينه وبين المسيح ، صلة أدخلته المسيحية ، وسكبت في نفسه تعاليمها ، وبهذه الدعوى

---

(١) مقارنة الأديان المسيحية الصهيونية : ٨٧.

كسب حق النضال من أجل تعاليم تلقاها مباشرة من السيد المسيح، وادعى لنفسه العصمة والقداسة ، لقد تشكك الناس في أمر بولص، وحتى تلاميذه انفضوا من حوله بعد سماعهم دعوته ألوهية المسيح ، ولكن تلميذه لوقا، أخلص له الود وآمن برسالته ، ولم يعرف من النصرانية سواها، فخدم أستاذه وأحله محلاً رفيعاً لا يقل عن مقام عيسى نفسه، وكتب لوقا رسالة أعمال الرسل ، ولكنها في الحقيقة قصة حياة بولص ، وكتب لوقا انجيله ، فأفرغ فيه أفكار بولص، حتى أصبح في الصف الأول مع أنه هو وأستاذه لم يريا عيسى قط ويقول القديس (ترنليانوس) أسقف قرطاجنة(إن إنجيل لوقا ينسب كله إلى بولص)، لم يهتم بولص بفكرة ملكوت السموات والأرض ولكنه علم الناس أن عيسى لم يكن المسيح الموعود فحسب ، بل إنه ابن الله ، نزل إلى الأرض ليقدم نفسه قرباناً، ويصلب ليكفر عن خطيئة البشر، فموته كان تضحية من أجل البشر.

لقد أرسل الله نبيه عيسى عليه السلام إلى بني إسرائيل مبشراً بالروح وهجر الملاذ التي استغرقت النفوس في تلك الأيام ، واستولت عليها المادة، وبشر بعالم الآخرة ، ولقد ايده الله بالمعجزات، وأن ولادته نفسها معجزة ، فكانت دعوته دعوة توحيد لأنها مكملة لرسالة موسى، والإنجيل الذي علمه للناس مكمل للتوراة، فرسالة موسى رسالة توحيد، والتوراة تدعو إلى توحيد الله، وتطلب من النصراني الذي آمن برسالة عيسى أن يؤمن بالتوراة والإنجيل أي بالعهدين معاً

إن اللاهوت المسيحي الذي نعرفه بعد مؤتمر نيقية ـ الذي سنتحدث عنه ـ هو من وضع بولص نفسه، وأن الأناجيل التي بين أيدي الناس والمعترف بها ، والمكتوبة بالمعنى لا باللفظ أنها كتبت على ما جاء في رسائل بولص إلى أصدقائه بمدة طويلة ، حيث بنيت عليها الديانة النصرانية ، ولم تكتب هذه الأناجيل - رغم تناقض بعض نصوصها - في حياة المسيح ولا عن سماع منه ولا برواية متسلسلة بالتواتر.

فشاؤول ـ بولص ـ هو في الحقيقة مؤسس المسيحية بعد المسيح عليه السلام وقد أدخل بولص على ديانته في رسائله بعض تعاليم اليهود وصوراً من فلسفة الإغريق ، وظهرت مصطلحات جديدة هي: منقذ ومخلص وسيد، استطاع الجنس البشري بواسطته أن ينال النجاة، وهي اصطلاحات كانت شهيرة عند كثير من الفرق، فانحاز أتباع هذه الفرق – حسبما يروي لنا التاريخ - إلى الديانة الجديدة. أما أبرز المميزات التي حصلت للديانة المسيحية فهي:

١- إن المسيحية لم تعد ديناً لليهود فقط بل أصبحت ديناً عالمياً. أي أنها انفتحت على بقية الشعوب.
٢- التثليث أي ألوهية الأب وألوهية الأبن وألوهية الروح القدس. وذلك بديلاً للآله (يهوه)اله اليهود.
٣- كون عيسى ابن الله ونزوله ليضحي بنفسه تكفيراً عن خطيئة البشر.
٤- قيامة عيسى من الأموات وصعوده ليجلس على يمين أبيه ليحكم ويدين البشر.
٥- إن المسيح سيعود إلى الأرض مرة أخرى.

جاءت المسيحية امتداداً للتعاليم الموسوية، واليهودية تدعو للإيمان بإله واحد إلا أن صراعات حادة دارت في الكنيسة حسمها مؤتمر نيقية بأن أحل عقيدة التثليث محل التوحيد

وكما قلنا فإن بولص الرسول ضمن المسيحية أفكاراً مميزة نسبها إلى شخص السيد المسيح (عليه السلام)، فصار المسيح (عليه السلام) ابن الله ، نزل إلى الأرض ليقدم نفسه قرباناً ويصلب تكفيراً عن خطيئة البشر[1]

---

(1) المصدر السابق ص/٨٩ وفي الهامش رقم (٨) صلة وانظر Die Riligionin Geschichte und Gegenwart S.٦٣٠ في حين نجد نصوصاً أخرى تقول على لسان السيد المسيح (ع) "أجز عين هذه الكأس ، ولكن ليكن لا ما أريد أنا بل ما تريد أنت" (مرقص: ٣٧/١٤).
وما كان المسيح (ع) سعيداً ساعة صلبه لأنه كان يقول " نفسي- حزينة جداً حتى الموت" (مرقص: ٣٧/١٤) وكان ينادي ربه بفزع: "أيلي ...... ايلي...... لماذا تركتني " (متى: ٢٨/٢٧).

ولقد ساعدت أفكار بولص المسيحية على الانتشار بصورة واسعة في البلاد الغربية الأوربية بينما انحسرت في الشرق، لأن الشرقيين قد تعودوا على التوحيد والنبوات التي دعت إلى إله واحد. بينما جاملت عقيدة بولص التثليثية عقليات الوثنيين في الغرب[١] إذ أن أديان القبائل الوثنية آنذك كانت متبادلة التأثير مع الأديان المصرية التي كانت تجعل من الإله الأعلى عائلة من ثلاثة أقانيم ، هم الأب والزوجة والابن[٢].

وقد واجهت الكنيسة بعد غياب السيد المسيح (ع) وخلال القرون الثلاثة الأولى اضطهاداً كبيراً لا يوصف ، وقد عانى قادة الكنيسة الأوائل كثيراً من العنف والتعذيب والأضطهاد بسبب إيمانهم ، حيث عذب وسجن كل من بطرس ويوحنا من كتبة الأناجيل أكثر من مرة، فقتل كل من القديس اصطيفان والقديس جيمس، وحاول اليهود أن يوقعوا ببولص، إلا أنه نجا منهم، وكان نيرون الذي ابتدأ حكمه عام ٦٤ للميلاد، أول إمبراطور مارس تعذيب المسيحيين، وقام بحرق روما لمدة ستة أيام واتهم نيرون المسيحيين بهذا الحريق، لذلك ألقى القبض على كثير منهم ، فصلب الكثير منهم لهذا السبب ورمي الكثير منهم إلى الحيوانات المتوحشة وسط ساحات الألعاب ليقضوا بها نحبهم- وقتل بولص وبطرس في روما صلباً وتعتبر روما من أشد المناطق التي حصلت فيها الاضطهادات في هذه الفترة[٣].

وأصدر الأمبراطور ماركوس أوريليوس (١٦١-١٨٠) أمراً بشرعية السيطرة على كل أملاك المسيحين ، فأصبحت أملاك المسيحيين مشاعة وتعطى لمن يقتل صاحبها المسيحي ، وكان المسيحي من مواطني روما يعاقب بقطع الرأس، أما الأجانب فكانوا يرمونهم إلى الوحوش الضاربة ، وكانت جثث القتلى المسيحيين تحرق ويرمى رمادها في نهر الرون.

---

(١) راجع مختصر تاريخ الكنيسة ص/١٤٦ وانظر المسيحية د. أحمد شلبي ص/٨٦-٩٤.

(٢) الأديان، دراسة تاريخية مقارنة (فصل الديانة المصرية).

(٣) راجع The Church in History , Pp٧. كذلك ، تاريخ الموازنة ص/١٧.

تخفى الكثير من المسيحيين في هذا العهد في مجاري المياه والقبور والممرات السرية التي كانت قد حفرت في روما [١].

وفي عام ٣١١م دعا الإمبراطور (كلاريوس) إلى إيقاف كل عمليات التعذيب ضد المسيحيين.وأصدرأمراً بالسماح للمسيحيين بالقيام بتعبداتهم بصورة علنية.

وقد اشتهر هذا العصر الممتد ما بين الميلاد وحتى عام ٣١١م بأعمال الحواريين والمعلمين الأوائل وتلاميذهم والقديسيين ومفكري وفلاسفة الديانة المسيحية من الذين كانوا يتصدون للكفر والزندقة والرد على اتهاماتهم ، وكان منهم ايرانيوس وترتوليان وجستين وكلمنت الأسكندري[٢]، وقد أصبح للكنيسة رجالها الذين يعملون فيها [٣].

تثبيت العقيدة المسيحية

وكان لهذه الفترة فضل في تثبيت العقيدة المسيحية ، ولعب البطريارك سايبريان المولود في قرطاج حوالي سنة ٢٠٠ للميلاد دوراً في تسجيل هذه العقائد والتي يمكن تلخيصها بما يلي:-

١- إن الإله واحد.
٢- إن المسيح (أبو الكنيسة) هو شخص واحد.
٣- إن الكنيسة واحدة ولا خلاف فيها
٤- إن السلطة الكنسية يجب أن تقاد من قبل شخصية معنوية واحدة.
٥- لا مغفرة خارج الكنيسة ، ومن يخالف مسؤول الكنيسة الشرعي لا يعتبر مسيحياً.

---

(١) A History of the christian church P.p٣٢-٣٧.

(٢) The church in History Pp.٧-٢٨.

(٣) تتوزع الوظائف في الكنيسة الكاثوليكية بصورة هرمية على رأسها البابا الذي ينتخبه مجلس الكرادلة ، ويلي البابا في الرتبة الكاردينال ، ثم رئيس الأساقفة فالأسقف فالقس ، ويسمى هذا الصنف من الموظفين الكنسيين بالموظفين المدنيين Secular أما الطبقة الأخرى من الموظفين الكنسيين هي الرهبان والراهبات والمتزهدين الذين عاشوا في الأديرة واهتموا بأعداد الناس للآخرة وسموا برجال الدين الاعتياديين Regular (تاريخ أوروبا من عصر-النهضة وحتى الثورة الفرنسية ١٥٠٠-١٧٨٩ ص/١٧١).

وكانت أفكار سايبريان هذه قد انتشرت في خضم الاضطهاد الذي عانت منه الكنيسة [١].

حرية الكنيسة .

انقسمت الأمبراطورية الرومانية داخلياً، وصار امبراطورها (ماكسينوس) يحكم إيطاليا وشمال أفريقيا فقط " حيث فقد سلطته على معظم البقاع الأوروبية " التي صار قسطنطين الأول امبراطوراً لها منذ ٣٠٦م والذي اختير لهذا المنصب في بريطانيا أولاً ثم انضمت إليه كل من فرنسا وإسبانيا . وكان ماكسينوس يحاول إزاحة قسطنطين من أمامه. وكان يدعو الدول الأوروبية لعدم الاعتراف به والانضمام إلى حكمه ، ولما عجز عن ذلك بدأ بالإعداد لحربه ومواجهته ، فتهيأ الطرفان للحرب ، فسار إليه قسطنطين ، فالتقى جيشاهما في منطقة (ساكساروبرا) التي تبعد عن روما بعشرة أميال. وقد تراءى لقسطنطين ليلة الحرب صليباً في السماء مكتوباً عليه (انتصر بهذا الشعار) حسبما يروي رجال التاريخ المسيحي وفي الثامن والعشرين من اكتوبر سنة ٣١٢م بدأت الحرب وانكسر جيش ماكسينتوس وهرب الأخير، فأصبح قسطنطين بعد هذه الموقعة إمبراطوراً للإمبراطورية الرومانية جمعاء.

وكان أول مرسوم له أثناء توليه العرش قد صدر في ميلانو سنة٣١٣م اعتبر المسيحية إحدى الأديان المسموح بممارستها [٢] فوضع هذا المرسوم حداً لعمليات الاضطهاد التي واجهها المسيحيون ويعتبر هذا المرسوم نصراً كبيراً للكنيسة.

---

(١) The church is History Pp.١٨-٢١, A History, of the christism church Pp.٣٧-٣٩. ويتبين من هذه المبادئ العقيدية أن فكرة التثليث التي سادت أوربا منذ ذلك التاريخ (حين كانت الكنيسة سرية هناك) وحتى انتصرت على فكرة التوحيد الذي قاده القس آريوس، لم تكن هي الفكرة التي تسود الكنيسة المسيحية في شمال ولا في فلسطين (مهد المسيحية الأول).

(٢) The church in History Pp.٢٤-٢٥, compar ative Religion ٢٥٣.. م/٧ تاريخ الديانتين .

وجعل المسيحيون في عهد قسطنطين يوم الأحد يوماً مقدساً ومنعوا اتباعهم من العمل فيه . وبطبيعة الحال، فإن الحرية التي وضعها قسطنطين للكنيسة جعلت المنافقين يتدافعون لاعتناق المسيحية ودخول هذا الدين ارضاء للحكام الذين بدأوا يبدون ميلاً له وهكذا فإن (الكثرة) التي دخلت الكنيسة في هذه الفترة قد أضاعت (النوعية) المطلوبة للإيمان وهذا ما اعتبرته الكنيسة انذاك انتكاساً وليس انتصاراً[1].

وقد أعلن قسطنطين دخوله إلى الدين الجديد عام ٣٢٥م بعد رئاسته للمجمع المسكوني الذي عقد في مدينة نيقية، وفي مقابل هدايته ودخوله الدين الجديد وإعطائه الحرية السياسية للمسيحيين ، فإنه قد طلب إن يسمح له بالتدخل في شؤون الكنيسة ، وكان لهذه العلاقة التي نشأت بين الدولة والكنيسة الأثر السلبي في تاريخ الكنيسة بعدئذ[2].

وما إن قويت المسيحية في عهد قسطنطين ورجحت كفتها وشلت كفة أعدائها ، حتى انقضت على اعدائها تفتك وتفني ، فتأسست الجمعيات الثورية باسم الدين وكان اشهرها "جميعة الصليب المقدس في تورينو"[3] التي أخذت على عاتقها استئصال شأفة الملحدين من بقايا الرومان الوثنيين ، وقد سفكت الدماء وأزهقت الأرواح، وقد وصف هارتمان هذه الحركة بأنها أفظع المجازر البشرية التي سجلها التاريخ[4].

وقد تعرضت الكنيسة ابتداء من منتصف القرن الرابع إلى هزات عنيفة بسبب الهجمات القبلية التي قامت بها قبائل أوروبا الجوثية والجرمانية والبربرية والهانز والانكلوساكسونية، فالجوثيون (الغوثيون) قد بدأوا هجماتهم لاحتلال المدن الأوروبية عام ٣٧٦م واستطاعوا أن يقتلوا الإمبراطورالروماني(فالينز) واستمروا

---

(١) تاريخ الموازنة ص/١٩٠.

(٢) The chureh in History Pp.٤٣-٤٥.

(٣) تاريخ الموازنة ص١٩-٢٠.

(٤) انظر المسيحية أحمد شلبي ص/٦٥.

في صراعهم مع روما حتى استطاعوا احتلالها عام 410م، وتعرض رجال الكنيسة والمؤمنين بها إلى القتل والتعذيب على أيديهم وسالت الدماء حتى غطت شوارع روما.

أما البرابرة، الذين تسببوا في انقسام الإمبراطورية الرومانية، فإنهم تركوا شرقي البلاد ليحكموا غربيها ، فقامت بعدهم الإمبراطورية البيزنطية.

ولم يستقر البرابرة في مكان معين ، بل كانوا يتركون بصمات الدماء والإرهاب أينما حلوا. أما (الهانز) وهم من القبائل الجرمانية ، فقد استطاعوا احتلال شمال أفريقيا وظلت محتفظة بجزيرة البلقان وآسيا الصغرى وسوريا وفلسطين ومصر واتخذت (القسطنطينية) عاصمة لها[1].

أما الإمبراطورية الغربية الرومانية ، فكانت ممثلة بإيطاليا وكانت تدين لحكم البرابرة (الغيزيغوث والجرمان)، أما شمالي إسبانيا وفرنسا فكانتا تدينان لحكم الغوثيين واستقروا فيها بعد اهتدائهم للمسيحية ، أما الفاندلز والبورغنديون فقد احتلوا شرق فرنسا وشمال افريقيا وآمنو بالعقائد الآرية (أي أنهم أصبحوا ضد سلطة الكنيسة الرومانية)[2].

أما الفرنك فقد احتلوا شمال فرنسا وبريطانيا وبلجيكا وجنوبي هولندا.

والفرنسيون قد احتلوا شمال غربي هولندا، أما شرق هولندا فقد كان محتلاً من قبل الانجلو ساكسونيون والذين استطاعوا احتلال بريطانيا (وكانوا وثنيين).

وقد لعب البابا خريجوري العظيم الذي حكم الكنيسة منذ(590-604)م دوراً كبيراً في هداية الأنجلو ساكسونيين والقبائل الجرمانية والهولندية إلى المسيحية وكان جريجوري العظيم شخصية قوية، حيث استطاع تسييس الدين وسيطر على جميع الأفراد. وصار يعين الأمراء ويقصيهم ، وأصبحت كل أوروبا تحت سيطرته وقد اعتبر البطاركة الرومانيون خلفاء الحواري بطرس،أي إن كلمتهم لا بد وأن تكون

---

[1] ملخصة عن كتاب .The church in History Pp.29-58

[2] راجع مؤتمر نيقية حول مفهوم العقيدة (الأريوسية).

مسموعة ومقدسة من الجميع وكانت سبباً في تثبيت العقائد المهمة الثلاثة للكنيسة وهي:-

١- إن العشاء الرباني إن هو إلا تأكيد على تضحية المسيح(ع).[١]
٢- إن القديسين ذوو تأثير على حياة الناس أي أنهم شفعاء لهم.
٣- إن طهارة المرء عن طريق الإيمان)[٢] واجبة.

الكنيسة الشرقية ونشأة البابوية

كانت معظم الكنائس المسيحية قبل عام ٣٢٥م سرية.. وكان أكبرها في أية منطقة تتواجد، تمثل الرئاسة الدينية لتلك المنطقة فكانت رتبة البطريارك أكبر رتبة موجودة في الكنائس ، فهناك بطريارك روما وبطريارك أنطاكيا وبطريارك القدس وشمال أفريقيا وغيرهم وكانوا متساوين في الرتبة والمسؤولية .. إلا أن دخول قسطنطين إلى روما منتصراً عام ٣٢١ للميلاد ، قد غير تاريخ المسيحية الكثيرة، إذ أعلن نفسه قيصراً لروما.. ثم أعلن بعد ذلك إلا إيمان بدون الكنيسة ، فأصبحت المسيحية الديانة الرسمية الوحيدة في البلاد كما سبق أن ذكرنا وكان لقرب موقع الكنيسة الرومية من السلطة السياسية أثر في نمو مركزها الديني وأن تكون أهميتها مختلفة عن بقية الكنائس، وكان قرب تلك الكنيسة من مركز الإمبراطورية سبباً في منافسة الكثير من الكنائس لها.. فزاد هذا الحسد والمنافسة من الخلافات الكثيرة التي نشأت منذ انتشار المسيحية فصارت قمة الخلافات في الكنيسة حول من يملك سلطة القيادة والتوجه الديني..

وكانت القسطنطينية من أكبر الكنائس التي تنافس روما وذلك لما تملك من سلطة على مسيحي الشرق من جانب وللمكانة التي يحتلها بطريارك كنيستها، فمال الغربيون نحو روما بينما اعتصم الشرقيون بالقسطنطينية باحثين عن خلافات

---

(١) كان العشاء الرباني ليلة صلب المسيح (حسب عقيدة الكنيسة) ويخبرنا الإنجيل بأن التضحية لم تكن برغبة من السيد المسيح نفسه (ايلي ...ايلي ...لماذا تركتني) "متى: ٢٨/٢٧" (هذا ما تريده انت لا ما أريده أنا) "مرقص: ٣٧/١٤".

(٢) The Church in History P.٥٨

عقائدية لتغطية الخلافات الزمنية وذلك ما هدد وجود الكنيسة برمتها، فبادر المسيحيون لعقد مؤتمر خلقدونية المسكوني "العالمي " المنعقد سنة ٤٥١ للميلاد والذي خرج بقرارات تولت روما بموجبه قيادة مسيحيي الغرب كما تولت القسطنطينية توجيه مسيحيي الشرق وجعل كل من بطريارك روما وبطريارك القسطنطينية متساويين في الرتبة والمكانة أي أن تكون لهما سلطتان متساويتان[١] وبذلك جنبوا الكنيسة انقساماً أكبر، إلا أن ذلك الانقسام في الإدارة الدينية كان بداية لانقسامات أكبر وأخطر، ولقد ترك مؤتمر خلقدونية تأثيراً سيئاً على بطريارك روما الذي أحس بضعف في مركزه لذلك فقد عمل على رفع مكانه كنيسته بأن أطلق عليها اسم الكنيسة العالمية أو الكاثوليكية ، أما لقبه فقد أبدل من البطريارك إلى لقب "البابا" والذي يعني "الأب" وبذلك فرض أبوته على بقية الكنائس وسمى البابا نفسه "ليو الأول" والذي توفي عام ٤٦١ للميلاد[٢].

البابا والسلطة السياسية:

وبعد أن أصبح رئيس الكنيسة الرومية "بابا" أو رئيساً للكنائس الكاثوليكية كلها، بدأ نفوذه الديني يقترب من النفوذ السياسي، إذ أخذ الأمراء والملوك والقادة المسيحيون بتقديم ولائهم للكنيسة مما أدى تباعاً إلى تحويل السلطة الكنسية إلى سلطة سياسية، فصار مصير الدول المسيحية وقادتها عالقاً على قبول ورضا بابا روما فلم يعد هنالك من ملك أو أمير يتوج إلا على يد البابا الذي يلبسه التاج بيديه، وكثيراً ما أقصى البابا ملوكاً وأمراء عن مناصبهم وعين آخرين يرتضيهم.

وكانت أقوى حادثة في تاريخ الكنيسة السياسي هي أقصاء البابا جويجوري السابع[٣]، أو "هلدبراند" لإمبراطور ألمانيا هنري الرابع من منصبه سنة ١٠٧٦م فاضطروه إلى القدوم من ألمانيا إلى روما مشياً على الأقدام ووقوفه على باب

---

(١) The church in History ,Pp.٧٧-٧٩.

(٢) المصدر السابق ص/٧٦.

(٣) كوبر ، الكنيسة عبر التاريخ ص١٠٩.

الفاتيكان ثلاثة أيام بلياليها بانتظار إن يأمر البابا بفتح الباب له، وعندما سمح له البابا بالدخول قبل قدميه وطلب منه المغفرة ، فعفا عنه وأعاده إلى منصبه.

وكانت السلطة السياسية قد أثرت تأثيراً كبيراً على نشوء الفكرة القومية في أوروبا ، فقد اعتادت كنيسة روما على انتخاب (بابا) إيطاليا، فكان جميع الأمراء والشباب الأوروبي في الأقطار الأوروبية المختلفة يشعرون بتبعية إجبارية لإيطاليا. لذلك فقد حاول الكثير من مفكري العصور الوسطى الخروج على البابا إلا أنه كان يصدر مرسوماً بقتلهم أو حرقهم في شوارع المدن الأوروبية ، وكان أخطر حادث من هذا النوع حرقه للمفكر الهنغاري "جون هس" والذي دفع الشعور القومي الأوروبي إلى الغليان... إما فرنسا فد كان الملك فيليب ملك فرنسا يشعر بانتقاص الإيطاليين لشخصه وللفرنسيين لذلك ثار على مدينة روما وذلك بجعله مدينة "افينيون" عام ١٣٠٩ الفرنسية مقراً للبابوية بدلاً من روما(١) ثم عين بابا فرنسياً للكنيسة تكريساً للمشاعر القومية ودام ذلك حتى عام ١٣٧٦ وسميت عملية تغيير مقر البابوية بالسبي البابلي للكنيسة حيث شبه المسيحيون اختطاف البابوية إلى افينيون بسبي البابليين ليهود فلسطين عام ٥٨٦ ق.م حيث جيء باليهود إلى بابل وذلك بالتخلص من الشعب الذي كانوا يثيرونه في فلسطين، وفي سنة ١٣٧٨م قامت إيطاليا بتعيين "بابا" إيطالي للكنيسة فأصبح هنا "بابا" إيطالي وهناك آخر فرنسي، فسمي هذا العصر الذي دام حتى عام ١٤١٧ بعصر الانقسام العظيم للكنيسة.

وفي سنة ١٤١٧ للميلاد استطاع المسيحيون في مؤتمر كونستانس إن يقضوا على هذا الانقسام وأن يوحدوا البابوية ويعود للكاثوليك "بابا" واحداً بدلاً من اثنين ... وعادت السلطات إلى البابا مع عودته إلى روما. ولكن الغليان القومي قد اشتد في أقطار أوروبا خاصة وإن عهداً جديداً سمي عهد النهضة(في النصف الثاني من القرن الخامس عشر) قد ساعد على الثورة القومية بشكل إيجابي وجدي، فقد

---

(١) المصدر السابق ص/١٣٧-١٣٨.

دخلت إلى الكنيسة الأمور الدنيوية وطغت على الجانب الديني ، فأخذت الكنيسة بشراء وامتلاك الأراضي والاستيلاء عليها وتعيين رجالات الكنيسة سادة يسخرون "العبيد" للعمل في تلك الأراضي واستغلال جهودهم، إلى جانب ارتفاع الكنائس في عمارات لا زالت تشهد عليها أوروبا بما فيها من زخرفة ورسوم وتماثيل، وكانت الأحوال التي تصرف على بناء هذه الكنائس تجيء من الأراضي أولاً ومن خلال بيع صكوك الغفران التي انتشرت في كل أوروبا[1] ، وصكوك الغفران هي شهادات تمنح إلى من يدفع كمية من المبالغ إلى رجال الدين في مقابل آمال لأن تغفر ذنوبهم يوم القيامة. إن تحول رجال الكنيسة إلى اقطاعيين ورجال مال وسياسيين يستعبدون الناس قد جعل النقمة الشعبية في كل أوروبا تصل إلى ذورتها فامتلأت السجون بالمعتقلين وتطورت الأوضاع السياسية فقد استغلت السلطات البابوية حادثة قد أثير حولها الغبار الكثير في ضواحي مدينة القدس في فلسطين[2] فقد هجم بعض الجنود السلاجقة على حجاج أوروبيين مسيحيين إلى بيت المقدس فقتلوا منهم عدداً من الرجال وسرقوا أموالهم، وكان ذلك الحادث فرصة كبيرة للبابا ليعيد بسط قوته وسيطرته على أوروبا فقد أوعز إلى رجال الكنيسة أن يصرخوا في صلواتهم لطلب نجدة المسيحيين لنصرة الكنيسة وتحرير القدس من المسلمين، وقد تم لهم ذاك فعلاً، إذ تطوع الكثير من المسيحيين وخاصة الفقراء منهم تحت إغراء خيرات الشرق والغنى إلى جانب العامل الديني للذهاب إلى فلسطين وتحريرها من المسلمين ... وقد ضم جميع السجناء في أوروبا إلى هذه الحملة (عام١٠٩٦) مقابل حريتهم للمشاركة في -الحرب المقدسة- كما ذكرنا.

([1]) انظر أن الأديان تأليف شوبز ص٣٢٧ وما بعدها.

([2]) راجع بحث مختصر في تاريخ الكنيسة ص١٥٠ وما بعدها.

الحملات الصليبية

وكان عدد الحملات الصليبية الرئيسة ثمانية ، نجح بعضها في الدخول إلى فلسطين وتأسيس ممالك مسيحية متفرقة في الأراضي العربية بعد أن شرد العرب منها، وظلت تلك الممالك قائمة في الأراضي العربية اكثر من مائة عام(١٠٩٦-١١٨٧م) حيث قيّض الله للعرب قائداً عظيماً هو صلاح الدين الأيوبي ليخوض وإياهم حملة طاحنة أخرجهم من الأرض العربية واسترد فلسطين وغيرها من البقاع منهم.

وقد سميت هذه الحروب بالحروب الصليبية لأسباب منها:-

١- إن القائمين بها كانوا يرفعون شعار الصليب

٢- أنها قد قامت بناء على نداء بابا الكنيسة الذي رفع الصليب أثناء ندائه لمثل هذه الحروب

٣- أنها حاولت انهاء الحكيم الإسلامي في مناطق الشرق الأوسط التي احتلتها لغرض إقامة نظام مسيحي بدله يرفع شعار الصليب وكانت هناك جملة عوامل وراء قيام هذه الحروب منها العامل الديني الذي كان المحرك الرئيس الذي كان وراء الدعوة إلى الحروب الصليبية. إذ أن الإسلام كان خطراً يهدد أوروبا دائماً، لذلك فإن إرسال المسيحيين إلى العالم الإسلامي وإشغال المسلمين بهذه الحملات سيوقف من توجهات المسلمين نحو احتلال أراضٍ أوروبية ويساعد في استعادة الأقطار التي كانت تدين بالمسيحية سابقاً ودخلت الإسلام[1]. أما العامل الديني فيعتمد على أن بني إسرائيل واليهود الذين يعتقدون أن أرض الميعاد بحدودها التوراتية التي أعطاها إياهم ربهم بعهود ومواثيق تذكر في توراتهم لذا فإن تلك العهود صارت إلى المسيحيين الذي صدقوا المسيح(ع) فصارت أرض الميعاد (ومنها

---

(١) جواهر لال نهرو ، المصدر السابق ص/٥٠-٥٣.

فلسطين) ملكاً أبدياً لهم ولذرياتهم حتى قيام الساعة(فإن كنتم للمسيح فأنتم إذن نسل إبراهيم وحسب الموعد ورثة) أي ورثة اليهود في أحقية تملكهم لأرض الميعاد. فالمسيحيون من كل أمة ولسان أصبحوا يدعون أن فلسطين أصبحت لهم وحدهم دون اليهود ودون المسلمين كدين ودون العرب كقوم، ولهم وعدهم الإلهي والحق الإلهي في تملك فلسطين.

وان إنكار اليهود المسيح (ع) يخرجهم من الإيمان إلى الكفر كما يخرجهم من أبوة إبراهيم (ع) لأن النسب المسيحي صار عندهم نسب العقيدة، مهما كان القوم والوطن ومهما كانت اللغة، ذلك أن إبراهيم (ع) أب لكل مؤمن(.. أجابوا اليهود) وقالوا له (للسيد المسيح): أبونا إبراهيم. ولكنكم الآن تطلبون إن تقتلوني ... الذي من الله يسمع لكلام الله، لذلك أنتم لستم تسمعون، لأنكم لستم من الله)[١].

وتعتبر المسيحية أن الأرض الموعودة قد تحققت تماماً ، بمجيء المسيح أي أن فلسطين تكون حقاً مقدساً مشروعاً للمسيحية وحدهم، دون اليهود والمسلمين، لذا كانت الحروب الصليبية المقدسة أما القدس فحسب العقيدة المسيحية لا تكون لليهود ولا للمسلمين ولا العرب، وإنما تكون مدولة ، أي لجميع الأمم، ولقد أقر البابا (بولص السادس) بوجوب تدويلها، اعتماداً على نص الأناجيل (تكون مدرسة من قبل الأمم ، حتى تكمل أزمنة الأمم) أي حتى نزول السيد المسيح ثانية قبل قيام الساعة وفناء العالم ولقد كانت أوروبا تعاني من الكساد التجاري وهو الذي دفعهم نحو الشرق لفتح طرقات تجارية جديدة لهم، ورغم إن قسماً ممن شارك في هذه الحروب قد جاء لأهداف دينية إلا أن بين من جاء كان مجرماً عريقاً أو سياسياً أو سجيناً[٢] وكانت خزائن أوروبا تعاني من كثرتهم ،

---

(١) العهد الجديد/ إنجيل يوحنا /٨/٣٧-٣٩.

(٢) جواهر لال نهرو ، المصدر السابق ص/٥٠-٥٣.

فلذلك بادرت البابوية إلى إرسالهم في تلك الحملات تخلصاً من أعبائهم الاقتصادية مقابل حريتهم في الشرق فشكل ذلك عاملاً اقتصادياً لها.

وكادت الثورة القومية في كل أوروبا إن تنهي سلطة البابا، وكانت هنالك صراعات سياسية بين الحاكم والمحكوم، وكان نداء البابا في هذه الفترة قد ركز من سلطته أولاً وتخلص بذلك من منافسيه السياسيين وهو العامل السياسي لقيامها.

ويذكر "كوبر" مؤلف كتاب (الكنيسة عبر التاريخ) قوله بأن المسيحيين لم يستعيدوا فلسطين من أيدي المسلمين منذ عام 1200 للميلاد إلا بعد الحرب العالمية الأولى حين دخلها الإنجليز فاتحين. وكما تذكر لنا الروايات التاريخية أن قائد الحملة الفرنسية على الشام حين دخلها بعد سقوط الدولة العثمانية اتجه نحو قبر صلاح الدين الأيوبي ورفس قبره برجله ثم ناداه قائلاً: قم يا صلاح الدين وانقذ أمة محمد.

وهكذا يربط الفكر المسيحي الغربي والفاتيكان ما بين الحرب الصليبية وعودة فلسطين إليهم، فلا عجب إذن إن تختفي كلمة فلسطين والفلسطينيين من قائمة نداءات السلام التي كان يوجهها البابا ويركز على استقلال الأماكن المقدسة وحرية الأديان ، وضرورة تواجد المسيحيين الكاثوليك في مدينة القدس حتى يضمن البابا عدم تحولها إلى متاحف بمرور الأيام.

نتائج الحروب الصليبية

ورغم أن أوروبا فشلت من الناحية العسكرية في الحروب الصليبية التي دامت قرنين متتاليين إلا أنها أفادت كثيراً من هذه الحروب فمن النتائج التي أفادت منها أوروبا ، كان الاحتكاك والتلاقي بين أوروبا وحضارة العالم الإسلامي في بلادها في العصور الوسطى بعد إن احتكت بالنظام الإسلامي وبالفكر الإسلامي والحضارة الإسلامية وهذا ما جعلها تغير الكثير من أسلوبها الاجتماعي والاقتصادي والسياسي والفكري ، وهذا بدوره أثر في ظهور مفاهيم جديدة أدت إلى ظهور عصر جديد هو

عصر النهضة الأوروبية كما أن أثر الحروب الصليبية كان قد تجلى في إيطاليا عندما برزت فيها النهضة الإيطالية التي قدمت إنتاجاً رائعاً، ظهر هذا الإنتاج مباشرة في أعقاب الحروب الصليبية وكانت نهضة أوروبا ترتكز في الأساس على دعائم الرخاء المادي الذي كانت الحروب الصليبية سبباً في إقامته.

وكانت آخر الحملات الصليبية قد باءت عام ١٢٧٠ بالفشل الذريع[1] وقد أثبتت تلك الحملات الصليبية على الأراضي العربية زيف الادعاءات البابوية بتحرير فلسطين -والقدس بالذات- من الأيادي التي كانت تمنع حجاجهم من أداء الزيارة إلا أنهم كانوا يبغون طرد السكان العرب الأصليين من أراضيهم وإقامة ممالك مسيحية يحكمها الأجنبي وتخضع للبابوية في سلطاته السياسية.

الحروب الصليبية الداخلية في أوروبا ومحاكم التفتيش :-

وقد انشغلت البابوية في الفترة التي أعقبت الحروب الصليبية بإصلاح أحوالها في الداخل، فشنت حملاتها على كل المناهضين لها فأسست محاكم التفتيش والتي لاقى المسيحيون أنفسهم منها الأمرين، فقتل الكثير منهم وشرد آخرون، وحاولت البابوية عن طريق ذلك إعادة سلطاتها وقوتها على شعوب أوروبا.

إلا أن الحركة القومية وغليان الثورة قد بدأ بالتفجير في ألمانيا والنمسا وإنجلترا وغيرها. فقامت على أثر ذلك الكنيسة الاحتجاجية أو البروتستانيتة التي قاد ثورتها مارتن لوثر في ألمانيا وزفنجلي في النمسا وجون نوكس في إنجلترا، ومنذ ذلك الوقت وحتى انتهاء الدولة البابوية، لم تعد هنالك من الأمور الهامة المتعلقة بالبابوية مما يذكرها التاريخ، لأن البابوات قد انشغلوا في الحقيقة في إصلاح كنائسهم ومعتقداتهم واتباع أساليب جديدة في سياستهم المحلية ، ويمكن إن نذكر أن مؤتمر روما عام ١٨٦٩م قد أعلن عصمة البابا عن الخطأ وبذلك فقد أعطاه صفة أعلى من صفة البشر.

---

(1) كوبر : الكنيسة عبر التاريخ ص١١٦ وما بعدها.

سلطات البابا

١- أنه السلطة العليا لإصدار القوانين الخاصة بالكنيسة ولا يجوز إصدار أي تشريع يعارضها .
٢- إن البابا هو الحكم الأعلى لكل المنازعات الكنسية وكلمته هي الكلمة القاطعة.
٣- إن البابا هو السلطة العليا في تعيين الموظفين الإداريين والروحيين في الكنائس الكاثوليكية.
٤- انه المخول بتتويج الأباطرة والملوك للدول الخاضعة لكرسي البابوية وكذلك خلعهم.
٥- له صلاحيات إلغاء القوانين المختلفة في أية مملكة أو مقاطعة خاضعة للكنيسة الكاثوليكية .
٦- الصلاحيات المالية المطلقة للكنيسة [١].

وهناك مساوئ تنسب إلى الكنيسة ، فالبابا أسكدر السادس (١٤٩٢-١٥٠٣) والبابا جوليس الثاني (١٥٠٣-١٥١٣) نسبت اليهم مفاسد كثيرة، وكذلك أهتم آخرون كالبابا ليو العاشر (١٥١٣-١٥٢١) بالبناء والإعمار. وبهذا ابتعدوا عن العامة ومشاكلهم وخاصة المشاكل الاقتصادية حيث أهتم رجال الدين بجمع الأموال واستغلال الكبير منهم للصغير في الأوتاوات والضرائب ، وكان نشوء الطبقة الوسطى عاملاً. في إثارة الناس على رجال الكنيسة والبابوية إضافة إلى نشوء طبقة من المثقفين بدأت بالكتابة في نقد الكنيسة واستغلال شكاوي الفلاحين والحرفين لدفعها عن طريق الثورة.

---

(١) The Church in History Pp.٧٥-٨٥

البابوية والاقطاع

نشأ نظام الاقطاع بعد سقوط روما واضمحلال النظام الاجتماعي الغربي وقيام الفوضى والعنف والاضطراب في كل مكان، وكان على الفلاحين طبعاً أن يتحملوا القسم الأوفر من الشقاء. وهذه الفوضى هي التي تمخضت عن نظام الاقطاع.

لم يكن الفلاحون منظمين فلم يقووا على الصمود أمام الأغنياء أو اللوردات ، ولم تكن هناك حكومة مركزية تحمي الفلاحين ، فوجدوا أن الأصلح لهم أن يصالحوا هؤلاء اللوردات أصحاب الحصون المنيعة الذين سلبوا أموالهم واضطر الفلاحون إن يقدموا ثمناً للمصالحة جزءاً مما تدره الأرض إلى اللورد وأن يقوموا بخدمته بشتى الطرق حتى لا يسترسل بنهبهم ومضايقتهم وحتى يقوم هو بحمايتهم من أمثاله من اللوردات وقد تعاهد هذا اللورد بدورة مع لورد آخر يملك حصناً أكبر من حصنه، ولما لم يكن اللورد الصغير يستطيع أن يقدم للورد الكبير محصولاً زراعياً لأنه لم يكن مزارعاً. فإنه تعهد بتقديم الخدمة العسكرية أي القيام بالحرب في سبيل اللورد الكبير كلما دعت الحاجة إلى ذلك. وكان اللورد الكبير يقدم للورد الصغير الحماية، وعرف اللورد الأكبر بالمتبوع واللورد الأصغر بالتابع ، وهكذا كان النظام يتدرج حتى وصل إلى قمة الهرم الإقطاعي حيث يقوم الملك، والواقع إن هذا النظام نما في ظل الفوضى الضاربة أطنابها في أوروبا آنذاك ولنتذكر أنه لم تكن هناك حكومة مركزية ولم يكن هناك شرطة أو ما يشابه ذلك . بل كان صاحب الأرض هو سيدها ومالكها وسيد كل ما دب عليها وكأنه ملك صغير يقدم الحماية لاتباعه مقابل تقديمهم الخدمة[1].

وأصبح رجال الكنيسة بالإضافة إلى رئاستهم الدينية، إقطاعيين أيضاً، حيث نتج عن ذلك أن أصبحت نصف أراضي أوروبا وثروتها تقريباً في أيدي الأساقفة والقسس،وأصبح البابانفسه سيداً إقطاعياً[2]ولقد أخافت قوة الأتراك السلاجقة دول

([1]) جواهر لال نهرو، لمحات من تاريخ العالم ص٣٨-٣٩.

([2]) المصدر السابق ص/٤٠

أوروبا وخصوصاً القسطنطينية لأنها كانت أقرب من غيرها إلى الخطر ، وقد أثارت القصص التي أشاعها المسيحيون عن معاملة الأتراك السيئة للحجاج المسيحيين في القدس غضب الأوربيين وحماسهم فأصدر البابا ومجلس الكنيسة نداءً إلى جميع نصارى أوروبا ناشدهم فيه أن يهبوا لإنقاذ بيت المقدس ، وهكذا بدأت الحملات الصليبية عام ١٠٩٥م.

البابوية في العصر الحديث

لقد كادت الدولة البابوية إن تنتهي بإنشاء الدول الأوروبية المعاصرة إلا أن الدولة الإيطالية ضمت لها الفاتيكان عام ١٨٧٠م ووافقت على إعطائها مساحة معينة من أراضيها ضمن عاصمتها -روما- وأطلق عليها اسم دولة الفاتيكان. والتي أصبح البابا فيها حاكماً شبه سياسي، مستقلاً في إدارة دولته عن إيطاليا، إلا أن للفاتيكان دورها السياسي والديني الذي لا يمكن إغفاله ، لذلك نرى تسابق جميع رؤساء العالم إلى مقابلة البابا أو دعوته أو أخذ تصريح منه بقضية معينة، إذ أن العامل الديني لا زال يلعب دوره عالمياً وتصريحات البابا لها دور كبير في تحويل ذلك العامل الديني.

العصور الوسطى

الكنيسة وظهور الإسلام:

لم تكد الكنيسة إن تنتفض من هجمات البرابرة والأقوام الجرمانية والانجلوساكسونية والغوثيين ، حتى بدأت هجمات أخرى عليها أقضت مضاجعها، إذ أن ظهور الإسلام قد لعب دوراً في الزحف على الكثير من الأراضي التي دخلت الكنيسة والتي تقع تحت سلطة الإمبراطورية الرومانية واستعادها العرب لتضم إلى الإمبراطورية الإسلامية التي تأسست منذ بعثه محمد (صلى الله عليه وسلم) وتوسعت بعد وفاته عام ٦٣٢م[1].

---

(١) The church in History Pp.٦١-٦٨.

فقد زحف جيش المسلمين على فارس وأراضي الهند ، واستعادوا سوريا وفلسطين وفتحوا مصر وشمال افريقيا وفي سنة ٧١١م بدأوا فتحهم للأندلس (اسبانيا) والتي أصبحت تحت سيطرتهم التامة عام ٧١٨م ، وحاول المسلمون الصعود إلى فرنسا، إلا أن حاكم فرنسا شارلز مارتيل دعا جميع الفرنجة إلى الالتفاف حوله لصد المسلمين ، فانضم إليه جيش كبير واشتبكوا مع المسلمين في مدينة (تولوز) عام ٧٣٢م، في معركة بلاط الشهداء وتمكن الفرنجة من الوقوف في وجه التقدم الإسلامي، وعاد العرب يفصلهم عن الفرنجة جبال البايرنيز وأصبح شارلز مارتيل بطلاً قومياً لفرنسا والكنيسة ودعي منذ تلك المعركة بـ (شارلز المطرقة)[١].

وفي انتصارات الإسلام وتوسعه أخذت الكنيسة تخسر الكثير من مواقعها ، ففي الهند آمن ملايين الناس بالإسلام وأصبحت فارس جميعها مسلمة، وأصبح الإسلام حاجزاً منيعاً في وجه التوسع المسيحي وبقيت المسيحية حبيسة أقطار معينة.

وكما آلت كثير من أراضي الإمبراطورية الرومانية إلى الإمبراطورية الإسلامية ، فإن القارة الإفريقية شهدت إقبالاً على دخول الإسلام لا زالت الكنيسة تعاني منه إلى اليوم الحاضر .

وفي سنة ١٤٩٢م. عادت إسبانيا إلى العالم المسيحي بعد سقوط آخر مدينة إسلامية في الأندلس وهي غرناطة وفي هذه الفترة فتحت القسطنطينية من قبل المسلمين بقيادة محمد الفاتح، فتحققت بذلك بشارة الرسول (صلى الله عليه وسلم) "لتفتحن القسطنطينية ولنعم الأمير أميرها ولنعم الجيش ذلك الجيش" وفي عام ٧٥١م أعلن ببين (Pepin) ابن شارلز مارتيل (المطرقة) نفسه ملكاً على الفرنجة ، فحصل على تأييد البابا زكريا على تنصيب نفسه ملكاً. وبالمقابل طلب البابا من ببين مساعدته لمواجهة اللومباردز الذين بدأوا بغزو ايطاليا وهم من القبائل الوثنية التي اهتدت إلى عقيدة آريوس الموحدة تأييده ، وقد هزم اللومباردز بعد معركة قادها

---

(١) بحث مختصر في تاريخ الكنيسة ص/١٤٨.

ببين ضدهم، ومنذ ذلك اليوم الدول الأوروبية إسم الدول المسيحية أو دول الكنيسة وهي بداية سيطرة البابا السياسية على الدول المسيحية فأصبح البابا عندها ليس فقط حاكماً دينياً[1] بل حاكماً زمنياً أو مدنياً، واستمرت البابوية بذلك حتى عام ١٨٧٠م حينما تأسست دولة إيطاليا الجديدة وأصبحت دولة الكنيسة جزءاً منها، وبعد أن توفي ببين خلفه ابنه كارلومان الذي ما لبث أن توفي عام ٧٧١م فخلفه أخوه "شارل" وفي عام ٨٠٠م انحنى شارل أمام البابا في كنيسة القديس بطرس فتوجه إمبراطوراً للإمبراطورية الرومانية فأقسم بالحفاظ على قانونية الكنيسة وتراثها والدفاع عن المسيحية ، وأطلق عليه اسم شارلمان ، وتقاسم أحفاد شارلمان عام ٨٤٣م الدولة الرومانية فأصبحت ثلاثة إمبراطوريات هي مملكة غرب فرنسا ومملكة إيطاليا ومملكة شرق فرنسا[2].

([1]) المصدر السابق ص/٧٠-٧١.

([2]) المصدر السابق /٧١.

أسئلة اختبارية.

* يكتب الطالب مقالاً يحدد فيه المصطلحات التي يطلقها اليهود على أنفسهم بمعنى واحد، مبيناً ما يلي:-

أ- أنها تختلف في معناها .

ب- أنها لا تؤدي الغرض الذي يستخدمه اليهود فيها.

* يكتب الطالب مقالاً يبين فيه العلاقة ما بين الديانتين اليهودية والمسيحية، وفيما إذا كانت العلاقة هذه تبين أن تاريخها يمتد امتداداً طبيعياً، أي هل أنه تاريخ مشترك أم لا ؟

* أن يكتب الطالب مقالاً يبين آثار القبائل البربرية والجرمانية وغيرها على الوضع في أوربا المسيحية سلباً وإيجاباً.

* يكتب الطالب مقالاً يبين فيه ما يلي:

- كيف نشأت البابوية.

- كيف تطورت البابوية.

- اثر البابا في إعلان الحروب الصليبية.

* يكتب الطالب مقالاً يبين فيه أسباب قيام الحروب الصليبية وأثرها على العالم الإسلامي والنتائج التي كسبتها تلك الحروب .

* أن يكتب الطالب مقالاً يبين فيه المراحل التاريخية والتطورات العقائدية التي مرت بها الكنيسة (المسيحية).

الوحدة الثانية
الحركات الدينية السياسية العالمية

حركة الإصلاح الديني

الحركة الصهيونية

يتوقع من الطالب بعد دراسة هذه الوحدة :

- أن يحدد الحركات السياسية التي حصلت في الكنيسة وفي الديانة اليهودية .

- أن يعرف أهداف الحركة الصهيونية .

- أن يعرف الأسباب التي دعت إلى الثورة الاصلاحية في الكنيسة .

- أن يعرف سلطات البابا ومكانته في كلتا الطائفتين الكاثوليكية والبروتستانتية

- أن يعرف مارتن لوثر وأعماله التي أدت إلى أحداث الإصلاح في الكنيسة.

- أن يحدد مطالب رجال حركة الاصلاح الديني وأسمائهم .

- أن يعرف الأماكن التي حصلت فيها الثورة الاصلاحية والثورة المضادة لها.

- أن يعرف قيمة الأرض في الفكر الصهيوني

- إن يعرف تأثير حركة الاصلاح الديني .

- أن يعرف مبادئ الحركة الصهيونية.

المبحث الأول
حركة الإصلاح الديني

سيرى الطالب في هذا المبحث:-

١- أن بعض المسيحيين لم يقبلوا بتصرفات زعماء وقادة الكنيسة وسلطاتهم التي حصرت السلطة السياسية بيدهم وحيث لم يبن أن أولئك المسيحيين قادرون على ابداء آرائهم بالشكل العلني.

٢- ظهور رجال قادوا حركة الفكر الاصلاحي وفشل بعضهم في النجاح في دعوته وبعضهم الآخر قد تمكن من النجاح .

٣- أن نجاح قادة الفكر الجديد قد قسم الكنيسة بشكل كبير واسع.

٤- أن الكنيسة التي أصبح يطلق عليها لفظ الكاثوليكية -العالمية- قد أعلنت ثورة مضادة على الإصلاحيين وشكلت محاكم التفتيش في كل مكان لإخماد تلك الثورة وإبقاء بعض البقاع الأوربية تحت سيطرتها

تمهيد

تعتمد الثورات في كل مكان على فشل نظام من الأنظمة في تحقيق طموحات تابعيها وفساد قادتها وعدم قدرتهم على إدارة ما يوكل إليه من أمور .. وهذا ما حصل مع الكنيسة الكاثوليكية قبل ظهور حركة الاصلاح الديني في اوربا. فإن الظواهر التي شاعت آنذاك تتلخص بما يأتي :

١- شعور الناس بمساوئ كثيرة في الكنيسة

٢- فساد القسس

٣- فرض الضرائب الكبيرة على الناس باسم الدين

٤- جمود الأفكار الدينية .

٥- السلطات الواسعة التي أصبح البابا يتمتع بها .

٦- عدم الاهتمام بالناس وبمشاعرهم

٧- تدخل رجال الكنيسة بشؤون الناس الشخصية.

المراتب الوظيفية في الكنيسة الكاثوليكية

كانت الكنيسة الكاثوليكية قد نظمت بشكل هرمي على رأسه البابا الذي ينتخبه مجلس الكرادلة. ويلي البابا في الرتبة الكاردينال ثم رئيس الأساقفة فالأسقف فالقس... ونظراً للاهتمامات الدنيوية كالتملك والضريبة التي كانت قد انشغلت بها الكنيسة فقد انقسم رجال الدين إلى قسمين القسم الأول يسمى الموظفين الدنيويين والقسم الثاني فهم كانوا رجال دين اعتياديين وأصبح نظام الكنيسة أشبه بنظام الحكومة من حيث التقسيمات الوظيفية وكان مجلس الكنيسة قد حاول عام ١٤١٣ و١٤١٤ و١٤٣٨ تقييد سلطات البابا إلا أنهم فشلوا بذلك وقد تعددت سلطة البابا[1] تبعاً لذلك.

([1]) تاريخ أوروبا من عصر النهضة وحتى الثورة الفرنسية ص/١٧٢-١٧٣.   Ashort History of Christianity Chapter IV.P.p٩٩.

أسباب الثورة الاصلاحية.

هنالك جملة أسباب يمكن تلخيصها لإعلان الثورة الإصلاحية ضد البابوية منها:-

١- نشوء الفكر القومي في كل البقاع الأوروبية التي كانت تعارض سلطات البابا الإيطالي وسيطرة الإيطاليين على مقاليد الأمور السياسية والاقتصادية في أوروبا.

٢- جمود الأفكار الدينية وعدم الانفتاح على التطورات الفكرية التي بدأت تنتشر في أوروبا.

٣- اتجاه البابوات نحو الاهتمامات الدنيوية كالإعمار والتملك وجمع الأموال بمختلف الوسائل الشرعية وغير الشرعية مما ألب الطبقات المتوسطة والفقيرة على الكنيسة.

٤- ظهور رجال إصلاحيين قاموا بتبسيط التعاليم الدينية وترجمة الإنجيل إلى اللغات التي تفهمها عامة الشعوب الأوروبية بعد أن كانت ترجمته محرمة.

٥- بيع صكوك الغفران في الكنيسة... ولصكوك الغفران وقعتها إذ إن البابا ليو العاشر قد سن سبيل التكفير عن الأخطاء فقال بأن ذنب الخاطئ يكفر إن حج إلى روما وزار الرسل هناك. ثم تطور هذا المفهوم تدريجياً عندما قال بعض البابوات إن التكفير يمكن أن يتم عن طريق دفع أموال إلى الكنيسة لتنفقها على الأمور الدينية ، ويمكن إرسال هذه الأموال إلى روما مباشرة أو عن طريق دفعها إلى مصارف في المدن الأوروبية والمصارف بدورها تحولها إلى البابا في روما مقابل ان يمنح الفرد المخطئ صكاً دعي بصك الغفران. لغرض (غفران الذنوب) فإذا أراد البابا أن يجمع مالاً لشيء ما، طبع صكوك الغفران ووزعها على أتباعه ليبيعوها للناس كالذين يبيعون أسهم الشركات أو أوراق اليانصيب ، وبالصك فراغ ترك ليكتب به اسم الذي سيغفر ذنبه ، والعجيب أن هذا الصك يغفر لمشتريه ما

تقدم من الذنوب وما تأخر، فهو بعبارة أخرى إذن بارتكاب كل الجرائم بعد أن ضمنت الجنة لهذا المحظوظ، وفيما يلي نص لصك غفران:

"ربنا يسوع المسيح يرحمك يا .....(يكتب اسم الذي سيغفر له)، ويحلك باستحقاقات آلامه الكلية القدسية، وأنا بالسلطان الرسولي المعطى لي أحلك من جميع القصاصات والأحكام والطائلات الكنسية التي استوجبتها ، وأيضاً من جميع الإفراط والخطايا والذنوب التي ارتكبتها مهما كانت عظيمة وفظيعة، ومن كل علة وإن كانت محفوظة لأبينا الأقدس البابا، والكرسي الرسولي، وأمحو جميع أقذار الذنب وكل علامات الملامة التي ربما جلبتها على نفسك في هذه الفرصة، وأرفع القصاصات التي كنت تلتزم بمكابدتها في المطهر، وأردك حديثاً إلى شركة في أسرار الكنيسة ، وأقرنك في شركة القديسين، أردك ثانية إلى الطهارة والبر اللذين كانا لك عند معموديتك ، حتى أنه في ساعة الموت يغلق أمام الباب الذي يدخل منه الخطاة إلى محل العذاب والعقاب، ويفتح الباب الذي يؤدي إلى فردوس الفرح، وإن لم تمت سنين مستطيلة فهذه النعمة تبقى غير متغيرة، حتى تأتي ساعتك الأخيرة ، باسم الأب والابن والروح القدس".

ونلاحظ هنا إن العملية تحولت من كونها مسألة دينية فيها صدق التائب عن الذنب بعد أن يقوم بالصلاة والزكاة والصوم وإعلان شعوره عن الندم إلى أن أصبحت المسألة عبارة عن قضية تجارية الغاية منها جمع الأموال من المسيحيين عن طريق رجال الدين والمصارف، ونلاحظ كذلك أن ترتب على هذه العملية نتائج خلقية لأنه لا مانع أن يرتكب الفرد الأوروبي الخطأ ويكفر عنه بدفع الأموال وبعدها يدخل الجنة مقابل وصول الأموال إلى الكنيسة[1].

٦- الانقسامات الكنيسة سواء انقسامات عقائدية كعقيدة أريوس التوحيدية والبيجنس الذي كان يقول بأن في الكون قوتين متنازعتين ومتنافستين هما

([1]) تاريخ أوروبا الحديث والمعاصر ، د. عبد الفتاح حسن أبو علية ودكتور إسماعيل باغي، الرياض، المملكة العربية السعودية ١٩٧٩ ص/٩٥.

قوة الخير والشر وقد استخدمت الكنيسة محاكم التفتيش للقضاء على هذه الحركة.

مبادئ الثورة الإصلاحية:

تتميز الثورة الإصلاحية التي انتهت بخلق طائفة البروتستانت بجملة مبادئ منها:-

١- إن يكون الكتاب المقدس هو المصدر للمنازعات ، وأن يكون الحكم في كل تشريعات الكنيسة.

٢- أصبح من حق كل مسيحي إن يقرأ الكتاب المقدس ويفسره. بعد أن كانت الكنيسة الكاثوليكية تحرمه عليه.

٣- إلغاء رئاسة الكنائس فلكل كنيسة بروتستانية رئاستها ، ولرئيسها حق الإرشاد والتوجيه .

٤- ليس للكنيسة أن تغفر الذنوب.

٥- من حق الناس إن يترجموا الكتاب المقدس بأية لغة يفهمونها .

٦- لم يعد العشاء الرباني سراً مقدساً، بل عادة تذكر الناس بالسيد المسيح .

٧- إلغاء الرهبنة وإباحة الزواج لرجال الكنيسة.

٨- لم يعد للتماثيل أهمية مقدسة، لذلك لم يعد السجود لها أمراً ضرورياً[1] وقد حمل لواء الإصلاح الديني في الكنيسة البروتستانتية جملة من المفكرين ومن رواد الفكر المسيحي. ويمكن إن نتطرق إلى بعض من شخصيات الإصلاح المذكور وهما مارتن لوثروجون ويكلف وجون هس وإلى حركتي الدومنيكان والفرنسيسكان.

([1]) أحمد شلبي، المسيحية ص/٢١٨.

محاكم التفتيش :

وكرد على حركة الاصلاح الديني شكل البابا محاكم التفتيش وتعددت وتلونت أشكالها وأهدافها ودخلت الكنيسة الكاثوليكية في حرب ضد الإصلاحيين من البروتستانت لفترة طويلة. ولما عجزت عن إرجاع الأوضاع فإنها دخلت عصراً جديداً للالتفاف حول الإصلاح البروتستانتي فأشعلت حرباً ضد مسيحي أوروبا الذين لا زالوا تحت سلطتها وعملت إصلاحاً معاكساً أو مغايراً للإصلاح البروتستانتي فقد بدأت بحركة إصلاحية في داخل الكنيسة الكاثوليكية من اجل أن تستمر في وجودها وعدم انهيارها ... مما حدا بها إلى استخدام الأساليب العنيفة ضد المسيحيين وخصوصاً أولئك الذين وقفوا ضدها أو ساندوا الثورة الإصلاحية التي كان يمثلها لوثر وزونجلي وغيرها.

وكان قد ظهرت هناك جماعات مختلفة خلال العصور الوسطى انشقت عن الكنيسة الكاثوليكية واتهمت بالهرطقة لرفضها بعض معتقدات الكنيسة أشهرها جماعة والدنس في إيطاليا والإلبيجيون في جنوب فرنسا وجون ويكلف في إنكلترا وجون هس في بوهيميا . وكانت أغلب الانشقاقات بدافع سياسي واقتصادي وقلما نبذت تعاليم الكنيسة وكان الصراع بين الأباطرة والبابوات أو الملوك والبابوات في العصور الوسطى أحد الانشقاقات التي أضعفت الكنيسة الكاثوليكية [١].

وكان البابا بول الثالث قد أصدر أمراً بتأسيس محاكم التفتيش سنة ١٥٤٢م، وكانت هذه المحاكم سلطة فعلية في محاكمة من يسميهم بالهراطقة الملحدين الخارجين عن طاعة الكنيسة وسلطتها ، وهذه المحاكم هي امتداد للمحاكم الأسقفية التي كانت تعمل على تعقب الهراطقة في القرن الثالث عشر الميلادي. وهي كذلك امتداد لمحاكم التفتيش التي قام بها جماعة الدومينيكان والفرانسيسكان وقبل أن

---

(١) تاريخ أوروبا من عصر النهضة وحتى الثورة الفرنسية . د.محمد محمد صالح ص/١٧٩-١٨٠.

تختفي هذه المحاكم قامت إسبانيا وطالبت بادخال محاكم التفتيش في بلادها لمكافحة المسلمين واليهود في ايبريا(إسبانيا والبرتغال) وقد وافق البابا سكسبتوس الرابع على ذلك في نوفمبر سنة ١٤٧٧م وفي سنة ١٤٩٧ خرجت محاكم التفتيش من سلطة البابوية في إسبانيا لتشرف عليها المملكة الإسبانية.

وفي سنة ١٥٤٢م أصدر البابا قراراً يأمر فيه بإنشاء محكمة تفتيش مقدسة للكنيسة العالمية تتألف من ستة كرادلة أعطوا سلطات واسعة بوصفهم مفتشين في كل أنحاء أوروبا الكاثوليكية ، وجعل أعضاء هذه المحكمة اثني عشر عضواً وأصبحت هذه المحكمة ترسل المفتشين من قبلها إلى الجهات الكاثوليكية لمكافحة الخارجين على البابوية.

لقد نجحت محكمة التفتيش الرومانية التي أسست سنة ١٥٤٢م في القضاء على البروتستانتية في إيطاليا ، كما نجحت في إذكاء روح التعصب الديني في الكنيسة ، وكان تأسيسها هو بداية الإصلاح الديني الكاثوليكي في أضيق معاينة وهذا الإصلاح كان قد أستند على استخدام وسائل العنف والشدة والقوة التعسفية من اجل إرجاع الكنيسة . كما كانت عليه في أول عهدها. وذلك عن طريق القضاء على الذين شقوا عصا الطاعة على البابوية[1] .

رجال الإصلاح الديني:-

اعترض لوثر (١٤٨٣-١٥٤٦) على انحرافات البابا فأعلن مبدأه القائل بعقيدة التبرير بالإيمان . فالإيمان في رأيه هو الذي يرجع الناس إلى فضل محبة الإله، لذلك قال "السلام بالإيمان وحده والعمل الصحيح هو العمل الذي يستند على الكتاب المقدس لا على الأعمال التي يطلبها رجال الدين في روما من مسيحي أوروبا" وقد اصطدم لوثر بفكرة بيع صكوك الغفران إذ يقول بأن النجاة والقصاص لا تأتي عن

(١) المسيحية أحمد شلبي ص٢٠٥-٢٠٦.

طريق شراء الصكوك أو عكسها وإنما تأتي عن الإيمان بالله . وقام بتعليق نشرة احتجاجية على أبواب الكنائس على مساوئ الكنيسة الكاثوليكية ورفع شعاره القائل "إن الغفران مرتبط بالإيمان برحمة الله لا عن طريق شراء صكوك الغفران " وإن الكتاب المقدس وحده هو القانون الذي يجب الاعتماد عليه في تفسير العقائد وفي المسائل المختلف فيها وانكر إن المجامع الكنسية منزهة عن الخطأ وأبدى رغبته بالزواج ودعا إلى زواج الرهبان. أصدر البابا قراراً بحرمان لوثر أي مقاطعة الكنيسة والناس له وعدم منحه حق حرية الحياة في أي مكان.

وكاد البابا أن يحرقه لولا مساندة حاكم المقاطعه له.

ولم يرفض لوثر عقيدة (الخطيئة) التي تقول الكنيسة الكاثوليكية بأن الإنسان توارثها عن آدم. ولكنه عارض الكنيسة في الخلاص منها. فهو يرى أن الخلاص من الخطيئة والذنب لا يأتي إلا عن طريق الإيمان. وإن الله وهو وحده صاحب الصفح، ويرى لوثر إن الإيمان هو الثقة الشخصية في المسيح وفي الخلاص الذي يقدمه للإنسان ، وقال إن القسيس اغتصب مكان المؤمنين ويجب عكس هذه العملية . لذا فإن مركز البابوية والمناصب الدينية الكبرى لا تتطلب بالضرورة كهنة. بل إن العلمانيين يقومون بدورهم هذا لذا ركز على السلطة العلمانية.

ومن هنا فإن حركة مارتن لوثر كانت حركة سياسية بقدر ما هي حركة دينية دعت إلى المساواة بين المسيحيين وإلغاء الامتيازات التي يتمتع بها الكهنة على غيرهم من أبناء الدين الواحد ويطالب بتسليم الأمور الدينية إلى رجال عاديين ليسوا كهنة. وإن إلغاء امتيازات رجال الدين سبيل لانخراطهم في المجتمع الذي يعيشون فيه لأن هذه الامتيازات حالت بينهم وبين مجتمعاتهم التي ينتمون إليها.

ونلاحظ هنا أن لوثر بعمله هذا ركز على الشعور الوطني والقومي وإنه بنى أفكاره على أساس التصور السياسي للدولة الحديثة في أوروبا.

أوعز البابا للإمبراطور شارل الخامس بمعاقبة لوثر لأنه هرطقي كافر ملحد فطلب الإمبراطور منه أن يحضر مجلس ديني يعقد لدراسة أفكاره فأدين عام ١٥٢٠م وأصبح مهدور الدم. فطلب من (فردريك) حاكم منطقته مساعدته فقدم له الحماية فأخفاه سنة كاملة في أحد الأديرة حيث عكف على ترجمة الأسفار المقدسة إلى الألمانية.
وكان لترجمة الكتاب المقدس وأفكار لوثر أثر في ثورة الشعوب الأوروبية على السلطة البابوية . ومكن الحركة الاحتجاجية (اللوثرية البروتستانتية) أن تحصل على مركز قانوني[1].

ولم يكن مارتن لوثر أول من نادى بالإصلاح الكنسي، ولكنه تسبب في إخراج الكثير من المسيحيين من ولائهم لكنيسة روما وتأسيس الكنيسة الاحتجاجية (البروتستانتية).
وكان هناك من سبق لوثر في المطالبة بالإصلاح ممن كانوا سبباً في انشقاق الكنيسة ، ولكن ثوراتهم على النظام البابوي لم تؤد إلى نشوء كنيسة مستقلة كالكنيسة الاحتجاجية وإنما ساعدت في شق عصا طاعة كنيسة إنجلترا على البابوية واستقلت عن سلطة البابا وربطت كل مقدراتها بيد ملك إنجلترا الذي أصبح رئيساً للكنيسة الإنجليزية إلى اليوم الحاضر.
وكان جون ويكلف (١٣٢٠-١٢٨٤) قد لعب في هذا الأمر دوراً مهماً، أما جون هس (١٣٦٩-١٤١٥) فقد كان له دوره هو الآخر في تشيكوسلوفاكيا كما سيأتي ذكر ذلك وكان أن قامت في أوروبا حركات دينية إصلاحية غايتها الرجوع بالكنيسة إلى عهدها الأول. عهد النقاوة الدينية وعهد البساطة في الأسلوب والتطبيق. وقد تبنى هذا الإصلاح جماعة من المثقفين الكنسيين والعلمانيين كالأمراء المعادين والمعارضين لإتساع نفوذ البابا على حساب سيادتهم السياسية ،

---

(1) تاريخ أوروبا الحديث والمعاصر ص٩٤-١٠٤.

وقد مثل هذا الاتجاه الأخير الإمبراطور فردريك الثاني إمبراطور الدولة الرومانية المقدسة الذي ناصب البابا والبابوية العداء الطويل، ومع أن الإمبراطور فردريك خسر في نهاية الأمر وقضى على أسرته كأسرة حاكمة في أوروبا إلا أن عمله هذا اعتبر نقطة تحول في التاريخ الأوروبي لأنه جرح الكنيسة وأسقط هيبتها وكان هذا العمل من أهم الأسباب التي أدت إلى انحلالها.

وقامت حركة إصلاحية في إنجلترا تطالب بإزالة ما علق بالكنيسة من شوائب ومفاسد وأخطاء.

تراس هذه الحركة البروفيسور جون ويكلف بعد نصف قرن من حركتي الفرنسيسكان والدومينيكان[1]، إلا أن حركة ويكلف والويكليفيين كانت أكثر صراحة وأشد وقعاً على البابوية وكان ويكلف من الأساتذة المشهورين بجامعة أوكسفورد الإنجليزية ، أخذ ينشر أفكاره الإصلاحية فأيده فقراء القسس وتبنوا نشر أفكاره في إنجلترا ، وساهم ويكلف بعمل إيجابي في طريق الإصلاح الديني يوم أن ترجم الإنجيل إلى الإنجليزية لغة الشعب المحلية، عندها أصبح في مقدور القارئ الإنجليزي إن يطلع على الحقيقة ويحكم على آراء ويكلف وعلى الانحرافات والمفاسد التي تمارسها الطبقة الارستقراطية في الكنيسة ، يقول ويلز: "كان ويكلف أوسع علماً وأكثر اقتداراً من كل من القديسين من فرنسيس ودومينيك وقد كثر أتباعه بين افراد الطبقة المثقفة الراقية، كما عظم عدد أتباعه بين الشعب ومع أن روما ثارت ثائرتها سخطاً عليه وأمرت بحبسه ، إلا أنه مات حراً طليقاً لم تمس حريته بسوء بيد أن الروح القديمة الشريرة التي كانت تدفع الكنيسة الكاثوليكية إلى مهاوي الدمار. لم تطق ترك عظامه هادئة في قبرها إذ صدر عن مجمع كونستانس

---

(1) الفرنسيسكان والدومينيكان هما هيئتان ديريتان من الرهبان الذين حاولوا إصلاح الكنيسة عن طريق إزالة الأخطاء والمفاسد

سنة ١٤١٥م مرسوم يقضي بنبش عظامه وحرقها ، وهو قرار نفذه الأسقف فلمنج في عام ١٤٢٨م بأمر من البابا مارتن الخامس[١].

وجدير بالذكر أن هذا التدنيس للحرمات لم يكن من عمل متعصب بمفرده بل كان عملاً رسمياً صدر من الكنيسة وقامت حركة جون هس البوهيمي في بوهيميا الذي نادى بأن لا واسطة بين الإنسان والرب إلا عن طريق الإيمان والعمل بما جاء في الكتاب المقدس. وهنا يلتقي هس وجون ويكلف في هذا المبدأ وأن دل هذا على شئ فأنما يدل على أن الحركتين كانتا تهدفان في المقام الأول إلى تقليص سلطة البابوية وإلغاء الدور الذي يقوم به رجل الكنيسة كوسيط بين الناس وربهم، وقد زاد ويكلف على ذلك حين قال بأن الملكية الفردية هي نتيجة لخطيئة آدم. وأن ملكية الأرض لله وحده وأن لعبادة الصالين حق ملكية تلك الأراضي يتفويض إلهي يتمثل في أوامر شخص الملك الأوروبي أو الأمير الأوروبي أو الحاكم الأوروبي . وطالب ويكلف الحاكم إن يحدد أملاك الكنيسة وأن يحتفظ بالباقي للدولة . وفي هذا الرأي مفهوم واضح وهو تقليص ملكية الكنيسة عن طريق تقليل أديرتها وأراضيها وإقطاعياتها الزراعية وبذلك يمكن تقليل مصادر الثروات التي تتدفق على البابوية وعندها تقل مصروفاتها بالتالي ينتهي بذخ وترف وتبذير الطبقة الأرستقراطية في الكنيسة ، وعلينا أن نلاحظ أن مثل هذه الحركات التي كانت تنادي بإصلاح الكنيسة والتي كانت ترى تقليص سلطتها كانت تلقي استجابة كبيرة من السلطة الزمنية التي رأت في هذه الحركات تقوية الإجراء التعسفي أدى إلى ظهور جماعة مؤيدة لأفكارهما وحركتهما . ومن هنا ظهر الهسيون والويكلفيون وظل أبناء تشيكوسلوفاكيا ينظرون إلى هس بأنه رائد قوميتهم والمصلح الديني الكبير الذي أراد تطهير الكنيسة في شوائبها[٢].

---

(١) تاريخ أوروبا الحديث والمعاصر ص/٢٣-٢٤.

(٢) تاريخ أوروبا الحديث والمعاصر ص/٢٣-٢٥.

أسئلة اختبارية

س: ما هي مبادئ الإصلاح الديني في أوربا؟

س: من هم رجال الإصلاح الديني ؟ وما هو تأثيرهم؟

س: ما هو موقف البابا من حركة الإصلاح الديني ورجالها؟

س: ما معنى (الحرمان)الذي كان يصدره البابا ضد بعض رجال الكنيسة

س: ما هي أهم المبادئ التي جاء بها مارتن لوثر ؟ وما هي نتائجها؟

المبحث الثاني
الحركة الصهيونية

في هذا المبحث سيرى الطالب بأن الصهيونية ليست حركة خاصة باليهود فقط وإنما لها روافد عالمية أيضاً فهي :

١- صهيونية خاصة باليهود

٢- صهيونية أخرى دخلها الكثير من المسيحيين في أمريكا وأوربا وكثير من أصحاب الديانات الأخرى في العالم وإن هذه الحركة السياسية تدعو إلى احتلال ارض فلسطين وجعلها وطناً موعوداً لليهود حسب العهود التي قطعها الرب مع إبراهيم عليه السلام وإن هذه الأرض تمتد ما بين الفرات إلى النيل.

وسيرى الطالب هنا مفهوم الشعب المختار الذي تحدثنا عنه باختصار في بداية الوحدة السابقة وأثر الصهيونية في محاولة أحيائه وتثبيتهِ في العقول اليهودية.

تمهيد:

جاءت كلمة الصهيونية من صهيون وهو الجبل أو الربوة أو التل الموجود في أورشليم [١].

والصهيونية حركة عنصرية استعمارية تقوم على أسس مذهبية استعلائية تسعى إلى التوسع والسيطرة والعدوان مستخدمة العنف لغرض الوصول إلى إهدافها.

وقد ظهرت الحركة الصهيونية في أوروبا في النصف الثاني من القرن التاسع عشر بعيداً عن فلسطين وعن الديانة اليهودية وشهدت أول تنظيم لها في المؤتمر الصهيوني الأول الذي عقد في عام(١٨٩٧) وهو المؤتمر الذي ينسب إليه زعيم الحركة الصهيونية ومؤسسها (تيودور هرتزل) مولد الدولة اليهودية [٢].

وقد ارتكزت الحركة الصهيونية منذ نشوئها على فرضيات خاطئة منها أن اليهودية دين وشعب وتسعى إلى خلق ما يسمى (القومية اليهودية) و(وحدة الشعب اليهودي) وساعية لاحتلال فلسطين ولتحقق الهدف الاستعماري في إقامة وطن يهودي لتعيد الأمل لليهود في إقامة (الدويلة الصهيونية) على أرض فلسطين[٣].

إن الأفكار الرئيسة للصهيونية كما صاغها زعماؤها تنحصر فيما يأتي:

١- اليهود شعب الله المختار.
٢- اليهود هم شعب ذو مصير تاريخي وسمات خاصة لا تتصف بها الشعوب الأخرى.
٣- على اليهود إن يطمحوا لوطنهم القديم - فلسطين[٤]

---

(١) الموسوعة الفلسطينية ص/١٠٩

(٢) المصدر السابق ص/١١٦.

(٣) المصدر السابق ص/١١١ وانظر اليهودية والصهيونية وإسرائيل ص/١٤٧ وما بعدها. وكذلك مفصل العرب واليهود في التاريخ ص ٦٥١ وما بعدها .

(٤) الموسوعة الفلسطينية ص/١١٤.

لقد أسمى بن غوريون رئيس وزراء العدو الصهيوني السابق قيام الدويلة اللقيطة عام ١٩٤٨ بـ(مملكة إسرائيل الثالثة) حيث كانت المملكة الأولى هي مملكة داود (ع) والثانية التي قامت بعد ثورة المكابيين عام ١٦٧ قبل المسيح (ع).

وأعلن (بيغن) رئيس وزراء العدو السابق أنه في سبيل تحقيق ما أسماه (إسرائيل الكبرى) التي تضم كل المنطقة التي كان يسيطر عليها الملك داود والملك سليمان قبل ثلاثة آلاف عام.

وتستند الصهيونية هنا على ما جاء في العهد القديم من أن اليهود هم شعب الله والتحجج بنسبهم بإبراهيم (عليه السلام) ونسله الذين منحهم الله أرض كنعان كما تدعي التوراة [١] انطلاقاً من العقيدة اليهودية وقد أكثر هرتزل على أن المشكلة القومية اليهودية تنتهي بتكوين الدولة اليهودية والتي يعيش فيها اليهود بأمان وحرية [٢]. والصهيونية التي نتحدث عنها هنا، صهيونتان.

الأولى: الصهيونية اليهودية [٣]. وهي الصهيونية الأصل.

أي تلك التي يكون اقطابها يهوداً، يهدفون إلى سيطرة اليهود على كل موارد واقتصاد العالم، ويقيمون دولة الأحلام التوراتية على أرض فلسطين والتي تهدف إلى إعادة ملك داود (ع) ولو أدى ذلك إلى تدمير العالم كله كما اعترفت بذلك بروتوكولات حكماء صهيون، وسيركز حديثنا هنا على هذه الصهيونية وجذورها وصورتها الحاضرة وعلاقتها بالإرهاب الدولي العالمي.

([١]) موجز تاريخ الديانتين اليهودية والمسيحية ص/٢٩-٣٨ بتصرف.
([٢]) أثر الأقلية اليهودية في سياسة الدولة العثمانية تجاه فلسطين الدكتور أحمد نوري نعمة مركز الدراسات الفلسطينية بغداد/١٩٨٢.
([٣]) انظر فصل (الصهيونية) في رسالة الطالب فرحان محمود التميمي الموسومة، الجذور الدينية للحركة الصهيونية التي تقدم بها إلى كلية الشريعة عام ١٩٨٦ لنيل شهادة الماجستير.

الثانية : الصهيونية العالمية، أي تلك المنظمات السياسية والاجتماعية والنوادي الثقافية والترفيهية التي تنشر الفكر الصهيوني بقيادة اليهود وحدهم ويكون أعضاؤها من اليهود وغيرهم ليكون غير اليهود سنداً عالمياً يقف من خلفهم يشد أزرهم كالمنظمات والبهائية ونوادي الروتاري المنتشرة في أنحاء الكرة الأرضية.[1] والأحزاب والمنظمات اليسارية واليمينية المنتشرة في كثير من البقاع والتي لم تقع إلا لتحقيق أغراض الصهيونية اليهودية ذات الحقيقة الدينية المتبرقعة بالصبغة السياسية وكذلك شهود يهوه،إلا أن (شهود يهوه) هي المنظمة الوحيدة التي جميع أعضائها من المسيحيين، وكثير من الشخصيات السياسية والفكرية العالمية المرموقة، تعتمد العقيدة الدينية اليهودية على ما احتوته التوراة والتلمود والكتب اليهودية الأخرى من تعاليم ونصوص تزعم أن لليهود حقاً بامتلاك فلسطين وإقامة (دولة يهودية)فيها باعتبارها أرض الميعاد التي وعد الرب بها إبراهيم (عليه السلام) ونسله بتمليكهم أياها وقد تكررت وعود الرب في كتب أنبيائه المقدسة عشرات المرات ولذلك يرى اليهود أن الهجرة إلى فلسطين واحتلالها لإقامة دولتهم فيها تعبير عن إرادة الله ووعده لهم بامتلاك أرض فلسطين وتنفيذ أوامره وتحقيق وعوده لهم باعتبارهم – كما يرون – أنهم شعبه المختار [2].

وجعل التلمود فلسطين نقطة الارتكاز للتسلط والسيطرة على العالم لاعتباره الدنيا بكاملها ملكاً للإسرائيلي لكونه مساوياً للعزة الإلهية وجزءا منها وفلسطين هي قطب العالم الذي يجب أن تقوم فيه (الدولة اليهودية) باعتبار هذه الأرض حقا خالصا لليهودية . فلا يحق لأي فرد احتلالها والسيطرة عليها.[3] لقد ارتبط

([1]) راجع كتاب مقارنة الأديان ، القسم الأول ،الديانة اليهودية ،تأليف الدكتور أحمد شلبي ، حيث ناقش هذه النوادي والمنظمات مستفيضاً.

([2]) عبد الحميد رشوان، الادعاءات الصهيونية والرد عليها ،الهيئة المصرية العامة للكتاب، القاهرة ١٩٧٧/ ص/٥٣.

([3]) د. محمد طلعت الغنيمي ، دعوى الصهيونية في حكم القانون الدولي مطبعة جامعة الاسكندرية . مصر (١٩٧٠) ص/٣-٥.

الدين اليهودي بالأرض ارتباطا كاملا . وأصبح يعبر عن هذا الارتباط بعلاقة مترابطة بين الدين والأرض، حيث أصبح اليهودي يتخطى الزمان والمكان وصار إلههم مقصورا عليهم وحدهم دون غيرهم (اله إسرائيل) مكرر مئات المرات في التوراة ولا علاقة لإلههم بالأمم الأخرى وبذلك اعتبر اليهود أنفسهم أمة قومية مقدسة،أمة من الكهنة والقديسين ذات صلة دائمة باله لا تنفصم عراها ، وهذا الارتباط الوثيق جعل من الدين اليهودية عملها في نفوس اليهود وعقولهم لإقناعهم بان أرض الميعاد هي الأرض التي خلقت لشعب قد اختير من بين الشعوب ليقيم في هذه الأرض المقدسة [1].

ولقد كان موقف الصهيونية من الأرض يماثل الأفكار والتعاليم اليهودية الواردة في كتبهم الدينية المختلفة ، وبذلك استطاعت الصهيونية استغلال الأفكار الدينية اليهودية ذات التأثير الفاعل في نفوس اليهود ظهرت وكأنها امتداد للديانة اليهودية واستمرار لها محاولة بذلك تحويل الجماهير اليهودية لاعتناق مبادئها بعد أن استطاعت المزج بين المجالين الديني والسياسي وحولت الأفكار والرموز الدينية لدى اليهود إلى أفكار ورموز قومية بعد أن أفرغتها من محتواها الديني والأخلاقي ونقلتها من المجال الديني إلى المجال السياسي ، وبهذا ضمنت الصهيونية اعتناق جماهير واسعة من اليهود خصوصاً يهود أوروبا ذوي المشارب المختلفة مبادئها بعد أن كانت تفتقر إلى هذه الجماهير[2].

لقد استغلت الصهيونية ماحوته الكتب الدينية اليهودية المحرفة في الترويج لأفكارها وخططها فاستمدت من التوراة والزوهار وكتب التصوف اليهودي وأقوال الحاخامات ورجال الدين المتعاونين معها ما يضفي الشرعية الدينية على أهدافها

([1]) د. عبد الوهاب المسيري ، اليهودية والصهيونية وإسرائيل ،الهيئة العربية للدراسات والنشر ،بيروت / 1975 –ص13-9 .

([2]) الدكتور عبد الوهاب المسيري ، موسوعة المفاهيم والمصطلحات الصهيونية الايديولوجية الصهيونية ، القسم الثاني مطبعة الأهرام ، القاهرة ص224/223.

وغاياتها وبعدها أساسًا لمنطلقات الصهيونية السياسية والعقلية في ما تدعيه من حقوق الهية في فلسطين (أرض الميعاد) فكانت تلك الإدعاءات أهم ما تشبثت به الصهيونية ودعت إليه تحقيقاً لأحلامها في السيطرة والتوسع واستيطان فلسطين واستثمارها وتحقيق السيادة الكاملة عليها بعد طرد سكانها الأصليين عن طريق الغزو العسكري واستعمال القوة والعنف ضدهم وإرغامهم على قبول سياسة الأمر الواقع.

وقد سخرت الصهيونية جميع الوسائل التي تمكنها من الاحتفاظ بالأرض وإرغام أصحابها على قبول الأوضاع المستجدة مكرهين فسعت الصهيونية جاهدة للحصول على الدعم والحماية من الدول الاستعمارية، والحصول كذلك على المساعدات المالية والاقتصادية وتوظيف الأموال الأجنبية والاستثمارات الخارجية فيها لإقامة الأساس الأرضي والجغرافي المادي للكيان السياسي والاقتصادي للدولة اليهودية في فلسطين والاعتماد على ما توفره وسائل الدعاية والإعلام اليهودية من تأثير واسع على الرأي العام العالمي بغية الحصول على عطف كثير من الدول والشعوب وكسب تأييدها للصهيونية في دعواها لإقامة (الوطن اليهودي) في فلسطين[1].

واستطاعت الصهيونية استغلال العاطفة الدينية الكافية لدى أولئك اليهود وتسخيرها لخدمة مطامعها السياسية الاستعمارية وأصبحت (أرض الميعاد) من أهم أسس الصهيونية ومقوماتها بعد أن بلغت مداها في العقيدة الدينية اليهودية ، فانطلقت الصهيونية تسخر الجهد ومختلف الوسائل والأساليب لنشر مبادئها في مختلف الأوساط والمجتمعات ، فتمكنت بذلك من تحويل فلسفتها الخاصة إلى فلسفة دولية

([1]) أمين الغفوري ، توازن القوى بين العرب وإسرائيل ، دراسة تحليلية ستراتيجية لعدوان حزيران 1967، دار الاعتدال للطباعة والنشر ، دمشق ط1/ سنة 1968.

عمت المجتمع الدولي عامة، وكان لها الدور الفاعل في تحديد الاتجاهات والمواقف الدولية[1].

لقد تمسكت الصهيونية بالوعود التوراتية لأرض الميعاد واتخذت منها أساساً وحجماً لتنفيذ خططها التوسعية في المنطقة العربية معتمدة بذلك على مساعدة الدول الاستعمارية التي جعلت من الصهيونية من أهم قواعدها في المنطقة كي تستطيع النفوذ من خلالها والسيطرة على الموارد الاقتصادية وموارد الطاقة التي تزخر بها المنطقة العربية [2].

حدود أرض الميعاد

وحدود أرض الميعاد كما يظهر من قراءة الكتب اليهودية المقدسة غير محدودة، وهي قابلة للتوسع ، حيث أن الوعود الألهية التي ذكرتها التوراة لأنبياء بني إسرائيل تختلف من واحد لآخر ، غير أن حدودها من النيل إلى الفرات هو أوضح أبعاد أرض الميعاد إضافة إلى أن هذا البعد مكتوب على باب الكنيسة اليهودي اليوم وتشير كثير من النصوص التوراتية إلى أن حدودها تضم سوريا كلها إضافة إلى الحدود السالفة لذلك فقد استغلت الصهيونية مبدأ التوسع هذا لتنفيذ أطماعها ، ولم تعر أية أهمية للاعتبارات السياسية الدولية ، إذ لم يغب عن بال الصهيونية التوسع التدريجي واستخدام مختلف الطرق والأساليب لضم الأراضي العربية وتشجيع الهجرة اليهودية إلى فلسطين من أجل توسيع حدود الكيان الصهيوني .. وقد فتحت التوراة الباب أمام التوسع الصهيوني وأصبح من ابرز الأسس في السياسة الإسرائيلية فكان التوسع والضم الزاحف باستمرار حتمية ملازمة للوجود الإسرائيلي في فلسطين [3].

---

(1) اسماعيل الفاروقي ، قضية فلسطين في ضوء القانون الدولي ص/٦-٧(القاهرة ١٩٦٨) وانظر كذلك حسن الجلبي ، قضية فلسطين في ضوء القانون الدولي ص/١٢، معهد البحوث والدراسات العربية ، بغداد ١٩٦٩.

(2) د. مراد كامل ، إسرائيل في التوراة والإنجيل ، معهد الدراسات العربية العالمية ، دار المعرفة القاهرة ط/٢ سنة ١٩٦٧ ص/٤-٦٣-٦٤.

(3) د. ممد كمال الدسوقي وعبد الوهاب عبد الرزاق سليمان إسرائيل ، قيامها ، واقعها ، مصيرها، دار المعارف بمصر، القاهرة /١٩٦٨ ص/١٢٥.

وقد أشارت بعض النصوص التلمودية إلى أن بابل تدخل في الدولة اليهودية[١]، إضافة إلى جميع الأماكن التي كان يسكنها اليهود فيدخل في خريطتهم السرية جنوب العراق الذي فيه مدن (عزرا أي العزير والكفل) والمدينة المنورة وما حولها من خيبر وبنو قريضة وبنو قينقاع.

لقد تبارى الزعماء الصهاينة في تأكيد ضرورة الإسراع بالتوسع بعد إعلان قيام الكيان الصهيوني في ١٥ مايس عام ١٩٤٨ فيصرح (بن غوريون) في الكتاب السنوي لعام ١٩٥١م(الآن فقط وبعد سبعين سنة من كفاح الرواد استطعنا أن نصل إلى أول استقلالنا في جزء من وطننا العزيز وبن غوريون يعد من أكبر دعاة التوسع الإسرائيلي ، إذ كان من منظري الحركة الصهيونية الداعية للتوسع عن طريق الاحتلال للأراضي العربية المجاورة بدعوى الحدود الآمنة تلك الحدود التي تتصف بقابليتها على التطور الاقتصادي وبالقدرة على الدفاع عنها[٢].

ويعتمد بن غوريون وغيره من الصهاينة على نصوص التوراتية التي تخبرهم بأن (كل مكان تدوسه بطون اقدامهم يكون لكم..).

لقد استرشد رجال الفكر الصهيوني بنصوص التوراة التي تحث على التوسع وضم المناطق المجاورة فاقترح الحاخام صموئيل حدوداً آمنة مسترشداً بالحدود التي أوردتها التوراة في سفر العدد (٢٤: ١-١٢) وقد ورد ذلك في كتابة (الحدود الحقيقية للأرض المقدس) الصادر في شيكاغو عام ١٩١٧ وحدوده غير حدود هرتزل التي اقترحها عام ١٩٠٤ وجاء مؤتمر فرساي عام ١٩١٩ بحدود أخرى بلورها (بيرنشتين) وزير التجارة والصناعة الإسرائيلي

---

(١) ويظهر ذلك واضحاً في إجراءات شراء اليهود للأراضي والمنازل العراقية في بغداد بعد سقوط نظام صدام حسين في ٢٠٠٣/٤/٩ أثر الاحتلال الأمريكي للعراق.

(٢) د. عمر الخطيب ، الجذور الايديولوجية للمفاهيم الإسرائيلية حول الحدود ص/٥٤ وانظر كذلك تثنية ١١: ٢٤ وقارن مع يوشع ١: ٣.

السابق بقولـه (على الشعب الإسرائيلي أن يقلل من استهلاكه ويتكتل وراء زعمائه استعداداً للساعة الفاصلة التي يمحوا فيها الدول العربية من الوجود) ^(١)

ويقول ليفي أشكول رئيس الوزراء الإسرائيلي السابق (لا يزال هناك عشرون ألف كيلو متر من فلسطين القديمة لم نضع أيدينا عليها حتى الآن ^(٢) وقد فسر (ايريك رولو) المحرر السياسي لصحيفة اللوموند الفرنسية في عدد صدر قبيل عدوان حزيران ١٩٦٧ قول أشكول بأنه يقصد أن جزءاً من العراق وجزءاً من سوريا وكافة الضفة الغربية وشرق الأردن هي أجزاء من فلسطين القديمة التي يحلم أشكول بأن يضع يده عليها ^(٣).

وبعد قيام الكيان الصهيوني عام ١٩٤٨ بدأ العدو بسلسلة من أعمال التوسع واستغلال الفرص بإعلان حروب على الدول العربية المجاورة منها عدوان عام ١٩٥٦ وعدوان ١٩٦٧ لإكمال المرحلة الثانية من المخطط الصهيوني في إقامة (الدولة اليهودية) في فلسطين فاستطاع بذلك ضم العديد من المناطق العربية منها الضفة الغربية لنهر الأردن وسيناء ومرتفعات الجولان، كذلك كان العدوان الإسرائيلي على لبنان عام ١٩٨٢ مرحلة جديدة من مراحل المخطط الصهيوني التوسعي.

إن الدعم الذي لاقته الصهيونية من الغربيين في إقامة الكيان الصهيوني يستند هو الآخر إلى المسألة الدينية التي تضيفها إلى الأحلام الاستراتيجية والسياسة الغربية التي جعلت من الكيان الصهيوني قاعدة عسكرية وسياسية للغرب على أرض العرب.

(^١) د. محمد كمال الدسوقي ، المصدر السابق ص/١٢٠.
(^٢) عرفات حجازي ، العبور إلى القدس ط١/ سنة ١٩٧٤ (دون ذكر مكان الطبع).
(^٣) د. محمد كمال الدسوقي ، المصدر السابق ص/١٢١.

المفهوم الديني للشعب المختار

أما الجانب الديني المذكور، فيمكن اختصاره بالقول بأن العهد القديم أو التوراة والتي تمتلئ نصوصاً بالوعود [1] بأرض فلسطين وحث اليهود بالحصول عليها بأية طريقة أو وسيلة، ذلك الكتاب هو جزء من كتابهم المقدس ... وإن كانت المسيحية ترى أن الشعب المختار لم يعد بني إسرائيل وإنما هم (المسيحيون) الذين يؤمنون بالمسيح .. وإن جميع الوعود المذكورة في التوراة قد أصبحت وعوداً ملغاة بالنسبة لليهود لخروجهم على تعاليم آبائهم وأنبيائهم وإنكارهم رسالة المسيح فحول ميراث تلك العصور إلى المسيحيين الذين أصبح من حقهم بفعل ميراث تلك العهود إقامة مملكة روحية تضم جميع أفراد الجنس البشري . وانطلاقاً من الرفض المسيحي لذرائع اليهود بأرض فلسطين (أرض الميعاد) أصدر المجمع المسكوني المنعقد في الفاتيكان وثيقة رسمية فيها تكذيب قاطع لدعوى الصهيونية باحتلال فلسطين باعتبارها (أرض الميعاد) الذي وعد بها شعب الله المختار، واعتبر المجمع إن الأرض الموعودة قد تحققت تماماً بمجيء المسيح وقيام الكنيسة وبذلك فقد اليهود أية صفة في حق ميراث الوعود الإلهية المقطوعة لإبراهيم (ع) ونسله من بعده والتي أصبحت ميراثاً للمسيحيين الذين حددهم الله بعهد جديد [2] فالخلاف إذن بين المسيحيين واليهود ليس على قيام كيان غريب على أرض فلسطين ..وإنما فيمن يمثل هذا الكيان ، طالما أصحاب الديانتين يدينون بكتاب واحد.

([1]) قبل أربعين سنة وقف ممثل إسرائيل في الأمم المتحدة عقب الاعتراف بها مباشرة ليعلن رئيس وزاراتها الأسبق، الصهيوني بن غوريون على مسامع العالم عقيدته اليهودية في مشروعية احتلال وتملك فلسطين ، ومما قاله(. قد لا تكون فلسطين لنا من طريق الحق السياسي أو القانوني ، ولكنها حق لنا على أساس ديني ، فهي الأرض التي وعدنا الله وأعطانا إياها من الفرات إلى النيل ، ولذلك وجب على كل يهودي أن يهاجر إلى فلسطين وأن كل يهودي يبقى خارج إسرائيل بعد إنشائها يعتبر مخالفاً لتعاليم التوراة. بل أن هذا اليهودي يكفر يومياً بالدين اليهودي (انظر العرب واليهود في التاريخ للدكتور أحمد سوسة ص٣٧١).

وفي تصريح بيجال آلون- نائب رئيس وزراء إسرائيل السابق (جاء اليهود إلى البلاد لكي يستردوا الأرض التي يعتقدون أنها كانت أرض آبائهم ، الأرض التي وعدها الله لهم ولذراريهم في العهد القديم قبل آلاف السنين ، بين الله وإبراهيم (إسرائيل في الكتاب المقدس/٩) راجع عقيدة تملك الصهاينة لفلسطين وتنفيذها من خلال كتابهم المقدس ، كراس أصدره الأستاذ عابد توفيق الهاشمي إلى وزراء التربية ١٩٨٧).

([2]) د. مراد كامل ، المصدر السابق ص ٤٢، ٤٤.

ومن هذا نخرج أيضاً بأن الصهيونية هي الواجهة السياسية للديانة اليهودية، وليس صحيحاً أن يقال بأن الصهيونية حركة سياسية انفصلت عن الفكر الديني اليهودي إذ تؤكد نصوص أدبياتها وبروتوكلات حكمائها على يهوديتها والتزامها المطلق بالدين اليهودي ونود إن نذكر بعضاً من أساليب عقيدة ترى أن اليهودية والصهيونية مسميان لشيء واحد لا مجال للتفريق بينهما وقد أشبعا بحقد اليهود على البشر، وأمر اليهود بقتل وحرق وتدمير كل ما للآخرين وسحق رؤوس الناس، وجعلت تلك الكتب من اليهودي سيد الكون . ومن بقية الشعوب خرافاً لا تستحق الحياة . وتكفي الإشارة إلى ما فعل اتباع يوشع بن نون عند دخولهم أرض كنعان إذ أمرهم على لسان يهوه في توراتهم المحرفة بحرق البيوت وقتل الأبرياء من النساء والأطفال والشيوخ وحتى الحيوانات وقلع الأشجار بحيث لم يبق على حد زعم التوراة في أرض كنعان حي يرزق ، كما يكفي أن نذكر ذلك الارهاب الذي قاده اليهود ضد النصارى عند ظهور المسيح(ع) وبعده، وحرق المئات وهم أحياء وقتلهم وصلبهم ورميهم للأسود والحيوانات الضارية وتحريض الحكومات الوثنية على استئصال جذورهم.

ويكفي كذلك أن نذكر ما أشار إليه القرآن الكريم بقوله تعالى(قُتِلَ أَصْحَابُ الْأُخْدُودِ (٤)) [البروج:٤] حيث رمى اليهود النصارى في أخدود حفروه لهم وأحرقوهم أحياء وإذا ما نظرنا إلى جزيرة العرب ، نجد أن أبناء يهوذا قد عاثوا في الجزيرة شر الفساد فكانوا يحرضون القبائل العربية بعضها على بعض ويغذون الفتن بالأموال، ويجعلون من أنفسهم سادة على الجزيرة وحاولوا أن يوقفوا زحف الإسلام، فلما طردهم النبي (ص) من الجزيرة وتابعه الخلفاء الراشدين (رض) في تخلية الجزيرة من غير المسلمين دخل البعض من اليهود في الإسلام ليدس الكثير من الإسرائيليات إلى تاريخنا لتشويه معالمه ، وآثار كعب الأحبار كثيرة في

تاريخنا(١) وقفة عبد الله بن سبأ أشهر من نار على علم (٢) وآثارها باقية إلى اليوم، فهو الذي أسس تأليه الأنساب في عالمنا، فجعل من أمير المؤمنين علي (ع) إلهاً، لا حباً به وإنما لشق المسلمين وتدمير عقيدتهم ولا زالت طوائف كثيرة تحيط بعالمنا الإسلامي اليوم تعيش في ظل هذا المعتقد المنكر.

وإذا ما التفتنا إلى الآخرين، نجد أن بعض اليهود قد دخل المسيحية لنفس الغرض، حين كانت المسيحية مقصورة على الكاثوليكية وتابعة لبابا روما الذي يتهم اليهود بقتل السيد المسيح(ع).

وعندما بدأت الثورة الصناعية، كانت الفرصة سانحة لليهود أن يلعبوا دورهم في الهاء الناس (بالمادة) والابتعاد عن (الدين) قدر الإمكان، وكان قدر الإنسانية أن تشهد مولد (كارل ماركس) و(فرويد) وغيرهما من المفكرين. الذين أسسوا أفكاراً جديدة للبشرية، صرفتهم عن الدين، وسلطت اليهود على إدارة شؤون الدول الكبرى والانتقال بعد ذلك وتحت ستار نفس الأفكار إلى دول العالم الثالث وتملأها بالأفكار الغريبة التي تسلخها عن تراثها وعن جذورها فلا يبقى شعب نقي العرق، كشعب بني إسرائيل -كما يدعون- .

وفي الأربعينات من هذا القرن، كان اليهود يعيشون حالة رعب واضطهاد في كل العالم، دفعتهم إلى الهجرة إلى أرض فلسطين هرباً من الاضطهاد، وتبين للناس إن الحركة الصهيونية العالمية كانت وراء ذلك الاضطهاد، وكانت تدفع الأموال بسخاء إلى بسطاء الناس كي يضطهدوا اليهود ويحرضوهم على الهرب إلى فلسطين وكذلك شراء ذمم الحكومات الضعيفة الخاضعة للاستعمار الغربي لدفع أولئك اليهود إلى الهجرة بعد إصدار قوانين شرعية تسمح لهم بالهجرة تلك[٣].

---

(١) أسرار الماسونية ، المصدر السابق ، المقدمة.

(٢) عبد الله بن سبأ ، يماني أسلم أبان الحكم الراشدي نفاقاً فتاد فتنة ضد الخليفة عثمان بن عفان (رض) مناصراً الأمام علي (رض) في الظاهر، وقد أوردت الفتنة بعد توسعها إلى قتل عثمان (رض) وصعود علي (رض) إلى الخلافة ، إلا إن ابن سبأ استمر بالكيد للإسلام فأله علياً وقاد فتنة غالية أخرى كان من نتائجها ظهور الحركات الغالية الكثيرة في الإسلام.

(٣) صادق حسن السوداني ، النشاط الصهيوني في العراق ١٩١٤-١٩٥٢ ص/١٦ وما بعدها (بغداد ١٩٨٠).

وعند البحث في داخل الحركات السياسية والاقتصادية العالمية يسارية ويمينية ، نجد أثر اليهود واضحاً فيها، فالشيوعيون يعيشون تحت قيادة اليهود والرجعيون يتحركون بإمرتهم، والصهيونية العالمية تقف موقف القائد الموجه لمعظم الحركات تلك . وويل لمن يقف في وجه تلك الحركات، إذ إن معظم أفراد هذه المنظمات قد تدرب على استعمال السلاح وكيفية الاغتيالات وتنظيم التفجيرات سواء تفجيرات الأسلحة الفتاكة أو تفجيرات الخلافات التي تقضي إلى الفتن التي عاشت كثير من شعوبنا تحت تأثيرها وعانت من وطأتها.

وأود أن أشير هنا إلى أن الصهاينة الذي يتغلغلون داخل صفوف الدول القوية الأخرى، يشدون أمر الصهيونية بشكل يثير الانتباه ، فبريجنسكي مستشار الرئيس الأمريكي الأسبق للأمن القومي والصهيوني الشهير ، صاحب أكبر مدرسة أمنية في العالم تضم بين جوانحها عباقرة السياسة العالمية قد أصدر كتابة الشهير "أمريكا والعصر التكنونتروني " قسم العالم فيه إلى صنفين ، عالم علوي وعالم سفلي ، والعلوي منه دعاه عالم الحضارة ادخل فيه أمريكا وأوروبا وروسيا والكيان الصهيوني وأدخل جميع دول العالم الأخرى ضمن العالم السفلي ، وطالب ألا تتاح أية فرصة لشعوب العالم السفلي لتصل بحضارتها إلى الأمم العلوية لأنها غير قادرة على استيعاب الحضارة وطالب الدول العلوية إن تدوس على شعوب العالم الثالث بأقدامها لتضغط عليها وتبقيها تابعة لها.

وحينما احتل الصهاينة فلسطين فإنهم قاموا بإبادة لشعب اعزل، بطرق همجية ، ولنا في مذبحة دير ياسين مثلاً على ذلك ما فتئ إن تكرر أيام "بيغن" في مذبحة صبرا وشاتيلا وذبحهم لعشرات المحتجزين في معسكرات الاعتقال التي أنشأت عقب احتلال لبنان.

وعند قيامهم بعدوان ١٩٦٧، فقد استخدموا ضد العرب العزل من المدنيين قنابل النابالم والمواد الكيماوية المحرقة وأخرج الناس من بيوتهم بابشع الطرق

وهدمت منازلهم ، وذبح أبناؤهم أمامهم، وكم يعيد التاريخ نفسه ، إذ يكرر الصهاينةما فعله جدهم يوشع بن نون عندما ذبح أبناء كنعان وأراد إبادتهم [١].

وكان هدف المؤسسة الصهيونية من ذلك هو اضفاء شرعية دينية على النزعة القومية التي اختلقها كتبة التوراة وغذاها الاستعمار الحديث ليجعل من أرض فلسطين قاعدة استعمارية دائمة في الشرق العربي.

إن المطالبة بالحقوق التاريخية لليهود في فلسطين تستند إلى تزييف الأحداث التاريخية ، فالبلاد التي يسميها الكتاب المقدس (أرض كنعان) والتي أطلق عليها (فلسطين) منذ الاحتلال الروماني (أي أرض الفلسطينيين تقع في الهلال الخصيب الذي سكنه العرب القدماء في كل هجراتهم ، فحين جاء إبراهيم (ع) في القرن الثامن عشر قبل الميلاد من أراضي (اور) فيما بين النهرين ليستقر في ارض كنعان فإنه لم يكن أول من قطن هذه الأرض، فقد وصل إليها قبله الأموريون ثم جاءها الأراميون في القرن الثاني عشر قبل الميلاد ، وبعدهم بقليل نزل (الفلسطينيون) المنطقة الساحلية ، ثم أصبحت البلاد فيما بعد إقليماً أشورياً في القرن الثامن قبل الميلاد[٢] واستعمرها الرومان والفرس بعد ذلك ثم عادت إلى العرب بعد الفتح الإسلامي وبقيت كذلك حتى عام ١٩٤٨ حين أعلن عن قيام إسرائيل ، هذا إذا ما تذكرنا أن إبراهيم (ع) ليس يهوديا بالأصل.

ولعل المفهوم الديني للشعب المختار هو الأساس للشعارات الصهيونية الهزيلة المعادية للتاريخ مثل (أرض بلا شعب لشعب بلا أرض) معتبرين أرض فلسطين لا شعب لها فلا بد من تجميع اليهود في كل أنحاء العالم والذين لا وطن

---

(١) إن يوشع بن نون هو المنفذ المباشر لوصايا الرب في التوراة ، ولكن نجد في سفره (سفر يوشع) وصف مروع لوصايا الله بحرق (أريحا) أول مدينة دخلها بنو إسرائيل في (أرض الميعاد) المزعومة، حرقها أناساً وحيوانات بالنار (ويكون عند أخذكم المدينة إنكم تضرمون المدينة بالنار كقول الرب تفعلون ، انظروا قد أوصيتكم ، احرقوا المدينة بالنار واضربوهم حتى لم يبق منهم شادر ولا وارد ولا منفلت (تثنية ١٦/٢٠-١٧)، (وصعد الشعب إلى المدينة ، كل رجل مع وجهه ، وأخذوا المدينة ، وحرموا كل ما في المدينة من رجل وامرأة ، من طفل وشيخ ، حتى البقر والغنم والحمير بحد السيف ، وأحرقوا المدينة بالنار مع كل ما بها "التوراة /صفنيا /١-٤").

(٢) راجع مفصل العرب واليهود في التاريخ ص/٦٥١-٧١٢ بتصرف .

لهم فيها وهو تجاهل كامل لشعب فلسطين العربي الذي يبلغ تعداده ستة ملايين نسمة وشرد معظمهم وقتل منهم كثير ، فهرتزل مؤسس الفكر الصهيوني لم يشر في كتابه (الدولة اليهودية) إشارة واحدة إلى وجود العرب في فلسطين ، وهو الذي أكد أن المشروع الصهيوني واضح للغاية وسهل التحقيق (إعطاء أرض بلا شعب لشعب بلا أرض)[1] في حين أنه كان في فلسطين عام ١٨٨٢م حين بدأت الهجرة الصهيونية ٢٥ ألف يهودي في فلسطين يعيش بين نصف مليون من السكان وقد نشأ ما يسمى(لاهوت الأرض المقدسة) أي تحول ارتباطهم بالأرض إلى فكرة لاهوتية بحتة وأصبحت تشغل الحيز الأكبر في الفكر الديني الصهيوني ومنها تنبع الروح العدوانية الاستيطانية للصهيونية التي تتسم بنفي حقوق الغير وثقافة الغير ووجود الغير. وهذه الروح العدوانية الاستيطانية هي التي تحدد مسار الدويلة الصهيونية في نظرتها إلى العرب وفي ممارستها تجاههم وفي سياستها الداخلية والخارجية.

المفهوم القومي اليهودي

وقد أخذ مفهوم (القومي اليهودي) يصبح التعبير المستخدم حالياً في الأرض المحتلة للإشارة إلى الصهاينة في كل أنحاء العالم، وهو مفهوم يعني الولاء المفترض من جانب اليهود حيثما كانوا للأرض المحتلة وقد صورها الزعيم الصهيوني وايزمان بقوله: بأنه يؤمن بان كل يهودي يعتبر صهيونياً ولكن اليهود الذين يشوب وطنيتهم اليهودية أي ولاء قومي آخر يجب أن ينظر إليهم بعين الرثاء أو بعين الإزدراء باعتبارهم خونة لوطنهم الأوحد ولله.

لقد صورت الصهيونية المسألة اليهودية بأنها اضطهاد لليهود بغض النظر عن تكوينهم الاجتماعي أو الطبقي أو السياسي ولا مجال لمنع هذا الاضطهاد

---

(١) الموسوعة الفلسطينية / الفصل الأول من القسم الثاني بتصرف

وتعايش اليهود مع الآخرين ما دام اليهود مشتتين ويفتقدون الهوية القومية التي لا يمكن توفرها إلا بإقامة دولة لهم[١].

وقد تبين أن الصلة التاريخية والدينية ليست هي الصلة الوحيدة التي تشد الصهاينة إلى فلسطين بل أن الجشع الصهيوني للسيطرة على رؤوس الأموال والرغبة باستعمار العالم اقتصادياً كان عاملاً آخر لذلك، هذا إذا ما أضفنا رغبة الدول الاستعمارية في جعل فلسطين بعيدة عن العرب لتكوين قاعدة استعمارية دائمة لهم -كما ذكرنا - كما أن الصهيونية المستغلة لعداء بعض الأوروبيين للسامية جعلت من اليهود عنصراً فريداً مختاراً مستغلة بذلك الخرافات التي دونها الحاخامات في العهد القديم والتلمود والزوهار.

إن مفهوم (الشعب المختار) يعتمد على ما جاء في التوراة ، وقد عملت الصهيونية على التركيز على إن الدين اليهودي ديناً قومياً[٢] فالدين اليهودي هو الصهيونية الحاضرة بحذافيرها.

فأصبح مفهوم الشعب المختار عندها ذا صيغة سياسية وقومية وغدا إيمان اليهود الديني بفكرة الشعب المختار يعني بالنسبة للصهيونية إيماناً بوجود قومي يهودي خلقته فيهم الصهيونية العالمية.

وترى الصهيونية العالمية إن الحياة في ظل المجتمعات المختلفة من شأنها أن يترتب عليها الفناء لهم، لذلك كرست الصهيونية مبدأ الانفصام العنصري كمبدأ أساسي في الفكر الصهيوني كنتيجة منطقية وكان العرب هم الضحية أمام عنصرية الصهيونية وقد استغل اليهود أحداث النازية وطبلوا لها حتى يكسبوا من خلالها عطف الرأي العام العالمي ليعطيهم الحق في تملك فلسطين كوطن قومي لهم.

ولم يكن للعرب أو الفلسطينيين أي عداء لليهود قبل ذلك ولم يشتركوا في أية محاولة لإلغاء هويتهم كما أرادت النازية[٣] لأن المسلمين ومنهم العرب كانوا

---

(١) راجع الموسوعة الفلسطينية ص١٠٥ وما بعدها بتصرف.

(٢) تاريخ الصهيونية ج١-ص١٣-٩٩ بتصرف

(٣) راجع الموسوعة الفلسطينية ص/١٤١، ١٤٣.

ينظرون من خلال عقيدتهم الإسلامية إلى اليهود أنهم من أهل الكتاب وكانوا بممارستهم الدينية وشعائرهم في كل العصور الإسلامية ، ولكن الصهيونية التي انطلقت من الأفكار المنحرفة في التوراة والتلمود لتبرير استعمارها لفلسطين وما يتضمنه ذلك من النظر إلى اليهود باعتبارهم جنساً أسمى وأرقى من العرب ، وما ترتب على هذه النظرة العنصرية من تشريد لشعب فلسطين وتمهيد لاستيطان يهود العالم الاستعماري في فلسطين وما صاحب ذلك من اتجاه عدواني إزاء العرب الفلسطينيين أهل البلاد الأصليين وعدم الاكتراث بمصيرهم بل والدعوة إلى القضاء عليهم وطردهم خارج البلاد[1] . أشبه فعلتهم اليوم بما فعله أجدادهم أيام يوشع بن نون حين قتلوا وشردوا أهل كنعان- حسبما تقول التوراة- .

([1]) راجع الفصل الثامن من مفصل العرب واليهود في التاريخ ص/٦٥١-٧١٣ وكذلك الفصل الثامن والتاسع والعاشر من كتاب اليهودية والصهيونية وإسرائيل ص/١٢١-١٦٨ حيث تناول كل منها (الصهيونية) بإسهاب.

أسئلة اختبارية

- هل هناك حركات سياسية دينية أثرت على جوهر الديانة المسيحية؟ بين ذلك.

- وهل هناك حركة سياسية معنية أثرت على مستقبل الديانة اليهودية؟ بين ذلك وما هي هذه الحركة؟ وما هي اهدافها؟

- من هم قادة حركة الاصلاح الديني؟ أذكرهم واذكر أهم مطالبهم الاصلاحية.

- أين حصلت الثورة الاصلاحية الكنيسة؟ وما أثر تلك الأماكن على وضع الكنيسة المسيحية ؟

- كيف يرتبط الفكر الصهيوني بالأرض؟ وما هي نتيجة هذا الاتجاه السياسي؟

- ما هي الحركة الاصلاحية المضادة ؟ أين حصلت؟ ومن قادها ؟ وما هي أهدافها؟

- اكتب مقالاً عن البابوية وموقفها من الحركة الصهيونية.

الوحدة الثالثة
العقائد الدينية

عقائد اليهود
عقائد النصارى

ينتظر من الطالب بعد دراسته لهذه الوحدة:

- أن يعرف أسرار الكنيسة السبعة. وهل تخص هذه الأسرار الكنيسة الكاثوليكية أم البروتستانتية؟

- أن يعرف الطالب معنى التعميد عند النصارى.

- أن يعرف كيف تطور معنى الألوهية عند اليهود.

- أن يعرف الصراع بين الموحدين والمثلثين في الكنيسة. والصراع ما بين الكاثوليك وما بين البروتستانت وما نتجت عنه كل هذه الصراعات .

- أن يعرف معنى الأنبياء في الديانة اليهودية والرسل في الديانة النصرانية. ومن دعي بالنبي في الديانة النصرانية؟ ولماذا؟

- أن يعرف تطور عقيدة اليوم الآخر عند اليهود وهل يتشابه هذا المعتقد عند اليهود والنصارى؟

- أن يعرف من هو المسيح المنتظر عند اليهود. وفيما إذا كان المسيح عيسى ابن مريم عليه السلام هو نفسه مسيح اليهود.

- أن يعرف موسى بن ميمون وتأثيره على العقيدة اليهودية .

- أن يعرف تطور العقائد المسيحية من خلال المجامع الكنيسة.

المبحث الأول
عقائد اليهود

في هذا المبحث سيتعرف الطالب على :

- عقائد اليهود في الألوهية والنبوة من خلال التوراة والتلمود.
- عقيدة اليهود في المسيح المنتظر .. وهل أن المسيح عيسى بن مريم عليه السلام هو المسيح الذي ينتظره اليهود؟" وقد سبقت الإشارة التاريخية إلى سرد ذلك ".
- عقيدة اليهود في الآخرة.. وكيف تطورت في كتبهم المقدسة.
- عقيدتهم في الشعب المختار وأرض الميعاد التي سبق أن رأينا في الوحدة السابقة أنها تحولت إلى فكر سياسي.
- أن حائط المبكى قد أصبح مكاناً مقدساً عند اليهود وسبب ذلك سياسي أيضاً يتمثل في شعور اليهود بالضعف.

١- الألوهية عند اليهود

يعتقد اليهود بوجود الله ووحدانيته ، وإنه خالق السموات والأرض إله العالمين ، على أن هذه العقيدة التي نادى بها جميع أنبياء بني إسرائيل ، من لدن أبي الأنبياء إبراهيم عليه السلام ، لم يستطع اليهود أن يحتفظوا بها ويستقروا عليها طيلة فترة حياتهم ، وكان اتجاههم إلى التجسيم ، والتعدد والتفريد ، واضحاً في جميع مراحل تاريخهم ، حيث صوروا الله تعالى في صور مجسمة تشبه البشر ووصفوه بكثير من الصفات، النقص والضعف والكذب والغفلة والجهل، وظهر هذا في كثير من قصص أسفارهم.

وبعد موسى ، وفي عهد القضاة ، تأثر بنو إسرائيل بمعبودات العرب الكنعانيين تأثراً كبيراً ، ويوضح (كنت) أن إله الكنعانيين "بعل"[(١)] أصبح معبوداً لبني إسرائيل في كثير من قراهم وفي أحوال كثيرة أصبح للطائفتين معبد واحد، به تمثال يهوه وتمثال بعل، بل أصبح يهوه الرب لبني إسرائيل ينادى: بعل ، وقد ظل ذلك إلى عهد يوشع.

وقد أشار إلى ذلك القرآن حيث قال الله تعالى (وَجَاوَزْنَا بِبَنِي إِسْرَائِيلَ الْبَحْرَ فَأَتَوْا عَلَى قَوْمٍ يَعْكُفُونَ عَلَى أَصْنَامٍ لَهُمْ قَالُوا يَا مُوسَى اجْعَلْ لَنَا إِلَهًا كَمَا لَهُمْ آلِهَةٌ قَالَ إِنَّكُمْ قَوْمٌ تَجْهَلُونَ (١٣٨)) [الأعراف:١٣٨] وقال تعالى : " (وَإِنَّ إِلْيَاسَ لَمِنَ الْمُرْسَلِينَ (١٢٣) إِذْ قَالَ لِقَوْمِهِ أَلَا تَتَّقُونَ (١٢٤) أَتَدْعُونَ بَعْلًا وَتَذَرُونَ أَحْسَنَ الْخَالِقِينَ (١٢٥))[الصافات:١٢٤-١٢٥].

وفي أثناء الأسر البابلي هب أشعيا بدعوة جديدة تطويراً للمرحلة السابقة ، ونجد في هذه الدعوة ملامح التوحيد الحق، إذ أخذ يتحدث عن إله لا عهد للأسفار به ،

إنه الإله الواحد، إله العالمين، خالق الكون ورازقه، المحب العطوف، الذي لا يهوى التدمير ولا يحب الأذى ، وتبعاً لذلك هاجم أشعيا الأصنام وسفه عبادتها ومما جاء ببعض فقرات من هذا السفر المسمى أشعيا".

"أنا الأول وأنا الآخر ولا إله غيري، كل شيء أنا أعلم به .. أنا الرب صانع كل شيء ناشر السموات وحدي، باسط الأرض من معي؟ مبطل آيات المخادعين ، ممحق العرافين، مرجع الحكماء إلى الوراء ومجهل معرفتهم، مقيم كلمة عبده ومتمم رأي رسله"[١].

ويظهر من التأمل في أقدم سفرين من اسفار التوراة وهما سفرا التكوين والخروج. إن فكرة الألوهية ظلت مضطربة في عقولهم إلى نهاية المرحلة التي تم فيها تدوين السفرين (أي إلى ما بعد موسى (ع) بأربعة قرون) فصوروا الله في صورة مجسمة ووصفوه بكثير من الصفات التي لا تليق به كالنقص والضعف والكذب والغفلة والجهل، فمن ذلك ما يرويه سفر التكوين بأن الله حين نهى آدم وحواء عن الأكل من شجرة المعرفة ، أراد أن يمنعها من مشاركته أهم صفة من صفاته وهي المعرفة وأبقاءهما جاهلين فلما أغرى الشيطان حواء بالأكل من هذه الشجرة وأنساق معها زوجها أدركا ما كانا يجهلانه من قبل ، فعرفا أنهما مكشوفا السوءتين وإنه لا يليق أن يقابلا ربهما على هذه الصورة ، ولما قدم الإله نحوهما مخترقاً طرق الجنة وسمعا صوته وحركته في أثناء سيره أختبأ حتى لا يراهما عريانين وأخذا يخصفان على عوريتهما من ورق الجنة فناداهما ربهما وأخذ يستجوبهما ، واستنتج من فعلتهما من استجوابها أنه لا بد أن يكونا قد أكلا من شجرة المعرفة ، وإن ذلك قد جعلهما يعرفان حقيقة أمرهما وإن الإنسان قد أصبح بذلك "أحد الآلهة" لتمييزه بين الحسن والقبح. وإنه قد أصبح لزاماً أن يطرد الإنسان من الجنة حتى لا تمتد يده إلى شجرة أخر هي "شجرة الخلد"فيكفل لنفسه أرقى

---

(١) أشعيا الإصحاح ٤٥، وراجع كتاب مقارنة الأديان (اليهودية) د. أحمد شلبي ص ١٧٥.

صفات الإله وهو البقاء[١] . ومن ذلك أيضاً ما يذكره سفر التكوين من أن لله تعالى أولاداً من الذكور وإن هؤلاء الذكور قد فتنهم جمال بنات الآدمين اللائي كان عددهن قد كثر في الأرض فاتخذوهن خليلات وولد لهم منهن نسل أمتاز ببسط كبيرة في الجسم وهم الجبابرة الذين سكنوا الأرض قبل الطوفان[٢] .

ومن ذلك ما يذكره سفر التكوين عن يعقوب (ع) وعن لقائه بالخالق ذات ليلة ومصارعته إياه حتى بزوغ الفجر وبسبب انتصار يعقوب (ع) عليه باركه الله وسماه منذ ذلك اليوم (إسرائيل) لأنه كان قوياً على الله [٣] .

ويستدل من أقدم أسفارهم كذلك على أنهم كانوا يعتقدون بتعدد الآله فكانوا يرون أن ثمة ألهاً خاصاً بشعب إسرائيل يختلف عن إلهة الشعوب الأخرى[٤] وإنهم هم أولاده وأحباؤه ، إلا أنه يتصف بصفات البشر فيجادل ويأمر وينهي ويتدخل في شؤون الأمة التافهة منها والهامة ويندم ويتذكر ويخاصم ويقهر ويعقد العقود والمواثيق ويشتد غضبه ويتشفى ويحقد ويفتقد ذنوب الآباء في الأبناء وفي أبناء الأبناء حتى الجيل الثالث والرابع من مبغضيه ثم يعفو ويصفح وقد يراه الناس بعيونهم ويعتريه الوهن والكسل والوسن والخمول الخ[٥] .

وقد تطورت صفات الإله على يد الأنبياء المتعاقبين ، فقد جاء في كتاب النبي اشعيا (أنا الأول وأنا الآخر ولا اله غيري، أنا الرب صانع كل شيء ناشر السموات باسط الأرض لا إله سواي مصدر النور خالق الظلمة صانع السلام خالق البر أنا الرب صانع كل هذه أنا صنعت الأرض وخلقت الإنسان عليها، يداي أنا نشرت السموات).

---

(١) الإصحاح الثالث من سفر التكوين.

(٢) الإصحاح السادس من سفر التكوين فقرات ١-٥.

(٣) الإصحاح الثامن عشر من سفر التكوين.

(٤) د. علي عبد الواحد وافي الأسفار المقدسة في الأديان السابقة للإسلام ص/٣٥.

(٥) فاروق الدملوجي، تاريخ الآلة ، الكتاب الثالث ، في الديانة العبرية ص/٨٩.

وتطورت معاني الألوهية على يد النبي أرمياء الذي قال على لسان الرب(إذا اختبأ إنسان في أماكن مستقرة أما أراه يقول الرب أما أملأ السماوات والأرض يقول الرب)[1]. وتطورت على يد النبي أيوب أكثر فقال(أنا الذي بيدي أنفس كل حي وروح كل البشر١٢/١١) وقال النبي حزقيال (النفس التي تخطئ هي تمت، الابن لا يحمل من إثم الأب والأب لا يحمل من إثم الابن بر البار عليه يكون وشر الشرير عليه يكون ١٨/١٩) وأخيراً جاء في سفر ملاخي (أليس أب واحد لكلنا ، أليس الله واحد خلقنا ٢/١٠ ملاخي).

وقد تطور معنى الألوهية عند اليهود في عقليات مفكريهم وفلاسفتهم ، فجاء في كتاب (دلالة الحائرين) الذي ألفه الفيلسوف موسى بن ميمون[2] ذاكراً أركان الدين اليهودي والتي هي :

أنا أومن إيماناً تاماً إن الخالق تبارك اسمه: موجود وخالق ومدبر كافة المخلوقات وهو وحده صنع ويصنع كل الأعمال.

أنا أؤمن أيماناً تاماً أن الخالق تبارك اسمه، وحيد ليس لوحدانيته مثيل على أي وجه كان.

أنا أؤمن أيماناً تاماً أن الخالق تبارك اسمه، ليس جسداً ، وهو منزه عن أعراض الجسد وليس له شكل مطلقاً.

أنا أؤمن أيماناً تاماً أن به وحده تليق الصلاة والعبادة ولا تليق بغيره.

أنا أؤمن أيماناً تاماً أن الخالق تبارك اسمه، هو الأول والآخر.

---

(1) المصدر السابق ص٩١-٩٢.

(2) موسى بن ميمون ، من كبار مفكري اليهود وأحد أحفاد الحاخام المقدس يهوذا هناسي الذي كتب المشناه، ولد في مدينة قرطبة بالأندلس في عام ١١٣٥م هرب أيام الموحدين إلى مصر وتعلم فيها الكلدانية واليونانية ودرس في الفسطاط "(اليهودية) والفلسفة. كنيته(أبو عمران) وقيل بأنه اعتنق الإسلام في نهاية حياته. يقدسه اليهود كتقديسهم للنبي موسى عليه السلام ومن كتبه الهامة كتاب (دليل الحائرين) والمترجم إلى معظم لغات العالم (و(يد حزاقة) وتوفي عام ١٢٤٠م راجع التلمود تاريخه وتعاليمه ص/٩٦-٩٧.

٢- النبوة عند اليهود:

يتبين من التوراة أن أكثر الأنبياء قد اختيروا من بني إسرائيل، وبنو إسرائيل أمة صغيرة ضعيفة لم تكن لها منزلة كبرى بين الأمم، وكان عدد أنبياء اليهود كبيراً، وكان معظمهم رجالاً مصلحين لتخليص الدولة والشعب من الفوضى والتبلبل والتردي والانحلال السياسي والأخلاقي وقد زاد عدد الأنبياء عند إنقسام الموسويين إلى دولتين يهوذا وإسرائيل فكان وجودهم قد ساعد في تثبيت الأمل وتقوية روح المقاومة ورفع النزاع بين الدولتين ورفع شأن أمتهم الضعيفة المتخاذلة[1] أمام الدول الكبرى في بابل وصيدا ومصر.

ويؤكد المرحوم العقاد أن اليهود تعلموا معنى النبوة من العرب فهم كانوا يستخدمون لفظ الآباء Patriarchs عليهم، ولم يفهموا من كلمة النبوة في مبدأ الأمر إلا معنى الإنذار ، فكانوا يسمون النبي بالرائي الناظر أو رجل الله وقد سمي إبراهيم (ع) رئيس الآباء ، ويعتقد كثير من علماء الأديان الغربيين أن الموسويين قد اقتبسوا كلمة النبوة من العرب[2] وعندما أطلق اليهود لفظ نبي على عاموس قال لهم "لست أنا نبياً ولا أنا ابن نبي، بل أنا راع وجاني جميز فأخذني الرب من وراء الضأن وقال الرب اذهب تنبأ لشعبي إسرائيل" [3]. ولقد كان هناك تطور في معنى النبوة عند اليهود في كتاب دلالة الحائرين لموسى بن ميمون حيث جاء فيه :

* أنا أؤمن أيماناً تاماً أن كلام الأنبياء حق (أنبياء بني إسرائيل) .
* أنا أؤمن أيماناً تاماً أن نبوة سيدنا موسى عليه السلام حقيقة وإنه كان أباً للأنبياء
الذين كانوا قبله والذين بعده.

---

(١) فاروق الدملوجي المصدر السابق ص/١٤٧.

(٢) د. أحمد سوسة مفصل العرب واليهود في التاريخ ص/٤٩٤.

(٣) عاموس (٧: ١٤-١٥).

الكهنة اليهود

ويسمى رجال الدين اليهود الكهنة، وينحدرون من سبط لاوي ابن نبي الله يعقوب عليه السلام ، ولهم وحدهم حق تفسير النصوص ، وعلى أيديهم تقدم القرابين ، ويعتبرون أنفسهم الوسيلة أو الواسطة بين البشر وبين الله، ولهم مجلس يضم كبار الكهنة يسمى المجمع يدير شئون اليهود، ويعتقدون أن هذا المجمع هو امتداد لمجلس السبعين رجلاً الذين اختارهم موسى عليه السلام، ليقدموا التوبة عن المذنبين من عبدة العجل بعد الخروج- حسبما ورد في توراتهم- ، وسلطان هذا المجمع الأدبي يمتد إلى أي مكان يقيم فيه اليهود، وينظر في المسائل الهامة، وهو الذي قضى بإنكار نبوة عيسى والحكم عليه بواسطة الوالي الروماني، وامتد سلطانهم علاوة على المسائل الدينية إلى المسائل السياسية، وبعد بناء الهيكل ووضع التابوت فيه، أصبح لهم معبد واحد وشرعوا الختان ، ويعد المؤرخون ذلك تطوراً في الفكر الديني اليهودي، وهكذا وضع الكهنة أنفسهم واسطة بين الناس وبين الله، فلم تكن تقبل توبة ولا قرابين إلا إذا باركها الكاهن، كأن مفتاح الجنة في يده، وهذا التصرف من أهم المسائل التي جاء المسيح لمحاربتها، ولكن القسس والرهبان في النصرانية يمثلون نفس الدور الذي مثله الكهنة اليهود من قبل.

ويطلق على رجال الدين عندهم الأحبار والكهنة والحاخامات.

ويعتقد الفريسيون بأن للحاخامات سلطة عليا، وأن أقوالهم صادرة عن الله، وأن مخافتهم هي مخافة الله، ويرون أن الحاخامات معصومون عن الخطأ. ومن قولهم في ذلك "ويلزم المؤمن أن يعتبر أقوال الحاخامات كالشريعة لأن أقوالهم هي قول الله الحي".

المسيح المنتظر عند اليهود

لم يجد اليهود المكانة التي ينعم بها الآخرون، حيث كانوا هدفا للبلايا والنكبات بما كسبت أيديهم من الآثام والخطايا في حق الإنسانية، فاتجه مفكروهم في عصورهم المتأخرة إلى مخلص ومنقذ ينتشلهم من هذا الوضع ، ويضعهم في

المكانة التي أرادوها، وأطلقوا على هذا المخلص (المسيح المنتظر)، ووصفوه بأنه رسول السماء، والقائد الذي سينال الشعب المختار بهديهِ وإرشاده ما يستحقه من سيادة وسؤدد، وهو ليس إنساناً عادياً، وعندما يرسله الله يمنحه قوته، وكلمة المسيح معناها الممسوح بزيت البركة لأنهم كانوا يمسحون به الملوك والأنبياء والكهنة، وكانوا في مبدأ الأمر يرون المسيح ملكاً فاتحاً مظفراً من نسل داود ، ويعتقدون أنه سيجئ ليعيد مجد إسرائيل ، ويجمع أشتات اليهود بفلسطين ، ويجعل أحكام التوراة نافذة المفعول ، ولكنهم أحياناً أطلقوا كلمة المسيح على من يعاقب أعداءهم وإن لم يكن من نسل داود، كما أطلقها (أشعيا) على كورش. - كما يذكر العهد القديم -

ويكون في ذلك اليوم أن السيد يعيد يده ثانية ليقتني بقية شعبهم التي بقيت من آشور ومن مصر ومن حماة ومن جزائر البحر ، ويرفع راية للأمم ويجمع منفيي إسرائيل ، ويضم مشتتي يهوذا من أربعة أطراف الأرض.

ولما جاءهم عيسى بن مريم وأعلن أنه المسيح الذي ينتظره اليهود، رفض الكثير منهم دعوته وقاوموه، وألقوا القبض على شبيه له وحكموا عليه بالإعدام ، وظنوا أنهم قتلوه (وَمَا قَتَلُوهُ وَمَا صَلَبُوهُ وَلَكِنْ شُبِّهَ لَهُمْ) [النساء:١٥٧]ويقول عنه التلمود: "إن يسوع الناصري- أي الذي نشر دعوته في بلده الناصرة – موجود في لجات الجحيم ، بين القار والنار، وقد أتت به أمه عن طريق الخطيئة.

ويؤخذ من مجمل تفسيرات التلمود التي تفسر نصوص التوراة أن المسيح المنتظر هو إما من نسل داود وإما من نسل يوسف (ع) ويعتبر اليهود أن مجيئه تحديداً للعالم فلا بد أن يسبق مجيئه عودة للفوضى وسيعم السلام ويختفي البكاء والأنين من العالم عند مجيئه ويرى البعض أن فكرة المسيح المنتظر برزت في الفكر اليهودي في وقت متأخر ولم تظهر إلا بعد سقوط دولة يهوذا وسبي اليهود إلى بابل[١] جاء في التوراة "يولد لنا ولد ونُعطى إبناً وتكون الرياسة على كتفه

---

(١) د. أحمد سوسة : المصدر السابق ص/٣٧٥.

ويدعى اسمه عجيباً ويكون إلهاً قديراً وأباً أبدياً رئيس السلام، لنمو رياسته يجلس على كرسي داود وعلى مملكته ليثبتها ويعضدها بالحق والبر من الآن والى الأبد، غيرة رب الجنود تفعل هذا [١].

وقد رسم اليهود الصورة التي تخيلوها للمسيح المنتظر فذكروا أن الناس في ظله لن يعيشوا وحدهم في العالم الجديد في سلام وسعادة فحسب بل يشاركهم في ذلك كل الأنواع الحيوانات، ويكون في ذلك اليوم أن السيد يمد يده ليقتني بقية شعبه التي بقيت من آشور ومن مصر ومن ... ويرفع راية للأمم ويجمع منفيي إسرائيل ويضم مشتتي يهوذا من أربعة أطراف الأرض[٢]. وقد ذكر موسى بن ميمون في كتاب (دلالة الحائرين) في تحديد عقيدة اليهود قوله:-

* أنا أؤمن إيماناً تاماً بمجيئ المسيح (المنتظر) ولو تأخر. إني أنتظر مجيئه.

وقد رفض اليهود الاعتراف بعيسى بن مريم (ع) مسيحاً، بل وحاربوه وأتباعه ، فكلمة المسيح لا تعني عندهم ما تعني عند المسيحيين من أنه (ملكوت الله وابن الله وأحد الأقانيم الثلاثة المتجسد لحمل خطيئة البشر) بل هو القائد الذي يخلصهم من الذل ويعيد إليهم كرسي داود وسليمان وملكهم ومجدهم الغابر، فكانوا ولم يزالوا ينتظرون مثل هذا المسيح المخلص الزمني[٣].

---

(١) أشعيا (٩: ٦-٧).

(٢) د. أحمد شلبي مقارنة الأديان اليهودية ص/٢١٩، ٢١٢-٢١٣.

(٣) وقد أوردت التوراة البشارة بالرسول الكريم محمد (ص) في مواضع كثيرة والتي نص عليها القرآن الكريم الذين يتبعون الرسول النبي الأمي الذي يجدونه مكتوباً عندهم في التوراة والإنجيل يأمرهم بالمعروف وينهاهم عن المنكر ويحل لهم الطيبات ويحرم عليهم الخبائث .. الأعراف /١٥٧).

أ- بشارة التوراة (البشارة الأولى):

جاء في سفر التثنية ١٥/١٨ (يقيم لك الرب الهك نبياً من وسطك من أخوتك مثلي له تسمعون.. أقيم لهم نبياً من وسط أخوتك مثلك، وأجعل كلامي في فمه فيكلمهم بكل ما أوصيه له..) هذه البشارة صريحة جداً في محمد(ص) ، لأنه لم يقم نبي مثل موسى ومن وسط اليهود، ومن أخوتهم (بني اسماعيل) *[(لأن العم كالأب تماماً فأبناؤه يسمون بلا شك أخو لهم ، ومن ذلك أبناء عمهم (عيسو) أخوة لهم كما في (تث/٢/٤، ٨) ولو كان المراد بهذه البشارة المسيح (ع) لقال : أقيمه منكم أو من نسلكم أو من بينكم لا من أخوتكم)] غيره وكان أمياً يوحى إليه القرآن فيحفظه ويبلغه للناس مصداقاً لقوله (أجعل كلامي في فمه).

(البشارة الثانية):

جاء في سفر حجي/٦/٢ (لأنه هكذا قال رب الجنود، هي مرة بعد قليل فازلزل السموات والأرض والبحر واليابسة وازلزل كل الأمم ، ويأتي (مشتهى) كل الأمم فأملأ هذا البيت مجداً قال رب الجنود .. مجد هذا البيت الأخير يكون أعظم من مجد الأول ، قال رب الجنود وفي هذا المكان أعطي السلام يقول رب الجنود).

وإن كلمة (مشتهى) هنا بالعبرية (حمدوت) أي محمود كل الأمم وهذا صريح في محمد (ص) ولا ينطبق على أحد سواه.

وفي النسخ العبرية الحالية المشكولة تجد الترجمة الحرفية لهذا النص هكذا: (وأحمد كل الأمم يأتون) بالجمع، ثم وقع التحريف للعهد القديم من قبل لجنة من اليهود في طبرية حين جمعت النسخة العبرانية للعهد القديم من القرن السادس إلى الثاني عشر للميلاد، فحرفوا هذا النص حين ظهر محمد (ص) لكيلا ينطبق عليه.

وفي قولـه: أعطي السلام، إشارة لتحية المسلمين ، وفي قوله : يكون مجد هذا البيت في القدس أعظم من مجد الأول ، فتشير بقية الهامش(٤) إلى تعظيم المسلمين له بعد أن تسلمه المسلمون زمن عمر _(رض) وأعادوا إليه مجداً أعظم من مجده الأول، حتى صار يعظمه اليهود والنصارى والمسلمون الذين عاشوا حوله في أمن وسلام في حمى الإسلام ، ويفدون عليه من كل الجهات مع اختلاف أديانهم لزيارته وتكريمه، فعمر على يد المسلمين بعد أن رعوه جزءاً من دولتهم ، أما زمن السيد المسيح (ع) فلم يزدد قدرة بل إنتهك بعده حتى خرب ودمر حجراً على حجر ، ولما جاء النصارى زادوا في إهانته وإلقاء القاذورات فيه عناداً لليهود حتى طهره المسلمون ، وكانت المجازر الرهيبة والإبادة الجماعية لكل من اليهود والنصارى فيه حتى حرره المسلمون فصار كعبة للناس مسلمين ومسيحيين ويهود للعالم أجمع وحل فيه السلام والأمن ، فهل كان للبيت مجد أعظم مما بوأه الإسلام؟ وأما قول حجي (ازلزل السماوات والأرض والبحر واليابسة وازلزل كل الأمم) إشارة إلى حروب المسلمين وانتصاراتهم السريعة الباهرة وإنقاذ اليهود والنصارى من ظلم بعضهم البعض فيه وفي اورشليم وتأمين الحياة بسلام للناس أجمعين.

أما المسيح فلم يزلزل السماوات والأرض والبحار والأمم: بل أهين وصلب وقتل - على زعمهم- ولم يعط السلام في البيت إذ بشر اليهود بخراب البيت وهدمه حجراً على حجر وإهراق الدماء(متى ٢٤/٢). (انظر : دين الله في كتب أنبيائه ١٢٠-١٢٢).

(البشارة الثالثة):

جاء في سفر حبقوق /٣/٣ (لله جاء من تيمان والقدوس مـن جبـل فـاران سـلاه، جلالـه غطـى السـموات والأرض ، امتلأت من تسبيحه وكان لمعان كالنور .. قدامه ذهب الوباء ، وعند رجليه خرجت الحمـى. وقـف وقـاس الأرض ، نظر فرجف الأمم ودكت الجبال الدهرية وخسفت أكام القدم، مسالك الأزل لـه رأيـت خيـام كوشـان تحـت بليـة رجفت شقق أرض مديان).

فتيمان هي بلاد العرب ومعنى كلمة تيمان- الصحراء الجنوبية ، لأنها جنـوب بـلاد الشـام/ ولا يـزال إلى الآن عـلى طريق القوافل بين دمشق ومكة قرية تسمى (تيماء) وتيماء أيضاً اسم قبيلة إسماعيلية تسلسلت من تيماء وكانت تقطن بلاد العرب (تكوين١٥/٢٥ أو ٣٠/١) كما في قاموس الكتاب المقدس العربي .

أما جبل فاران فهو في البرية التي سكنها إسماعيل أبو العرب.

وكان حبقوق أشار بعبارته هذه إلى مسكن رسول الله .ص) وهو بلاد العـرب أو (التـيمان) ، والى مسـكن أصـله أو جده إسماعيل وهو برية فاران، وهي في شمال برية سيناء.

الآخرة والبعث عند اليهود

لم تتضمن الكتب الإسرائيلية المقدسة ذكراً عن البعث واليوم الآخر، ولم يرد في دينهم شيء عن الخلود، وكأن الثواب والعقاب يتم في الحياة الدنيا.

وعندما تكلم اليهود عن الآخرة لم يكونوا في أكثر الأحوال يعنون ما تعنيه الأديان الأخرى من وجود دار للحساب على ما قدم الإنسان في حياته الأولى. إنما كانوا يعنون بها شيئاً آخر، فعندما شاهدوا تحطيم مملكتهم وتقتيل رجالاتهم ، على يد البابليين واليونانيين ثم الرومانيين ثم الأنطاكيين، وسيقوا إلى الأسر في بابل واحتكوا بحضارة الفرس وديانتهم وفقدوا الرجاء في أن يكون لهم سلطان في هذه الأرض ، أخذوا يتقبلون فكرة الآخرة ، فبدأ الإيمان بالبعث وبيوم الدين، أي يوم المحاكمة والانتصار للشعب المختار يراودهم، وأخذت الفكرة تنمو في أذهانهم حتى عمت الجميع ،وانقسم اليهود في هذه النظرة إلى قسمين، فمنهم من يرى أن من عاش حياته الدنيا سعيداً حراً، وهم الذين حصلوا على الجانب المادي من رضا الهتهم ،وأما الذين عاشوا تحت سلطان غيرهم، أو عاشوا في المنفى مشردين، فهؤلاء من يرى الفكر اليهودي إن من حقهم أن يعودوا إلى الحياة مرة أخرى لينالوا نصيبهم من المتعة أو النعيم وهذا ما دعوا إليه بالعودة إلى فلسطين وإقامة مملكة داود السياسية فيها على يد مخلص يلم شتاتهم العنصري (وهذه هي الصهيونية). ومنهم من يرى الآخرة كبعث شخصي ومحاكمة شخصية عن الأعمال في الدنيا ،

أما كوشان فهو ملك كوش وهي بلاد السودان والحبشة ، ومديان هي الأرض التي تمتد من شبه جزيرة سيناء إلى الفرات، والمعنى أن سكان هذه الجهات المشهورين بالقوة والشجاعة ترتجف أمام النبي وتخضع له ، ولفظ كوش أيضاً تطلق أحياناً على جميع أفريقية الواقعة جنوبي مصر، وقد انتشر الإسلام فيها وفي شمال وأواسط وغرب وشرق أفريقيا وبسرعة عجيبة . فهذه البشارة لا تنطبق إلا على محمد (صلى الله عليه وسلم) فهو الذي ملأ الأرض بحمد الله وتسبيحه والصلوات له كثيراً، ودانت له ملوك أفريقية وغيرها وخرج من بلاد العرب، وكان من نسل إسماعيل.

وقوله(قدامه ذهب الوباء، وعند رجليه قد خرجت الحمى) لعل فيه إشارة إلى الطاعون الذي ظهر في بلاد الشام زمن عمر (رضي الله عنه)، وكان النبي (صلى الله عليه وسلم) أخبر أصحابه به ، كما رواه الإمام أحمد عن معاذ بن جبل.

ثم الإحالة إلى ملكوت الله، وقد لقيت طائفة الفريسيين معارضة شديدة عندما حاولت القول بها، وهؤلاء هم المنشقون المنعزلون ، ويسمون أنفسهم "بالأحبار" أو الأخوة في الله "أو الربانيين" وهي الفكرة التي فهمها الأبيونيون وهي التي قال بها السيد المسيح ودعا إليها فيما بعد. وهؤلاء هم الفرقة التي كانت تدعي أن الجنة خاصة لليهود فقط دون غيرهم ، كما زعم ذلك النصارى فقالوا نفس القول ، فرد الله عليهم في القرآن الكريم (وَقَالُوا لَنْ يَدْخُلَ الْجَنَّةَ إِلَّا مَنْ كَانَ هُودًا أَوْ نَصَارَى تِلْكَ أَمَانِيُّهُمْ قُلْ هَاتُوا بُرْهَانَكُمْ إِنْ كُنْتُمْ صَادِقِينَ (١١١) بَلَى مَنْ أَسْلَمَ وَجْهَهُ لِلَّهِ وَهُوَ مُحْسِنٌ فَلَهُ أَجْرُهُ عِنْدَ رَبِّهِ وَلَا خَوْفٌ عَلَيْهِمْ وَلَا هُمْ يَحْزَنُونَ (١١٢)) [البقرة:١١١-١١٢] لم تذكر التوراة نصاً واضحاً يدل على فكرة البعث والنشور في حياة أخرى أو لدار العقاب ودار الثواب في العالم الآخر، فالثواب والعقاب زمني في الدار الدنيا جاءت بعض نصوص في التوراة تدل على ذلك مها مثلاً:

"وفي الظلام يذهب واسمه يغطي بالظلام"[١].

"أليس إلى موضع واحد يذهب الجميع"[٢].

واستخدمت التوراة لفظ (سلاه) بمعنى (الهاوية) فجاء فيها "الذي ينزل إلى الهاوية لا يصعد " (أي: ٩: ٧) وجاء فيها (سلاه أبعدت عني معارفي جعلتني رجساً لهم ، أغلق علي فما أخرج (مز: ٨٨: ٨).

وظهرت جماعة من اليهود كانت تنكر البعث والنشور والقيامة وهم الصدوقيون إلا إن فكرة العقاب عند اليهود وخاصة الفريسيين - كما ذكرنا - نشأت في وقت لاحق فقال بعضهم بوجود سبع دور متناوبة الدرجات ورأى بعضهم إن للعقاب دارين داراً عليا وأخرى سفلى واحد لعقاب الجسد في هذه الحياة وأخرى لعقاب النفس في الآخرة، ولهذه سبع دركات متفاوتة حسب تفاوت الذنوب، ومنهم

---

(١) جا (٦: ٤).

(٢) جا (٦: ٦).

من قال أن الناس يقسمون بعد الموت ثلاث فرق ، فرقة صالحة حسناتها تربو على سيئاتها تتمتع بالسعادة الأبدية حالاً وفرقة طالحة تزيد سيئاتها على حسناتها تعذب عذاباً أبدياً، وفرقة ثالثة بين بين، تعذب في جهنم مدة حتى تطهر من ذنوبها فتصعد إلى السماء[1]. وقد جاء ذكر الآخرة في كتاب (دلالة الحائرين) الذي كتبه موسى بن ميمون.فقال:-

- أنا أؤمن إيماناً تاماً أنه ستكون قيامة الأموات.

٥- الشعب المختار وأرض الميعاد:

يعتقد اليهود أنهم شعب الله المختار الذي اصطفاه الخالق لنفسه وفضله على العالمين جميعاً ، ولئن غضب الله عليه مدة من الزمن، فإنه لا ينساه[2] وجاءت أسطورة الشعب المختار من نصوص التوراة التي تحدثت عن العهد الذي قطعه الله مع إبراهيم (عليه السلام) والذي كان يتضمن الاعتقاد بإله واحد قدير اختار بني إسرائيل من بين الأمم لحمل رسالته ووعده أرض كنعان لنسله تقول التوراة "وقال له أنا الرب الذي أخرجك من أور الكلدانيين ليعطيك هذه الأرض وترثها"[3] وقال له "أنا الله القدير ، سر أمامي وكن كاملاً فاجعل عهدي بيني وبينك وأكثرك كثيراً جداً[4]".

والبشر بعقيدة اليهود بهائم (اليهود بشر، لهم إنسانية، أما الشعوب والأمم الأخرى ، فهي عبارة عن حيوانات)[5].

(إن المرأة اليهودية التي تخرج من الحمام، عليها أن تستحم ثانية إذا وقع نظرها الأولى على نجس كالكلب والحمار والمجنون وغير اليهودي والجمل والخنزير والحصان والأبرص)[6] وانظر إلى هذه النصوص:

---

(١) د. أحمد سوسة ، المصدر السابق ص٤٢٥.

(٢) فاروق الدملوجي، تاريخ الإلهة، اليهودية ص١٦٩.

(٣) تكوين ١٥-٨.

(٤) تكوين ٨: ١٧ انظر بين التوراة والقرآن خلاف ص/١٩- ٢٠.

(٥) كتاب (اليهود ص١٦٧ نقلاً عن كتابي التلمود والكابالا المقدسين لدى اليهود .

(٦) فضح التلمود /١٧٢ (عن نص التلمود)

(إذا جرؤ غير اليهودي على أن يضرب اليهودي فإنه يستحق الموت)[1].

والتوراة كتابهم المقدس يعلن مقاطعة الضيف وعدم الكلام معه إن كان غير يهودي (إذا نزل عندك غريب في أرضكم فلا تكلموه) (لاويين /١٩/٣٢) (يجوز لكم - اليهود) إن تتظاهروا بصفاء النية وحسن الجوار، ويجوز لكم أيضاً إن تدينوا بدينهم في الظاهر حتى يستنيموا إليكم فإذا تثقلوا في النوم تجعلون المباتر في أيديهم وتومون إليهم ، وتضربون الأوتاد في أصداغهم حتى تنفذ إلى الأرض) "قضاة /٤/١٨-٢١" وهدم معابدهم (فيعتبر عملاً طيباً إذا أحرق كل يهودي معبداً للاغيار أو دمره أو أزال أي شيء يخص هذه المعابد، ثم يذري في الجهات الأربع أو في الماء ما أحرق..). فليس عجيباً إحراقهم المسجد الأقصى عام ١٩٦٩ ومحاولتهم إحراقه ثانية في ١٩٧١.

أما استباحة أعراض غير اليهود فيعلق التلمود على نص التوراة: (لا تشته امرأة قريبك، ومن يرتكب الفحشاء مع امرأة قريبه يستحق الموت) بما نصه (لم يحرم على اليهودي ارتكاب الفحشاء إلا مع امرأة قريبه اليهودي فقط، أما نساء الأجانب فمباحة له [2].

وتوراتهم تبيح لهم التآمر على سيادة الدول وثرواتهم (أما أنتم فتدعون كهنة الرب ، تسمون خدام الهنا، تأكلون ثروة الأمم وعلى مجدهم تتآمرون) [3] بل إن قتل الأغيار عقيدة مقدسة[4] (من يسفك دم الكفار بيده يقدم قرباناً مرضياً لله [5] بل إن الذبائح البشرية لتعجن دماؤهم بخبز الفطير ليأكله اليهود في عيد الفصح.

([1]) كتاب (اليهود) ص ١٣٨.

([2]) اليهود ص/١٦٩ عن نصوص التلمود /زوهار/١١/٦٤ب.

([3]) التوراة أشعيا /٦١/٤- ٧.

([4]) اليهود ص/١٧٠.

([5]) المصدر السابق.

٦- حائط المبكى عند اليهود:

اعتاد اليهود بعد خراب الهيكل الثاني وحسبما تروي التقاليد (التلمود البابلي - سفر راعوث ٦٤) الذهاب والبكاء على اطلال هيكلهم المقدس الذي تهدم أربع مرات بيد الأشوريين والمكدونيين والرومانيين عندها.

وقد جعل الإمبراطور ادريانوس(سنة ١١٧-١٣٨) بعد الميلاد مدينة القدس مستعمرة رومانية أطلق عليها اسم العاصمة إيلياء، وحظر على اليهود دخول القدس، وجاء في كتاب الآباء الدومنيكان أن اليهود، حتى بعد أن حظر عليهم دخول البلاد، نجحوا في المجيء إلى القدس مرة في السنة على الأقل. ويلوح أن مكان نواح اليهود كان في ذلك الزمن على جبل الزيتون، حيث كان يستطيع المصلون مشاهدة أطلال الهيكل عن بعد[١].

وبعد تفكك عرى الإمبراطورية الرومانية خضعت فلسطين لقياصرة البيزنطيين ، حتى دخلها المسلمون حيث أقاموا المباني الإسلامية المقدسة على جبل موريا المهجور الذي كان لا يزال مطلاً على المدينة، وفي القرن السابع بني في القسم الجنوبي الغربي، المسجد الأقصى، وهو مسجد ذو قدسية خاصة للمسلمين لكونه ثالث الحرمين، بعد مكة والمدينة، وتشد إليه الرحال للزيارة ، وقد أقيم في وسط جيل موريا مسجد قبة الصخرة ، وهذا العهد يرجع مبدأه إلى ما قبل أربعة عشر قرناً، وقد اتخذ اليهود عادة البكاء والنواح ديانة وعبادة يتقربون فيها إلى الله. تستند هذه العادة -الذهاب إلى الحائط للنواح- إلى فكرة أساسية وردت في سفر الملوك الأول (الإصحاح الثامن - العدد١١) "لأن مجد الرب ملأ بيت الرب" وقد تكرر ذهاب اليهود لحائط المبكى بعد ذلك في كل مناسبة دينية ، وازدادت تضرعاتهم ،كانوافي الماضي يقربون من الحائط ويلمسونه بجباههم، ويبللونه

---

(١) إن كثيراً من الباحثين في الديانة اليهودية يشككون بصحة رواية الهيكل والتي لا يبغي اليهود منها في الوقت الحاضر إلا تهديم بيت المقدس استناداً إلى تلك الروايات الضعيفة التي أختلقوها لأنفسهم وجعلوها جزءاً من عقائدهم التي يمارسونها ويجعلون من الحائط مزاراً وحجاً ويجمعون فيه شمل طوائفهم "المؤلف".

بدموعهم، ويضعون في شقوق الحجارة أحياناً قصاصات من الورق تتضمن استرحامات وتمنيات دينية ، غير أنهم أخذوا بعد ذلك يقرأون أو يتلون بعض المزامير ، وقطعاً من أسفار موسى أو الصلاة عنده.

المبحث الثاني
العقائد المسيحية

في هذا المبحث سيتعلم الطالب :-

١- كيف دخل التثليث إلى عالم الكنيسة .

٢- معاني امتزاج الطبيعة البشرية والألهية للمسيح في عقيدة التثليث.

٣- إن العقائد المسيحية تثبتت من خلال مؤتمرات يعقدها رجال الكنيسة، ولم تتقرر في كتب مقدسة يدعون أنها من الله . وكيف أن كل مؤتمر أو مجمع كما يسمونه يثبتون فيه جزءاً من عقائدهم ولا زالوا يعقدون المؤتمرات إلى اليوم ليقرروا العقائد لاتباعهم.

٤- الأسرار الكنسية وأهميتها في عقيدة النصارى وأن تلك الأسرار هي ممارسات عادية جداً يسبغون عليها معانٍ مقدسة لتكون أسراراً.

٥- العقائد المسيحية "الألوهية والنبوة واليوم الآخر" بشكل مقارن بين المسيحية واليهودية والإسلام.

تمهيد:

جاءت الأديان جميعاً لتثبيت عقيدة التوحيد، وما بعث عيسى بن مريم عليه السلام إلا لتصحيح ما أحدثه اليهود من فساد في العقيدة وفي الممارسات الدينية الخاطئة، ولكننا أضعنا الخيوط التي جاء بها المسيح في ضياع انجيله الذي أخبرنا الله بإنزاله معه، ولم يعد بين أيدينا سوى أناجيل تتحدث عن المسيح، وصار المسيح فيها إلهاً وابن إله، وصار الإله الواحد مجزءاً إلى ثلاثة أشخاص (أقانيم) لكل أقنوم وظيفته، قيل في المسيح أنه ولد وترعرع بين الناس واحتمل الآلام لينقذ المؤمنين به من خطيئة كان آدم قد ارتكبها. وإن المسيح له شخصيتان إنسانية وإلهية (الناسوت واللاهوت)، وقد صلب ومات وأمضى ثلاثة أيام في القبر بعد صلبه فقام في الفصح ومكث أربعين يوماً مع تلاميذه، ثم ارتفع إلى السماء بعد أن أوصاهم بالذهاب إلى الأمم لتعليمهم بإسم الأب والابن والروح القدس وفي ذلك إشارة إلى تعاليمه قد اتخذت مسارين:

الأول: أنها كانت رسالة إلى بني إسرائيل خاصة.

الثاني: إنها تغيرت لتصبح رسالة إلى الأمم الأخرى وفيها إذن المسيح لاتباعه للتبشير بهذه الرسالة.

عقيدة التثليث :

لقد بنيت عقدية الكنيسة إذن على أساس التثليث القائل بالأقانيم الثلاثة (الأب والابن والروح القدس)، وإن الله قد حلَّ في مريم العذراء وتجسد إنساناً بشكل يسوع كما تذكر الأناجيل، والآراء في تصوير جسده كثيرة فقيل أن المسيح لم يكن إلهاً بل كان إنساناً ولدبالطبيعةمن يوسف النجار ومريم[1].نادى بذلك (أبيون) في

([1]) إن نسبه إلى يوسف النجار غير مقبول من الوجهة الإسلامية إضافة إلى أن الإنجيل ينسبه بنسب يمتد ستة وستين نسباً إلى آدم (ع) ويمر بفارض ولد الزنى من يهوذا بكنته، وهذا مرفوض كذلك في العقيدة الإسلامية ، والمفروض أن والده في هذا النسب هو(الله) حسب العقيدة المسيحية .(إنجيل متى /الإصحاح الأول ١٧/١).

أورشليم في القرن الأول ، وكذلك (كيرنثوس) وفي القرن الثالث نادى بذلك (بولص السميساطي) الذي اضاف إلى هذا القول أن المسيح قد حلت فيه الحكمة الإلهية ، أما (فالينتينوس) فقال: إن المسيح نزل من السماء بجسد واجتاز من العذراء كما يجتاز الماء في القناة وقال (مركيون) إن المسيح أتى إلى عالمنا بهيئة جسد وقال (ماني) بأن المسيح لبس جسداً خيالياً، وعندما صلبه اليهود صلبوا الجسد الخيالي . وقال (أبوليناريوس)[١] في القرن الرابع بأن اللاهوت مارس وظيفة الروح وامتزج بالناسوت واحتمل معه الصلب والموت. وقال أتباع (أبوليناريوس) من بعد أن جسد المسيح كان مساوياً في الجوهر للاهوت الكلمة، وعبد البعض مريم العذراء لحلول الروح القدس عليها وتجسد الكلمة فيها.

وهناك رأي يمزج الطبيعتين ، فأستحال الناسوت وتلاشى في اللاهوت، ورأي آخر يفصل طبيعته اللاهوتية عن الناسوتية(وهذه هي العقيدة النسطورية) وحرمت كنيسة الإسكندرية في القرن الخامس فصل الطبيعتين واعتبرته النسطورية كفراً وهرطقة., فالمسيح أقنوم واحد وليس أقنومين. وكان هنالك رأيان آخران حول تجسد المسيح والوهيتة ، أحدهما يقول به الكاثوليك، وهو اتحاد الطبيعتين لفظاً إله تام وإنسان تام. مولود بحسب اللاهوت من الأب وبحسب الناسوت من مريم العذراء . وهو معروف واحداً بطبيعتين متحدتين بلا اختلاط ولا ابتذال ولا انقسام ولا انفصام.

إما الرأي الثاني فهو قول الارثوذوكس الذين ينادون باتحاد الطبيعتين لفظاً وفعلاً وتنادي بهذا الرأي الكنيسة القبطية والسريانية والأرمنية وجميع الكنائس الأرثوذوكسية، ويختصرذلك بالقول (وجود طبيعة واحدة للكلمة المتجسدة) مستفيدين إلى قول بولص الرسول: "يسوع المسيح هوهو . أمس واليوم وإلى الأبد" وقول البابا كيرلس الإسكندري إلى ثيودوسيوس الملك "أننا لا نعري الناسوت من

---

(١) كان كل منهم يمثل طائفة له أتباع.

اللاهوت ، ولا نعري الكلمة من الناسوت بعد ذلك الاتحاد الغامض الذي لا يمكن تفسيره ، بل نعترف بأن المسيح الواحد هو من شيئين اجتمعا إلى واحد مؤلف من كليهما ،لا يهدم الطبيعتين ولا باختلاطهما بل باتحادشريف في الغاية"[1].

أما "سر الثالوث" "فيعلل النصارى ذلك بالقول:- لم يا ترى إله واحد في ثلاثة أقانيم ؟ أوليس في تعدد الأقانيم انتقاص لقدر الله؟ أوليس من الأفضل أن يقال: الله أحد وحسب ؟ " لكنا إذا اطلعنا على كنة الإله لا يسعنا إلا القول بالتثليث، وكنه الله محبة، ولا يمكن إلا أن يكون محبة، ليكون سعيداً فالمحبة هي مصدر سعادة الله، ومن طبع المحبة أن تفيض وتنتشر على شخص آخر فيضان الماء وانتشار النور، فهي إذن تفترض شخصين على الأقل يتحابان، وتفترض مع ذلك وحدة تامة بينهما، فليكن الله سعيداً ولا معنى لإله غير سعيد وإلا انتفت عنه الإلوهية - كان عليه أن يهب ذاته شخصاً آخر يجد فيه سعادته ومنتهى رغباته، ويكون بالتالي صورة ناطقة له ، ولهذا ولد الله الابن منه الأزل نتيجة لحبه إياه، ووهبه ذاته، ووجد فيه سعادته ومنتهى رغباته، وبادل الابن الأب هذه المحبة، ووجد فيه هو أيضاً سعادته ومنتهى رغباته، وثمرة هذه المحبة المتبادلة بين الأب والابن كانت الروح القدس، هو الحب إذا يجعل الله ثالوثاً وواحداً معاً ، ولا يصح أن يكون هذا الكائن الذي حبس الله الأب محبته عليه إلا الابن، ولو كان خليقة محدودة، بشراً أو ملاكاً، لكان الله بحاجة إلى من دونه كمالاً، وعد ذلك نقصاً في الله، والله منزه عن النقص، فتحتم إذن على الله والحالة هذه أن يحبس محبته على ذاته فيجد فيها سعادته، ولهذا يقول بولص الرسول: إن الابن هو صورة الله غير المنظورة وبكر كل خلق (كولوس ١: ١٥) "ليس الله كائناً تائهاً في الفضاء منعزلاً في السماء لكنه أسرة مؤلفة من أقانيم ثلاثة تسودها المحبة وتفيض منها على الكون براءته ، وهكذا يمكننا أن نقول إن كنه الله يفرض هذا التثليث".

---

(١) قصة الديانات ص/٣٨٠-٣٨٤

وفي هذا يقول الدكتور أحمد شلبي في كتابه مقارنة الأديان (المسيحية) لقد حاولت جهدي أن أصل إلى جواب عن طريق القراءة أو المحادثة مع النصارى، ولكني أقرر أنني لم أستطع فهم إجاباتهم، بل صرح كثير منهم أن هذه المسائل مسائل اعتقاد لا فهم، وفي مسائل أساسية ومدخل للدين فكيف لا تفهم؟

المؤتمرات المسيحية

وتسمى المجامع الكنسية أو المجامع المسكونية نسبة إلى الأرض المسكونة وكانت هذه المؤتمرات قد بدأت بالانعقاد منذ الفترة الأولى لظهور المسيحية بقيادة السيد المسيح -عليه السلام - إلا أنها أصبحت بعد عام ٣٢٥م ملزمة في عقائدها ومقرراتها للمؤمنين بها، ويمكن تلخيصها في أن جميع مقررات المجامع والمؤتمرات المسيحية تعتبر عقيدة ملزمة للمسيحيين، وتلك المقررات قد تبينت في:

(أ)- مجمع نيقية المسكوني:-

عقد هذا المؤتمر سنة ٣٢٥م بأمر من قسطنطين وكان (آريوس) يقول بأن المسيح ليس إلهاً بل مخلوقاً عظيماً يفوق الآخرين وإن المسيح لم يكن أزلياً، وليس هو كالجوهر الأب الإله، وكان (اثنيسيوس) أحد المفكرين المسيحيين يرد على آريوس بأن المسيح يعتبر إلهاً أزلياً وهو من نفس جوهر الإله الأب وهو ابن الله. وبعد أن عقد هذا المؤتمر لفض النزاع بين الكاهنين، خرج المؤتمرون بالقول بعقيدة اثنيسيوس المؤيدة لأقوال بولص الرسول في أن المسيح هو ابن الله وإنه إله من إله، وقد خلق منذ الأزل، فما دام المسيح منقذاً فلن تكون منزلته أقل من منزلة الإله. وعلى أثر هذا المؤتمر أعلن أن آريوس وأتباعه كفرة، فطوردوا واضطهدوا من قبل الكنيسة الكاثوليكية وبقية الطوائف فيما بعد[1].

([1]) تاريخ الموازنة ص١٨/١٩-، وانظر حرب في الكنائس ص٤٤/٤٦-.

ومن المعلوم أن الأناجيل قد كثرت وصار عددها يربو على الثلاثمئة إنجيل، وكان منها إنجيل برنابا الذي يشير إلى نبوءة محمد (ص) وأناجيل أخرى تدعو إلى التوحيد كان يعتمدها الأريوسيون، إلا إن المؤتمر قد اقتصر على المتشابه من الأناجيل والتي تؤيد العقائد (البولصية) وهي الأربعة الحالية وأمر المجمع بإحراق جميع الأناجيل الأخرى واعتبرها هرطقة وكفراً ومنع تداولها.

(ب) مجمع القسطنطينية المسكوني:-

ولم يعرض مجمع نيقية الذي عقد عام ٣٢٥م للعنصر الثالث من عناصر الألوهية في العقيدة المسيحية الحاضرة وهو (الروح القدس) ولم يبين حقيقة طبيعته أهو إله أم مخلوق، ومن ثم نشأ خلاف بين المسيحيين حول هذا الموضوع فظهرت فرق تقول بأن روح القدس ليس بإله، وإنما هو محدث مخلوق وكان من أشهر هذه الفرق اتباع (مقدونيوس) الذي كان بطريارك القسطنطينية في القرن الرابع الميلادي فأجتمع من أجل ذلك في القسطنطينية سنة ٣٨١م مجمع آخر أشتهر باسم المجمع القسطنطيني الأول. وكان عدد أعضائه مائة وخمسين أسقفاً.

وانتهى المجمع بإقرار الرأي القائل بألوهية روح القدس [١].وكانت كنيسة الإسكندرية من أشد الكنائس تعصباً لهذا الرأي ، كما كانت من أشدها تعصباً للرأي القائل بألوهية المسيح ، ولذلك كان لأقوال بطريارك الإسكندرية والحجج التي أدلى بها في هذا المجمع أثر كبير في توجيهه إلى هذا القرار. ويصف ذلك ابن البطريق فيقول "قال تيموثادس بطريارك الإسكندرية في هذا المجمع : ليس روح القدس عندنا بمعنى غير روح الله وليس روح الله شيئاً غير حياته، وإذا قلنا إن روح القدس مخلوق فقد قلنا إن روح الله مخلوق وإذا قلنا إن روح الله مخلوق فقد قلنا أن حياته مخلوقة وإذا قلنا أن حياته مخلوقة فقد زعمنا أنه غير حي وإذا زعمنا أنه غير حي فقد كفرنا ، ومن كفر به وجب عليه اللعن واتفقوا على لعن مكدونيوس

(١) المسيحية والحضارة العربية صم٢٦.

فلعنوه هو وأشياعه. ولعنوا البطاركة الذين يكونون بعده ويقولون بمقالته". ويوضح ابن البطريق نص القرار الذي اتخذه هذا المجمع بشأن ألوهية روح القدس في العبارة الآتية :-

"زادوا في الأمانة التي وضعها الثلاثمائة والثمانية عشر أسقفا من الذين اجتمعوا في نيقية (ويشير إلى ما قرره مجمع نيقية الأول بشأن ألوهية المسيح) الإيمان بروح القدس الرب المحيي، وأثبتوا أن الأب والابن وروح القدس ثلاثة أقانيم وثلاثة وجوه وثلاثة خواص وحدية في تثليث في وحدية . كيان واحد في ثلاثة أقانيم" وقد تلخصت عقيدة التثليث التي انتهت إليها قرارات المجمعين السابقين وما يتصل بها من الاعتقاد بصلب المسيح لتكفير الخطيئة الأزلية وبعثه ورفعه إلى السماء ومحاسبته الخلق يوم القيامة بما يلي:

١- باله واحد أب ضابط الكل خالق السماء والأرض صانع ما يرى وما لا يرى.
٢- وبرب واحد يسوع، الابن الوحيد المولود من الأب قبل الدهور من نور الله إله حق من إله حق . مولود غير مخلوق ، مساوٍ للأب في الجوهر الذي به كان كل شيء ، الذي من أجلنا نحن البشر ومن أجل خطايانا نزل من السماء وتجسد في روح القدس ومن مريم العذراء .. وصلب حياً على عهد بيلاطس، وتألم وقبر.. وقام من الأموات في اليوم الثالث على ما في الكتب وصعد إلى السماء وجلس على يمين الرب ، وسيأتي بمجد ليدين الأحياء والأموات ولا فناء لملكه.
٣- والإيمان بروح القدس الرب المحيي[1].

(ج)- مجمع أفيسوس المسكوني:-

عقد هذا المؤتمر في سنة ٤٣١م لفض النزاع بين البطريارك (أوغسطين) وبين القس الإنجليزي (بيلاغيوس) حيث أعلن الأخير أنه لم تكن هنالك خطيئة

---

(١) الأسفار المقدسة في الأديان السابقة للإسلام ص/١١٠-١١٢.

سرت عن طريق آدم إلى الإنسان ولذلك فأن الطفل يبدأ حياته بريئاً لا مخطئاً وإن الأعمال الصالحة هي التي تجعل الإنسان مذنباً ولا تمحى الذنوب إلا برحمة ومغفرة الإله.

وقد تصدى له بالنقد والتجريح البطريارك أوغسطين تثبيتاً لعقيدة الإنجيل التي تقول بأن الإنسان ولد عن طريق آدم وسرت الخطيئة الأولى في دمه، وقد صلب السيد المسيح -حسب عقيدة الإنجيل- وتعذب من أجل إزالة الخطيئة الأولى عن البشر ولن تزول تلك الخطيئة إلا عمن يؤمن بالكنيسة والسيد المسيح[1]، وقد عقد المؤتمر المذكور للنظر في جملة الأمور هذه فانتهى إلى إدانة بيلاغيوس واعتبار كلامه كفراً، وثبتت الكنيسة معتقدات أوغسطين.

(د) مجمع خلقدونية المسكوني:-

ولم تكن الكنيسة قد توصلت إلى فهم كامل لشخص المسيح، حيث أن الكتب المقدسة قد وصفت المسيح بالألوهية إلى جانب كونه إنساناً، حيث أنه من الضروري لكي يكون منقذاً أن تكون له صفة إنسانية وصفة إلهية ، وكانت هنالك جملة اختلافات في معتقدات الكنيسة عن العلاقة ما بين الطبيعتين . فلأجل التوصل إلى خطوط عامة مشتركة فقد عقد مؤتمر خلقدونية سنة ٤٥١م فتوصل المؤتمرون إلى القول بأن للمسيح طبيعتين ومشيئتين أحدهما إلهية والأخرى بشرية وإنهما يجتمعان بشخصه فقط دون اضطراب أو تغيير أو انفصام أو تفرقة وإن المسيح (ع) شخص واحد وليس شخصين.

(هـ) مجمع روما المسكوني:-

عقد في سنة ٨٦٩م فأتخذ عدة قرارات أهمها:-

١- إن المؤتمرين اعتبروا الروح القدس منبثقاً عن الأب والابن .
٢- إن تكون الكنيسة في روما هي الحكم الفاصل في المنازعات المسيحية.

---

(١) أي أن يؤمن به أقنوماً من الأقانيم الثلاثة.

٣- إن البابا في روما هو صاحب الكلمة التي يخضع لها مسيحيو العالم.

وكان هذا المؤتمر سبباً في انقسام الكنيسة إلى شرقية وغربية إذ أن الكنيسة الشرقية ترفض تحكيم روما في أية قضية ولذلك اعتبرت بطريارك القسطنطينية موازياً لشخص بابا روما. وفي سنة ٨٧٩م عقد مجمع في القسطنطينية عارض فيه القرار الأول الذي أصدره مجمع روما عام ٨٧٩م بأن الروح القدس منبثق عن الأب فقط.

د) **مجمع روما لسنة ١٢١٥م** . أعلن فيه المجتمعون أن للبابا حق منح الغفران من الذنوب لاتباع الكنيسة.

و) **مجمع كونستانس عام ١٤١٧م** الذي أنهى الانقسام البابوي ، وإعادة وحدة الكنيسة وتعيين (بابا) واحد لها في روما بدلاً من اثنين أحدهما في فرنسا والثاني في ايطاليا كما حصل على أثر السبي البابلي للكنيسة والذي مررنا على ذكره.

ز)**مؤتمر روما لعام ١٨٦٩م** والذي أعلن فيه المؤتمرون عصمة البابا عن الخطأ.

ح)**مؤتمر روما لعام ١٩٦٠م** (والذي يسمى الفاتيكان/٦) ويعتبر هذا المؤتمر من أخطر المؤتمرات لاحتوائه موضوعاً سياسياً رغم ارتدائه ثوباًعقائدياً . فقد عملت الصهيونية العالمية المستحيل من اجل إصدار وثيقة من الفاتيكان بتبرئة اليهود من دم السيد المسيح ، حيث هم متهمون فيه تاريخياً، وتعتبر الوثيقة التي أصدرها هذا المؤتمر تحت زعامة البابا بولص السادس من البدايات المهمة التي عبدت طريق المؤتمرات اليهودية والمسيحية لإيجاد صيغ للتفاهم والوئام ما بين الدينين وتتوجت تلك الصيغ لقيام البابا بحج الأماكن المقدسة بمدينة القدس بشطريها عام ١٩٦٤م[1]

المسيح عند المسلمين

وقبل أن ننتقل إلى بعض المعتقدات المسيحية الأخرى لا بد من عرض وجهة نظر الإسلام واليهودية في المسيحية وفي طبيعة السيد المسيح.

---

(١) المسيحية . د.أحمد شلبي ص/١٦٦-١٦٧ ، وانظر بحث مختصر في تاريخ الكنيسة ص/١٥٥-١٥٨.

فالمسلمون يختلفون في نظرتهم إلى المسيحية عن اليهود. فالمسيحية الأصل في نظرهم دين توحيد مطلق. وإنها تعترف أن الله وحده الإله الخالق المقتدر فالتوحيد المطلق الذي لا تشوبه شائبة هو السمة العامة للأديان السماوية جميعاً.

وعيسى (عليه السلام) هو رسول الله ليس غير واعتقاد المسلمين هذا جاءهم من الأدلة القرآنية ، قال تعالى: (وَقَالَ الْمَسِيحُ يَا بَنِي إِسْرَائِيلَ اعْبُدُوا اللَّهَ رَبِّي وَرَبَّكُمْ)[المائدة:٧٢]. وقال: (مَا الْمَسِيحُ ابْنُ مَرْيَمَ إِلَّا رَسُولٌ قَدْ خَلَتْ مِنْ قَبْلِهِ الرُّسُلُ وَأُمُّهُ صِدِّيقَةٌ كَانَا يَأْكُلَانِ الطَّعَامَ) [المائدة:٧٥] ولا يتفق المسلمون مع المسيحيين في عقيدة الأقانيم الثلاثة ، إذ يقول الله تعالى : (لَقَدْ كَفَرَ الَّذِينَ قَالُوا إِنَّ اللَّهَ ثَالِثُ ثَلَاثَةٍ وَمَا مِنْ إِلَهٍ إِلَّا إِلَهٌ وَاحِدٌ)[المائدة:٧٣] "كما يعتقد المسلمون إن المسيحية بعد المسيح بعدت جداً أو قل اختلفت كل الاختلاف و تبدلت عن مسيحية المسيح، وقالت بالتثليث وبألوهية المسيح، وبهذا بعدت الشقة بينهما وبين الأديان السماوية حتى يمكن القول بأن بولص هو واضع الديانة المسيحية المعروفة اليوم(١).أما المسيح (عليه السلام)في المعتقدات الإسلامية فقد حدثنا القرآن الكريم عن قصة مريم ، فأخبرنا بأن الله قد بشرها بغلام فقالت (قَالَتْ أَنَّى يَكُونُ لِي غُلَامٌ وَلَمْ يَمْسَسْنِي بَشَرٌ وَلَمْ أَكُ بَغِيًّا (٢٠)) [مريم:٢٠] ولكن الله سبحانه وتعالى أراد أن يجعل حملها هذا آية للناس ورحمة منه وأنه كان أمراً مقضياً.

وجاءت بعيسى(عليه السلام) ليصبح نبياً ورسولاً للعالمين ، ويعلل الأستاذ أبو زهرة ولادة عيسى (عليه السلام) بدون أب بقوله (إن ذلك كان لحكمة رائعة فاليهود كانوا قوماً ماديين ربطوا الأسباب بمسبباتها ،وسادت عندهم الفلسفة التي تقول إن خلق الكون كان من مصدره الأول كالعلة من معلولها. فأراد الله سبحانه

---

(١) أحمد شلبي، المسيحية ص ٥٩-٦٠.

أن يوضح لهم أن قدرته هي التي ربطت الأسباب بمسبباتها ، وإنها تستطيع أن تتجاوز هذا القانون فيوجد المسبب دون أن يجد السبب ، فخلق الله عيسى من غير أب لهذا فأراد الله إن يخلق إنساناً دون أن تكون المادة أساساً له(1).

وحدثنا القرآن الكريم بأن الله قد أرسله إلى بني إسرائيل وأيده بمعجزات ليست من اختصاص البشر، قال تعالى:(بِآيَةٍ مِنْ رَبِّكُمْ أَنِّي أَخْلُقُ لَكُمْ مِنَ الطِّينِ كَهَيْئَةِ الطَّيْرِ فَأَنْفُخُ فِيهِ فَيَكُونُ طَيْرًا بِإِذْنِ اللَّهِ وَأُبْرِئُ الْأَكْمَهَ وَالْأَبْرَصَ وَأُحْيِي الْمَوْتَى بِإِذْنِ اللَّهِ وَأُنَبِّئُكُمْ بِمَا تَأْكُلُونَ وَمَا تَدَّخِرُونَ فِي بُيُوتِكُمْ) [آل عمران:٤٩].

وكما ذكرنا أن حكماء اليهود قد عادوا المسيح ولم يستمعوا له وخافوا من تقوض سلطانهم على يديه، فاغروا به الحاكم الروماني، ولكن الرومانيين لم يكونوا على استعداد للدخول في الخلافات الدينية بين اليهود ولم تكن دعوة المسيح (ع) التي أعلنها إلا إصلاحاً خلقياً ودينياً فلم تتصل دعوته بالسياسة، ولم تمس الحاكم من قريب أو من بعيد ولذلك لم يستحق غضب الرومان، وأن اليهود تتبعوا عيسى (ع) لعلهم يجدون منه سقطة تثير عليه غضب الرومان ، فلما لم يجدوا تقولوا عليه وكذبوا فاغضبوا الحاكم الروماني على عيسى(ع) فأصدر أمره بالقبض عليه وحكم عليه بالإعدام صلباً فأخذ جند الرومان يبحثون عنه لتنفيذ الحكم فيه، وأخيراً عرفوا مكانه فأحاطوا به ليقبضوا عليه ،وكان من أصحابه رجل منافق يشي به ، فألقى الله عليه شبه عيسى(ع) وصوته فقبض عليه الجنود فنفذ فيه حكم الصلب، أما المسيح (ع) فلم يستطع الكفار ولا اليهود إن يمسكوه ، قال تعالى: (وَمَا قَتَلُوهُ وَمَا صَلَبُوهُ وَلَكِنْ شُبِّهَ لَهُمْ)[النساء:١٥٧].

(1) محاضرات في النصرانية ص/١٥.

يؤمن المسلمون بأن المسيح (ع) قد رفع إلى السماء وقد قال تعالى (إِنِّي مُتَوَفِّيكَ وَرَافِعُكَ إِلَيَّ وَمُطَهِّرُكَ مِنَ الَّذِينَ كَفَرُوا) [آل عمران:٥٥] ولكن دارت بينهم مناقشات فيما إذا كان قد رفع بروحه بعد أن توفاه الله أم أنه رفع بروحه وجسده"(١).

ولكن الاعتقاد برفعه جسداً وروحاً اعتقاد متأثر بالاتجاه المادي في الإنسان ومتأثر كذلك بالفكر المسيحي ، فكيف يوفقون بين هذا وبين قوله تعالى (وَمَا جَعَلْنَا لِبَشَرٍ مِنْ قَبْلِكَ الْخُلْدَ) [الأنبياء:٣٤] وكانت دعوة عيسى (ع) كما يقول الشهرستاني – ثلاث سنين وثلاثة أشهر وثلاثة أيام"(٢).

ثانياً : الأسرار الكنسية :

والأسرار الكنسية، علامات تقول الكنيسة بأنها قد وضعت من قبل السيد المسيح(ع) لأجل الحصول على العناية الإلهية والرحمة وتمارسها الكنيسة الكاثوليكية بشكل كلي، والأسرار هي:-

١- التعميد : وهو سكب الماء المقدس على الشخص الذي يروم الدخول إلى المسيحية أو الطفل وهي علامة على تطهيره من الخطايا.

٢- التثبيت : أي حلول روح القدس في الشخص الذي دخل المسيحية .

٣- التوبة : وهي نيل المغفرة من الخطايا التي يرتكبها المسيحي بعد التعميد، ولكي تكون التوبة صحيحة يزور المسيحي الكنيسة ويؤدي بعض الأدعية ويدفع فدية أو صدقة يوافق عليها القسيس.

٤- التناول : أي تناول الخبز والنبيذ تشبهاً بالعشاء الرباني الأخير والخبز يرمز إلى لحم السيد المسيح والنبيذ إلى دمه.

٥- مسحة المرضى : وهي مسح المريض عندما يشرف على الموت لتقوية إيمانه.

(١) للدكتور أحمد شلبي بكتابه المسيحية ص٥٢/ مناقشة مهمة في الموضوع .

(٢) الشهرستاني / الملل والنحل ج١ / ٢٠٩.

٦- الكهنوت: أي تبريك الأسقف لرجال الدين الذين يدخلون هذا السلك أي منحهم البركة والرحمة والعزيمة في أداء واجبهم الديني المقدس.

٧- سر الزواج: لان الزواج صلة مقدسة يجب إلا تنفصم بالوسائل البشرية[١].

المسيح عند اليهود:

ورد ذكر المسيح – الذي هو غير عيسى بن مريم عليه السلام - في التوراة، واليهود ينتظرونهُ إلى الآن فكما ذكرنا فإن التوراة تبشر بظهور فارس قوي من نسل داود يملكونه عليهم وإنه سيجعل لهم السلطان على الأرض فيجعل كلمتهم هي العليا . وجنسهم هو الجنس الأعظم بين أجناس البشر. أما المسيح عيسى بن مريم (عليه السلام) فهو عندهم رجل عادٍ ثار عليهم فلقي جزاء ثورته ، وهو لا يستحق في نظرهم أن يذكر في تاريخهم ، إذ إن موقعه في الديانة اليهودية هو موقع رجل منشق على ديانتهم عاقبوه بالقتل ، ويقال بأن مسألة قتل المسيح كانت موجودة في التلمود ، ولكن اليهود أخرجوها حتى لا يعثر عليها أحد من الأمم المسيحية التي كان يقيم بها اليهود[٢]. وعلى كل حال فإنه لا يوجد في تاريخ اليهود الديني ولا في كتبهم المقدسة أي ذكر لعيسى بن مريم (عليه السلام) ولا لدعوته ولا لأحداث القبض عليه والمسيحية عندهم شأنها شأن الإسلام هي أديان أممية[٣] ولا

([١]) قصة أوروبا من عصر النهضة وحتى الثورة الفرنسية ص/١٧٤-١٧٥.

([٢]) انظر قصص القرآن ، عبد الوهاب النجار ص٤٣٠. م/ ٩.

([٣]) غير إن الإسلام يختلف عن المسيحية في عالميته، فالإسلام عالمي لأنه هداية من الله تعالى إلى الجنس الإنساني حتى قيام الساعة (تبارك الذي نزل الفرقان على عبده ليكون للعاملين نذيرا) (وما أرسلناك إلا رحمة للعالمين) . أما المسيحية التي دعا بها السيد المسيح (ع) فكانت محصورة في بني إسرائيل فقط، دون غيرهم من البشر، يؤيد ذلك الإنجيل (ما بعثت إلا إلى خراف بني إسرائيل الضالة) وقد تغير هدف المسيحية فصارت عالمية.

ثم إن الإسلام هداية إلى دين الفطرة والعقل والخلق القويم ، في حين أننا نرى في العهدين القديم والجديد – وهما كتاب المسيحيين ، المسمى بالكتاب المقدس ما يناقض ذلك في صفات الله وذاته وسلوك كثير من الأنبياء وفي طبيعة التوجيه الحياتي.

والإسلام إضافة إلى كل ذلك بوأ للعرب المسلمين منزلة عزيزة فكان آل بيت النبوة والصحابة الأوائل من المهاجرين والأنصار قد حازوا رضى الله (رضي الله عنهم ورضوا عنه) ، وهم جميعاً القدوة وما زال للعرب التقاة منزلة مرموقة لدى المسلمين من غير العرب، في حين أن المسيحية ليس فيها هذا الاتجاه ، اقرأ معي هذا النص الإنجيلي في مكانة الكنعانية المؤمنة بالسيد المسيح التي كانت تستغيث بالسيد المسيح أن يشافي ابنتها إذ هي مجنونة جداً فرفض علاجها، لأنها ليست إسرائيلية ، بل هي عربية كنعانية مسيحية، وأجابها (لم أرسل إلا إلى خراف بني إسرائيل الضالة. فأتت وسجدت له قائلة: يا سيد أعني ، فأجاب وقال :ليس حسناً أن يؤخذ خبز البنين ويطرح للكلاب، فقالت : نعم يا سيد ، والكلاب أيضاً تأكل من الفتات الذي يسقط من مائدة أربابها ، حينئذ أجاب يسوع وقال لها: يا امرأة عظيم إيمانك، ليكن لك ما تريدين ، فشفيت ابنتها من تلك الساعة) "إنجيل متي/١٥/٢١-٢٩".

يعيرونها أهمية، لأن دينهم- حسب معتقداتهم هو دين الشعب المختار، وإن المسيح لا زالوا ينتظرونه ليملكهم الأرض ويجعلهم سادة الأرض فاليهود إذن لم يعترفوا بأن عيسى (عليه السلام) هو ذلك المسيح ، فهم يعتبرونه يهودياً مرتداً عابداً للأوثان ويقول التلمود عنه إن يسوع الناصري موجود في لجات الجحيم بين القار والنار، وقد أتت به أمه من العسكري باندارا عن طريق الخطيئة أما الكنائس النصرانية فهي قاذورات، الواعظات فيها أشبه بالكلاب النابحة وقتل المسيحي من التعاليم المأمور بها، والعهد مع المسيح لا يكون عهداً صحيحاً يلزم اليهود القيام به، ومن الواجب أن يلعن اليهود ثلاث مرات رؤساء المذهب النصراني وجميع الملوك الذين يتظاهرون بالعداوة لبني إسرائيل.

ويقول التلمود "عندما يأتي المسيح تطرح الأرض فطيراً وملابس من الصوف وقمحاً حبه في حجم كلاوي الثيران الكبيرة ،وحينئذ ترجع السلطة لليهود، وكل الأمم تخدم ذلك المسيح وتخضع له، وفي هذا الوقت يكون لكل يهودي ألفان وثمانمائة عبد يخدمونه وعشرة أكوان تحت سلطته".

" ولكن المسيح لن يأتي إلا بعد القضاء على حكم الأشرار من الخارجين على دين بني إسرائيل، لذلك يجب على كل يهودي أن يبذل جهده لمنع اشتراك باقي الأمم في الأرض كي تظل السلطة لليهود وحدهم، ويستمر ضرب الذل والمسكنة على اليهود حتى ينتهي حكم الأجانب من غير بني إسرائيل، وقبل أن يحكم اليهود سنوات متواليات يحرقون الأسلحة التي كسبوها بعد النصر، وفي ذلك اليوم تكون الأمة اليهودية غاية في الثراء لأنها تكون قد ملكت كل أموال العالم، وستملأ كنوزهم بيوتاً كبيرة لا يمكن حمل مفاتيحها وأقفالها إلا على ثلاثمائة حمارة ويدخل

وللإسلام لغة واحدة هي لغة القرآن الكريم التي كانت الأمة المسلمة زمن قوة العقيدة وقوة الحكم الإسلامي لغتها لخمسة قرون أو يزيد، أي أن الإسلام عرب المسلمين جميعاً، وجعلهم عقيدة واحدة وفكراً واحداً وخلقاً واحداً أو هدفاً واحداً ولغة واحدة.

أما المسيحية فليست اللغة العربية تجمعها ، وإنما هي لغات شتى لمن دان بها ، فالعقيدة المسيحية هي الميزان ، وليس اللغة العربية أية مكانة مقدسة فيها.

الناس كلهم أفواجاً في دين اليهود ويقبلون جميعاً عدا المسيحيين فإنهم يهلكون لأنهم من نسل الشيطان"[1].

الآخرة والبعث عند النصارى

يؤمن النصارى باليوم الآخر، والبعث وبالقيامة والحشر والجنة والنار وبالحساب والعقاب، وبوجود الملائكة والشياطين وأن هناك الخير والشر، كما يؤمنون بقيام الساعة وعلاماتها ، وظهور المسيح الدجال ونزول عيسى عليه السلام في آخر الزمان.

ويرى المسيحيون أن الأب أعطى سلطان الحساب للابن ، وذلك لأن الابن بالإضافة إلى ألوهيته وأبديته - ابن الإنسان أيضاً، فهو أولى بالمحاسبة للإنسان.

ويعتقدون أنه بعد أن أرتفع إلى السماء ، جلس بجوار الأب على كرسي استعداداً لاستقبال الناس يوم الحشر ليدينهم على ما فعلوا ، وقد جاء في رسالة بولص الثانية إلى أهل كورنثوس "لابد أننا جميعاً نظهر أمام كرسي المسيح لينال كل منا ما كان بالجسد ، بحسب ما صنع، خيراً كان أو شراً"[2].

إن سيطرة فكرة الخلاص على المسيحيين أبعدت البعض منهم عن التفكير بالآخرة وجعلتهم ينغمسون في الدنيا، بل نسوا وتناسوا أن رسالة عيسى (عليه السلام) جاءت لإصلاح ما أفسده اليهود من البعد عن الله وإن أهم ما فيها تطهير النفس والابتعاد عن الذنوب والحث على العمل الصالح ، والعمل على إشاعة السلام والمحبة بين الناس جميعاً وهي رسالة جميع الأنبياء والمرسلين.

رجال الدين عند النصارى الكاثوليك:-

أن رجال الدين هم واسطة بين الله والخلق، وأن الاتصال بالله عز وجل لا بد أن يتم عن طريقهم، وهذا الاعتقاد عند الكاثوليك جعلهم يؤمنون للبابا سلطات على جميع النصارى وسلطاناً فوق سلطان الملوك - كما ذكرنا -، وكان المسيح

---

(1) قصة الديانات ص/٣٤٣-٣٤٤,

(2) قصص الأنبياء الإصحاح الخامس.

كما يعتقدون قد أقام بطرس الرسول خليفة له ليرأس الحواريين، ويدير شئونهم ، وقد أنشأ بطرس كنيسة روما، والبابا خليفة بطرس في رياسة هذه الكنيسة، وفي إدارة شؤونهم، فالبابا على هذا خليفة للمسيح له سلطاته ومكانته، وأصبحت الكنيسة وهي التي تصدر القرارات، وعلى الناس إن يتلقوا قولها بالقبول، سواء وافق العقل أو خالفه ، وعلى النصراني إذا لم يستسغ عقله أولاً أو رأيا للكنيسة أو مبدأ دينياً جديداً أعلنته الكنيسة، أن يروض عقله على قوله، فإن لم يستطع فعليه أن يشك في العقل ولا يشك في قول أو رأي أو مبدأ البابا[1] من ذلك اجماعهم في مؤتمر روما لعام 1869 على أن البابا معصوم من الخطأ.

ورجال الدين منقطعون للكنيسة ولا عمل آخر لهم، وقد ذكرنا رتبهم، بأن رجل الدين يدعى قسيساً، والشخص الأعلى منه رتبة يدعى أسقفاً أو مطراناً، ثم مرتبة عالية هي مرتبة بطريق (بطريارك) أو كردينال، وفي القرن الحادي عشر حمل من بين الأساقفة رئيس كنيسة روما لقب بابا، ثم لما قوي سلطانه أصبح رئيساً لجميع الكنائس وصار حاكماً لجميع النصارى الكاثوليك في كل البقاع ، وإن مكانته أسمى من جميع مكانة الملوك والأباطرة ، وأن البابا له السيادة العليا في القضاء والإدارة ، وأنه المشرع، والمفسر النهائي للكتاب المقدس وقد سبق أن ناقشنا ذلك.

([1]) أبو زهرة محاضرات في النصراني ةص168.

جدول مقارن في العقائد الدينية

اليهودية	المسيحية	الإسلام
١* موحدون، لكن التوحيد مَر بفترات مختلفة، حيث أنهم جعلوا (يهوه) آلهتهم التي تهتم بهم دون بقية الأقوام فدخلوا في التفريد[١] وهو شرك إلا أن موسى بن ميمون قد وضح عقائدهم التي جاءت بها كتبهم المتأخرة في توحيد الآلهة وكان ذلك في العصور الاسلامية المتأخرة.	١* انقسم المسيحيون إلى قسمين: **الأول:** الاريوسيون الموحدون الذين يرون أن المسيح عليه السلام هو إنسان أعلى مستوى من البشر ودون مستوى الالهة. **الثاني:** المثلثون، الذين كانوا قد قالوا بعقيدة بولص في التثليث الذي يقول أن الإله واحد لكنه مجزأ بثلاثة أقانيم هم الاب في السماء وابنه والروح القدس وكل من الثلاثة إله كامل الألوهية ولكنهم في الجوهر إله واحد، فهم مثلثون وموحدون في وقت واحد. وبعد عام ٣٢٥م بعد مؤتمر نيقية المسكوني، صار المسيحيون مثلثين واعتبروا الموحدين كفرة "هراطقة" فطاردوهم في كل مكان واجتثوهم من جذورهم حتى قضوا عليهم، فأصبح المسيحيون جميعاً مثلثين (دون اختلاف في	١* الله واحد أحد "قل هو الله أحد الله الصمد لم يلد ولم يولد ولم يكن له كفواً أحد". كان المسلمون يدعون للتوحيد منذ ظهور الإسلام. ولم يقروا اليهود على تفريدهم فليس هنالك إله خاص بهم وإنما الله (رب العالمين) ورفضوا فكرة التثليث.. فالجوهر واحد. فلا شريك أو وليد له (تنزه الله عن ذلك).

(١) التفريد هو الايمان بآلهة كثيرة تكون إحداها أقوى من الجميع وتنفرد في سلطاتها.

	عقيدة الألوهية)	
٢* لا زال اليهود ينتظرون ظهور المسيح. لانهم لا يعترفون بمسيحية عيسى بن مريم عليه السلام وهو إنسان اعتيادي له الرياسة والقيادة في المجتمع حيث سيدين له جميع اليهود في العالم.	٢* المسيحيون ينتظرون عودة المسيح وهو (الناسوت) في شخص الابن الأقنوم الالهي الثاني. فقد جاء لانقاذ البشر من الخطيئة الأولى التي أخرجت آدم من الجنة وأدخالهم في ملكوت الله بالايمان بالمسيحية التثليثية. وقد ارتفع إلى السماء وعاد إلى (اللاهوت) وجلس إلى جانب الاب. وسيعود إلى الأرض ثانية بشخصه الناسوتي ليهدي الناس قبل القيامة.	٢* المسيح عيسى بن مريم إنسان رسول بشر، ولد من مريم العذراء عليها السلام دون رجل يمسها، وكان في ذلك تحدٍ للماديين ولاثبات قدرة الله. وقد أرسل برسالة إلى بني إسرائيل ثم إلى العالمين. لتصحيح أخطاء اليهود ويهدي الآخرين إلى الله تعالى.. وقد استمرت رسالته عند الاريوسيين إلا أن المثلثين لم يرتضوها فحاربوهم ونصروا التثليث. وقد رفع الله المسيح بن مريم إليه. وهو الآن في السموات العلى وسيعود إلى الأرض ثانية داعياً إلى رسالة محمد صلى الله عليه وسلم.
٣. ينتظر اليهود ظهور المسيح إلى الآن ولا يعترفون بأي مسيح غير مسيحهم الموعود. كما أنهم لا يعترفون بنبوة (محمد) صلى الله عليه وسلم.	٣. يعترف المسيحيون بكل أنبياء اليهود السابقين. ويجعلون كل ما نزل عليهم وما كتب باسمائهم في أصححات في العهد القديم كتابٌ معترفاً به ، بل يعتبر القسم الأول من كتابهم المقدس. *لا انبياء في المسيحية، ولا يدعى بالنبي إلا المسيح عليه	٣. يعترف المسلمون بكل أنبياء اليهود وكذلك في عيسى ابن مريم ولكن بكونه إنساناً اعتيادياً ولد بمعجزة بعد انتهاء رساله. ﴿إِنِّي مُتَوَفِّيكَ وَرَافِعُكَ إِلَيَّ﴾ [آل عمران:٥٥] وإن النبي محمداً صلى الله عليه وسلم آخر الأنبياء ولا نبي بعده.

	السلام ولكن دون اعطاء معنى لمعنى نبوته حيث هو إله من اله وهو رب معبود عندهم. وقد اطلقوا على بعض اتباعه لفظ (الرسل) لأنهم كانوا بمثابة رسل للمسيح عليه السلام في الأرض حين طلب منهم أن يسيحيوا في الأرض ويبشروا برسالته وهم لا يعترفون بنبوة محمد صلى الله عليه وسلم.	ومعنى الرسول هو النبي الذي يبعثه الله برسالة إلى قوم معينين أو رحمة للعالمين. ولا ينطبق هذا المعنى على كلمة الرسل التي يستخدمها النصارى مع بعض أتباع المسيح أو دعاة دينه.
٤* لم يظهر أي نص في العهد القديم عن الآخرة ..إلا كلمة (سلاه) ولكن في العهود المتأخرة . ولم يكن معنى الآخرة واضحاً بشكل مهم إلا في ايضاحات	٤* تسمى الآخرة عند النصارى يوم الدينونة أو ملكوت الله ولا يدخل الجنة فيها إلا من آمن بالمسيح الذي هو ابن الله إيماناً يتسم بالتثليث (أي الأقانيم الثلاثة).	٤* الجنة لمن آمن بالله ورسوله ودين الاسلام الذي نزل عليه وكذلك لاتباع الرسالات قبل ظهور الاسلام فمن آمن بالله وآمن بالنبيين دون تحريف لرسائلهم
موسى بن ميمون[1]، لكن ذلك واضح المعالم أنه متأثر بالعقائد الاسلامية خاصة وأن موسى بن ميمون قد أعلن إسلامه بعد أن كتب لليهود عقائدهم التي ثبت فيها فكرة التوحيد والنبوة واليوم الآخر.	وتحرم الجنة بطبيعة الحال على غيرهم من الأقوام.	"أن الله لا يغفر أن يشرك به ويغفر ما دون ذلك لمن يشاء" و"إن الله يغفر الذنوب جميعاً" وقد وضحت العقيدة الاسلامية تحريم الجنة على بعض المذنبين، مع الاعتراف بأن رحمة الله وسعت كل شيء. والله أعلم.

(١) أنا أؤمن إيماناً تاماً أنه ستكون قيامة الأموات.

		وإن هنالك قيامة للأموات في الآخرة يجازي كل إنسان فيها على ما عمل وإن الجنة للمتقين والنار للكافرين(فَأَمَّا مَنْ ثَقُلَتْ مَوَازِينُهُ (٦) فَهُوَ فِي عِيشَةٍ رَاضِيَةٍ (٧) وَأَمَّا مَنْ خَفَّتْ مَوَازِينُهُ (٨) فَأُمُّهُ هَاوِيَةٌ (٩) وَمَا أَدْرَاكَ مَا هِيَهْ (١٠) نَارٌ حَامِيَةٌ (١١)) [القارعة:٦-١١]
٥* للمعابد اليهودية رجال يديرونها يسمون (الكهنة) أو (الحاخامات) وهم أصحاب القرارات الدينية. يخصصون كل حياتهم في العمل الديني. ولهم لباسهم الذي يتميزون به ويعرفون من خلاله بدرجاتهم الوظيفية الدينية.	٥* كان للكنائس المسيحية رجالها أيضاً ويسمون (الرهبان) وذلك قبل الثورة الاصلاحية المسماة (الاصلاح الديني). أما بعد قيام الاصلاح فصار للاصلاحيين "البروتستانت" كنائس تدار من رجال اعتياديين لا يتمتعون بأية صفة رهبانية وهناك إدارة مدنية لكل كنيسة تشرف عليها وتدير أمورها الدينية والسياسية والدعوية- أما (الرهبان) الأوائل فقد بقوا في الكنائس الكاثوليكية - وهم	٥* لا رهبانية في الاسلام وكل إنسان بإمكانه أن يقرأ ويصبح من الشيوخ المسلمين دون أن يكون لذلك أية صفة وظيفية معينة وان علماء الأمة في المجال الديني هم من يدرسوا ويطوروا مواقعهم العلمية بين الناس ويكسبوا ثقتهم ولا لبسا أو زي رسمي يعكس مواقعهم (وذلك عند أهل السنة) أما عند الشيعة الأمامية فإن هنالك درجات علمية يستطيع الإنسان أن يطور نفسه فيها ليحصل على

أصحاب القرار الديني في تلك الكنائس ولا زالت تعقد المؤتمرات الكنيسة في عالم الكاثوليك تحت زعامة(البابا) الذي بقي رئيساً للكنيسة عندهم. وكذلك فإن لباس رجال الكنيسة يوضح درجاتهم الدينية الوظيفية عند الكاثوليك منهم وتعتبر الكهنوتية سراً من أسرار الكنيسة الكاثوليكية يبارك الأسقف فيها من يدخل في هذا السلك أي بمنحهم البركة والرحمة والعزيمة في أداء واجبه الديني المقدس.

رتب علمية تبتدئ برتبة (الحجة) وتنتهي الرتب إلى (آية) ... يكون (الآيات) أصحاب رأي وفتوى يتبعهم من يشاء من أبناء الشيعة وليس هنالك الزام في اتباع شخص معين فيهم وتسمى المدارس التي يتخرج بها علماؤهم (حوزات علمية) وهي التي تمنح لهم الدرجات العلمية الدينية التي يتصفون بها.

إن اللباس المتميز الذي يرتديه بعض مشايخ السنة هي ملابس متعارف عليها عرفاً وليس هنالك من شروط مفروضة فيها وبإمكان أي من الذين يرتدونها أن يخلعها دون أن يترتب على ذلك أية مسؤولية دينية.

وكذلك بالنسبة للشيعة الأمامية، فإن رجل الدين عندهم وهو المفوض عندهم بالدراسة الفقهية والإفتاء، فإن إبدال الزي مسألة شخصية إلا في الرتب العليا (الآيات) حيث أن الوصول إليها يحتم على حملتها إرتداء اللباس الديني عرفاً وذلك ما يكسبهم الاحترام والتقليد بالنسبة للعامة من الناس.

6* يعتقد اليهود بأنهم شعب الله المختار وذلك ناشئ عن نص ورد في التوراة تحدث عن العهد الذي قطعه الله مع إبراهيم (عليه السلام) والذي كان يتضمن اختيار بني إسرائيل من بين الأمم لحمل رسالته ووعده أرض كنعان"أي فلسطين" لنسله [1].	6* تحولت فكرة الشعب المختار عند اليهود إلى من يدخل ملكوت الله. بأن يصبح المرء مسيحياً يعترف بالمسيح الذي يعتقدونه ابن الله وبالأقانيم الثلاثة (الأب والابن والروح القدس) ولم يعد بنو إسرائيل عند المسيحيين هم الشعب المختار.	6* لم يمانع الاسلام في أن يحصل من آمن بنبي له رسالة إلهية أن يكون أفضل الناس في زمنه ولكن عندما جاء الاسلام فإن من يدخل في الاسلام هو الأفضل عند الله شريطة أن يدخله بصدق ويؤمن به إيماناً كاملاً غير منقوص قال تعالى "كنتم خير أمة أخرجت للناس تأمرون بالمعروف وتنهون عن المنكر وتؤمنون بالله". وبذلك فقد أخرج اليهود والنصارى أن يكونوا أفضل الناس بعد ظهور الاسلام . لأن الأفضلية تلزمهم أن يكونوا من المسلمين اتباع سيدنا محمد (صلى الله عليه وسلم).
7* الديانة اليهودية ديانة مغلقة على (نسل بني إسرائيل) كما يدعون ولا يسمحون بأي شخص من أية طائفة في العالم أن يدخل في دينهم لذلك بقيت أعدادهم قليلة نسبة إلى أعداد أهل الديانات الأخرى.	7* الديانة المسيحية ديانة تبشيرية عند الكاثوليك والبروتستانت ولا يدخل عندهما شخص في هذه الديانة إلا أن (يتعمد). والتعميد يتم بشكل احتفالي في الكنيسة بحضور جمهرة من أبناء الطائفة التي ينتمي لها أي فرد وذلك بسكب الماء المقدس على رأسه وذلك	7* الديانة الاسلامية ديانة دعوة عامة .. يدخلها من يشاء من الناس وشرط دخولها الشهادتين أي أن يقول: اشهد أن لا إله إلا الله واشهد أن محمداً رسول الله . ولا يلزم أن يكون هناك حفل رسمي في جامع أو في أي مكان آخر يؤذيه لهذا الغرض أي أنه يمكنه دخول الإسلام بقول

[1] تكوين 8-17.

	علامة على تطهيره. وكذلك التناول أي أن يتناول في أحتفالية أخرى الخبز والنبيذ تشبهاً بالعشاء الرباني الأخير. والخبز يرمز إلى لحم السيد المسيح والنبيذ إلى دمه (أي أن يتناول من لحم المسيح ومن دمه) ليكون مسيحياً.	الشهادتين مع نفسه، ويكون من يدخل في دين الاسلام ملزماً بتأدية الفروض واتباع التعليمات التي يلزم بها كل المسلمين والتخلق بأخلاق الإسلام.

أسئلة اختبارية

- عدد الأسرار الكنسية واكتب عنها بشيء من الاختصار.
- ناقش موضوع الألوهية عند اليهود .. وهل أن اليهود موحدون؟
- هل تطرقت الكتب المسيحية إلى معنى النبوة؟ ومن هو النبي عندهم ؟ وما هي الألفاظ المستخدمة عندهم؟
- كيف تكلمت التوراة عن اليوم الآخر؟ ناقشها باسهاب.
- كيف تطور معنى التثليث عند النصارى؟ وما هو شكل الآله عندهم؟
- من هو المسيح المنتظر عند اليهود؟ وهل هو نفس المسيح عيسى بن مريم عند المسلمين والنصارى ؟ اكتب عن ذلك .
- كيف انتهى صراع الموحدين والمثلثين بعد مؤتمر نيقية ؟ وماذا اصدر المؤتمر من حكم على الموحدين من المسيحيين.
- ما معنى كل من التعميد والتنازل عند النصارى؟
- كيف يكون المرء مسلماً ؟ (اقرأ ذلك في الجدول المقارن)

الوحدة الرابعة

المناسبات الدينية

المناسبات الدينية اليهودية
المناسبات الدينية المسيحية

ينتظر من الطالب بعد دراسة هذه الوحدة

- أن يعرف أسماء الأعياد في كل من الديانتين اليهودية والمسيحية وأسباب التسمية هذه .
- أن يعرف المناسبات التي اسست فيها هذه الأعياد ومعرفة العقائد التي تصاحب ظهورها.
- أن يعرف أن كانت هذه الأعياد سماوية أم وضعية وأسباب وضعها.
- أن يعرف أن كانت تلك الأعياد من خلق الانسان نفسه أم أن لها أثراً دينياً سبب قيامها.
- أن يعرف إن هناك أعياداً تحمل أسماء مشتركة ما بين الدينين ومعرفة مضمون كل منهما وأسباب ذلك الاشتراك في الاسم.
- أن يعرف فيما إذا تصاحب الأعياد تلك عطلاً رسمية في الأماكن التي تشكل الأكثرية الدينية فيها؟
- أن يعرف الأساس الوثني للأعياد .
- أن يعرف الممارسات الشعبية والملابس التي عليه أن يرتديها وغير ذلك من الأمور التي يطلب من المسيحي أو اليهودي أن يفعلها عند الاحتفال بهذه الأعياد.

المبحث الأول

المناسبات الدينية اليهودية

في هذا المبحث سيتعرف الطالب على أعياد ومناسبات اليهود ... ويتعرف من خلالها :-

١- سبب تسميتها بهذه الأسماء .

٢- سبب قيامها، وتعيين هذه الأيام لها.

٣- الممارسات الشعبية في هذه الأعياد وأساليب الاحتفال بها.

تمهيد:

أثبتت الحقائق التاريخية إن كثيراً مما ورد في التوراة من شرائع وتقاليد وطقوس دينية مقتبس من الشرائع الكنعانية والبابلية، إن التحقيقات الآثارية قد أكدت ذلك التأثير المتبادل بينها وأن كثيراً من تلك الطقوس قد أثرت في جوهر الديانة اليهودية. ودخلت كتب اليهود المقدسة كثير من نصوص الشرائع الكنعانية وثبتوا في توراتهم الطقوس والشعائر وأخذوا يمارسونها فعلاً قبل السبي البابلي.

فالأسفار الشعرية كالمزامير والأمثال مقتبسة من الكنعانيين وكانت تتلى في عهد الملوك باللغة الكنعانية ، ثم ترجمت إلى العبرية، وأدخلت في التوراة عند تدوينها، ومن المسلم به أن جميع الأعياد اليهودية ما عدا عيد الفصح كانت من الطقوس الدينية في كنعان.

ولليهود أعياد كثيرة منها ماله خلفية تاريخية ومنها ما يمثل العقيدة الدينية وقد وردت أكثر هذه الأعياد في الإصحاح الثالث والعشرين من سفر اللاويين وسنتناول بعضها بشيء من التفصيل:

١- **السبت (شبات)**[1]:

وهو من الأيام المقدسة عند اليهود ويجب مراعاة حرمة هذا اليوم ، إذ لم يكن عند اليهود خطيئة أعظم من عدم حفظ يوم السبت إلا عبادة الأوثان ،فعلى اليهود أن يصوموا عن الكلام في ليلة السبت ولا يوقدوا النار في منازلهم وأن يمضوا نهار السبت عاطلين عن العمل كلياً منقطعين إلى الصلاة.

و(شبات) في العبرانية بمعنى الراحة، لأنه اليوم الذي إستراح فيه الرب وقد جاءت تسمية هذا اليوم والعادة المتبعة فيه من البابليين، إذ كانوا يطلقون على أيام الصوم وأيام الدعاء (شبتو)، وجاء في التوراة في تقديس السبت(اذكر يوم السبت لتقدسه، ستة أيام تعمل وتصنع جميع عملك وأما اليوم السابع ففيه سبت للرب الهك،

---

(١) مقارنة الأديان اليهودية ص/٣١٢.

لا تصنع عملاً ما أنت وأبنك وعبدك وأمتك وبهيمتك ونزيلك الذي داخل أبوابك، الآن في ستة أيام صنع الرب السماء والأرض والبحر وكل ما فيها واستراح في اليوم السابع لذلك بارك الرب يوم السبت وقدسه (خروج ٢١/٨-١٢).

٢- **رأس السنة اليهودية**[١]:

أو رأس هيشا ،أي عيد رأس الشهر، وهو اليوم الأول من تشرين الأول، وهو اليوم الذي أمر الله تعالى إبراهيم الخليل إن يذبح ولده، (وعندهم أن الذبيح هو إسحاق(ع)) ،ومظاهر الاحتفال بهذا العيد أن اليهود ينفخون في قرن حمل أحياء لذكرى نزول التوراة ودعوة الناس إلى التوبة من الذنوب.

كذلك يعتبر اليهود مساء رأس السنة إلى اليوم العاشر من تشرين الأول أيام توبة وتكفير ، وهم يصومون ويصلون في جميع تلك الأيام عدا اليوم التاسع منه وإذا جاء اليوم العاشر (يوم الغفران) المسمى(يوم هاكيريم) يمتنعون عن الأكل أو الشرب أو القيام بأي عمل من مطلع الشمس إلى مغيبها ويتجهون فيه إلى معابدهم للصلاة استغفاراً للذنوب ، وفي هذا اليوم يعود اليهودي طاهراً تغفر له سيئاته وذنوبه.

٣- **المظال (العرازيل)**[٢]:

وهو ثمانية أيام من الخامس عشر من تشرين الأول وحتى الثاني والعشرين منه وهو يوم حج لهم يجلسون خلاله تحت ظلال سعف النخيل وأغصان الزيتون ويسميه يهود العراق(عيد العرازيل) وهي الخيام المصنوعة من سعف النخيل أو القصب تخليداً لإظلال الله لأجدادهم في أيام التيه عند خروجهم مع موسى في سيناء.

---

(١) موجز تاريخ الديانتين اليهودية والمسيحية ص/٤٠.

(٢) مقارنة الأديان، اليهودية ص/٣١٣.

٤- **الصوم العظيم (صوماريا)**[١]:

ويسمى (الكيبور) ومدة الصوم فيه خمسة وعشرين ساعة تبدأ قبل غروب الشمس في التاسع من شهر تشرين وينتهي ساعة بعد غروب اليوم العاشر، ويسمونه أيضاً(العاشور) ولا يفطر اليهودي إلا عند رؤيته لثلاثة كواكب معينة، ولا يجوز أن يقع هذا اليوم خلال يوم الأحد أو الثلاثاء أو الجمعة،وفي هذا العيد يغفر الله جميع ذنوبهم عدا الزنا بالمحصنة وظلم الرجل لأخيه وجحوده لربوبية يهوه.

أما الذنوب التي تغفر فهي اضطهاد الجار، واقتراف الخطأ في سفاح القربى، الفسق والفجور، الاجتماع لاقتراف الزنى الجماعي، شهادة الزور ، العنف، الرياء، الابتزاز، الاغتصاب، الغطرسة، التكبر، الوقاحة ، المشاكسة، خيانة الجار، الجحود والكذب، منح الرشاوي، الافتراء، القسم بإيمان كاذبة، الاختلاس والسرقة[٢].

٥- **الفصح اليهودي (السدر)**[٣]:

ويسمى (عيد الفطير) ،يقع في الرابع عشر من نيسان وعدته ثمانية أيام، يأكل اليهودي فيه الفطير، ولا يستبقون خبز الخمير في بيوتهم: ويعتقدون أن الله خلص فيها أتباع موسى عليه السلام من يد فرعون وأغرقه في هذه الأيام، وكانوا يأكلون اللحم والخبز الفطير ويسرعون في أكلهم الخبز الفطير وأوساطهم مشدودة وينتعلون أحذيتهم ويمسكون عصيهم في أيديهم، ولا يخرجون في النهار تشبهاً بقوم موسى ثم يحرقون ما فضل من عشائهم.

ويسمى هذا العيد في التلمود(عيد البكور) لأن يهوه كان يقضي على بكور المصريين ويرش الدماء على بيوت اليهود، ويعتبر اليوم الأول من هذا العيد أهم

---

(١) موجز تاريخ الديانتين اليهودية والمسيحية ص/٤٠.

(٢) راجع كتاب التلمود لظفر الله خان إذ أفاض في تفصيل ذلك.

(٣) الأسفار المقدسة في الأديان السابقة للاسلام ص/٣٠ وانظر مقارنة الأديان ، اليهودية ص/٣١١.

الأيام إذ يرأس كل أب أداء الصلاة لأسرته المجتمعة عنده ويؤدي مراسيم تذكيرهم بأيام موسى (عليه السلام) العصيبة.

٦- الأسابيع (العنصرة)[١]:

ويسمى أيضاً (عيد الخطاب) ويقع بعد سبعة أيام من عيد الفصح، وهو اليوم الذي تجلى الله لموسى عليه السلام على الجبل في سيناء ونزلت فيه الشريعة والوصايا العشرة.

وهناك أعياد أخرى لم يرد ذكرها في التوراة منها:

٧- التكريس أو (الحنكة)[٢]:

ومدته ثمانية أيام من الخامس والعشرين من تشرين الأول وحتى الثاني من تشرين الثاني ، وكان اليهود يوقدون في كل ليلة على أبوابهم سراجاً، حتى تصبح ثمانية سروج في الليلة الثامنة، ويسمونه (الحنكة) أي التنظيف لأنهم نظفوا الهيكل من أقذار أحد الجبابرة الذين سيطروا على بيت المقدس وقتل الكثير من اليهود، واعتدى على أبكارهم، لذلك يسميه البعض عيد (التبريك) لأن فيه استتمام نزول التوراة، وسلمت إلى الحاخامات لتوضع في الهيكل بعد تنظيفه من الدنس.

٨- الفوز[٣]:

يقع في الرابع عشر من شهر آذار ويعتقدون بأن موسى قد ولد فيه وتوفي فيه، ومن مظاهر هذا العيد عندهم الزيارات واللهو والمجون.

وهناك أعياد ومناسبات دينية كثيرة أخرى يمارسون فيها الصوم أو بعض الممارسات الأخرى وقد تكون مقصورة على طوائف معينة من اليهود سيأتي ذكرها في وحدة العبادات.

---

(١) موجز تاريخ الديانتين اليهودية والمسيحية ص/٤٢. والعنصرة معناها الرسل

(٢) المصدر السابق.

(٣) موجز تاريخ الديانتين اليهودية والمسيحية ص/٤٢

المبحث الثاني

المناسبات الدينية المسيحية

في هذا المبحث سيتعرف الطالب على:-

1- الأعياد والمناسبات الهامة عند النصارى.

2- أسباب اختيار هذه الأيام للاحتفال بها.

3- التشابه بين بعض الأعياد وأعياد اليهود في التسمية والاختلاف في المضامين.

4- شعائر هذه الأعياد وطرق ممارستها

5- بعض المعاني التي تسبغها الكنيسة على هذه الأعياد.

تمهيد

في هذا الفصل سنتناول بعض الأعياد المشتركة التي تحتفل بها الطوائف المسيحية .. وكان مصدرنا الأول في الإشارة إليها هو (الكتاب المقدس) .. ولذلك فإننا سنذكر بعض الأحيان النصوص الانجيلية ، وذلك لأن الأعياد المذكورة هي أعياد خاصة بالطوائف المسيحية التي تدين بتلك النصوص ، لذلك اقتضى التنويه.

ويجد المرء صعوبات في المصطلحات التي تروى عن اللغة اللاتينية والتي يصعب شرحها بعض الأحيان. . إلا أن النتيجة في الاطلاع على أعياد النصارى يجد المرء أنها قد وردت عن مصادر أربعة هي :

١- إن البعض منها قد جاء من أصول وثنية باعتبار أن المسيحية الأولى قد انتشرت في المناطق الوثنية فأخذت أعيادها فأسبغت عليها قدسية دينية وصيرتها مسيحية.
٢- أو من أصول يهودية وغيرتها باعتبار أن الديانة المسيحية ورثت الديانة اليهودية وقد تحولت المعاني الدينية اليهودية إلى معانٍ مسيحية جديدة .
٣- وأما أنها مقترحات من البابوات والقديسين للاحتفال بالذكريات المقدسة لتصبح أعياداً فيما بعد.
٤- أو إنها ذكريات اتفاقية . اتفق المسيحيون كلهم أو بعضهم على اعتبارها أعياداً أو ذكريات . فأصبحت من الأعراف التي يسيرون عليها [1].

وسأقوم هنا بذكر النصوص المسيحية كما هي .. أنها عرض لأعيادهم وسبب قيامها عندهم فلا بد من الاستعانة بنصوصهم الانجيلية قبل غيرها لذلك اقتضى التنويه.

---

(1) الوجيز في الأعياد والمناسبات الدينية في العراق ص/٢٧.

عيد الميلاد

جاء في الأناجيل "مولود من السماء قبل أن يحبل به في البطن، جاء رئيس الملائكة غبريال (جبريل) إلى العذراء الطاهرة مريم وأعطاها التحية التي لم تسمعها امرأة من قبل وقال لها " السلام لك أيتها الممتلئة نعمة الرب معك، مباركة أنت في النساء، فلما رأته اضطربت من كلامه وفكرت ما عسى أن تكون هذه التحية فقال لها الملاك لا تخافي يا مريم لأنك وجدت نعمة عند الله ، وها أنت ستحبلين وتلدين ابناً وتسمينه يسوع. هذا يكون عظيماً وابن العلي يدعى ويعطيه الرب الاله كرسي داود ابيه ويملك على بيت يعقوب إلى الأبد ولا يكون لملكه نهاية (لوا: ٢٨-٣٢) وجاء في الإنجيل كذلك "وقبل بشارة الملاك غبريال للسيدة العذراء بآلاف السنين تنبأ الانبياء والآباء كباراً وصغاراً جميعاً بميلاده من عذراء مثل أشعيا وارميا وحزقيال وزكريا ومن منهم من الأنبياء من بيت إسرائيل ومن الأمم أيضاً لأن لهم نصيباً في الإيمان . فقد تنبأ بلعام بن ياعور اسمعوه يقول بالروح القدس " وحي بلعام بن بعور" وحي الرجل المفتوح العينين وحي الذي يسمع أقوال الله ويعرف معرفة العلي، الذي يرى رؤيا القدير ساقطاً وهو مكشوف العينين. أراه ولكن ليس الآن. أبصره ولكن ليس قريباً، يبرز كوكب من يعقوب ويقوم قضيب من إسرائيل " (عد ٢٤: ١٥-١٨).

إذن فعيد الميلاد .. هو عيد ميلاد المسيح عليه السلام .

ولد السيد المسيح في فلسطين في اقليم الجليل في الناصرة ولذلك سمي بيسوع الناصري وانتمى إلى بيت يوسف النجار خطيب مريم العذراء التي كانت يتيمة وفقيرة . وقد ولد في بيت لحم.. وظهر مع مولده ملائكة يسبحون لله قائلين" المجد لله في الأعالي وعلى الأرض السلام وفي الناس المسرة" (لو٢: ١٣-١٤) [1]

([1]) أعيادنا وإيماننا ص/١١

عيد البشارة المجيد

ويحتفل في اليوم الذي بشرت فيه مريم العذراء في ناصرة الجليل من قبل جبريل " سلام لك ايتها الممتلئة نعمة، الرب معك مباركة أنت في النساء، فلما رأته اضطربت من كلامه وفكرت ما عسى أن تكون هذه التحية فقال لها الملاك لا تخافي يا مريم لأنك قد وجدت نعمة عند الله . وها أنت ستحبلين وتلدين ابناً وتسمينه يسوع. هذا يكون عظيماً ويعطيه الرب الإله كرسي داود أبيه ، ويملك على بيت يعقوب إلى الأبد ولا يكون لملكه نهاية " (لو ١: ٢٦-٣٣) "فسألته قائلة كيف يكون هذا وأنا لست أعرف رجلاً فقال لها لملاك الروح القدس يحل عليك وقوة العلي تظللك" (لو ١: ٣٤، ٣٥).

فحبلت به .. وجعله المسيحيون عيداً يحتفلون به كل عام.

عيد دخول المسيح إلى الهيكل

دخل المسيح عليه السلام إلى الهيكل ثلاث مرات هي :-

١- وهو ابن ٤٠ يوماً .

٢- دخله وهو في سن ١٢ سنة وأقام فيه ثلاثة أيام (كان يستمع إلى المعلمين يسمعهم ويسألهم (لو ٢: ٤١-٥٢).

٣- دخله ليطهره من الصيارفه وباعة الحمام قبل عيد الفصح وخرج منه إلى جبل الزيتون (لو ١٩: ٤٥-٤٨).

وقد تنبأ بانهيار الهيكل على يد الأجانب " الحق أقول لكم أنه لا يترك ههنا حجر على حجر لا ينقض. (مت ٢٤: ٢) (مر ١٣: ٣) (لو ٢١: ٦) وتحتفل الكنيسة بعيد يسمى عيد دخول المسيح إلى الهيكل عندما كان عمره أربعين يوماً. وهنالك أسباب لدخوله (وهو الأقنوم الالهي عندهم) وهي :-

١- ليجعلهم يحترمون الشريعة بعدما يرون أن صاحب الشريعة هذه يحترمها.

٢- لكي يكون قدوة صالحة في تنفيذه أوامر الشريعة .

٣- لكونه بكراً لأمه فهو تنفيذ و تقديس لقيام البكر بتقديس الشريعة (حسب تعاليم الشريعة الموسوية) وبذلك يشجع أي بكر من بني جلدته على تنفيذ التعاليم.

٤- أن يقدم الأطفال المواليد قرابين للآله..... فقد قدمته مريم العذراء إلى الرب (وهي من العادات الموسوية).

٥- وعلى حسب العقيدة المسيحية فإن في دخوله الهيكل تواضع كبير ليكون تعليماً لاتباعه بعدم التكبر واتباع سلوك التواضع. [١]

عيد عرس قانا الجليل

عيد عرس قانا عيد تحتفل به الكنيسة القبطية الارثوذوكسية والذي تجلت فيه معجزة أخرى من معجزات السيد المسيح عليه السلام وهي أول معجزة له بعد عماده بثلاثة أيام (حيث حول الماء الموجود في ستة أجران إلى خمر حقيقي) ! فآمن به تلاميذه وكثير من الحاضرين . [٢]

أما عرس قانا فهو عرس لأحد أقرباء السيدة العذراء حيث دعي إليه وأمه وتلاميذه اكراماً لأقارب أمه . وكان حفل العرس فقيراً إلا أن المسيح عليه السلام حضره وكرم سر الزواج المقدس أما أجران الماء التي تحولت إلى خمر فهي أجران خاصة بالكنيسة التي عقدت حفلة العرس أبقيت فيها جرنان ونقلت البقية إلى القسطنطينية ، وقد اختار المسيح عليه السلام الجليل مكاناً للمعجزة ليعطيها الأهمية لكون اليهود والهيكل في القدس قد رفضاه فرفضهم وذهب إلى تلك المنطقة الصغيرة ليعطيهم قوة ودفعاً وسلطاناً . وقد دخلوا في ديانته ولم تكن الجليل من اتباع الديانة اليهودية وإنما كانوا من (الأممين) أي الأمم الأخرى . وحيث لم يكن

---

(١) وهذا يعني أن دخول المسيحي إلى الكنيسة يعتبر تواضعاً وليس فرضاً!

(٢) وهذا يعني أن تحويل الماء إلى خمر هو سبب إيمان تلامذة السيد المسيح به !

الخمر الموجود عندهم يكفي الحاضرين فقد عمل المسيح عليه السلام تلك المعجزة ليكون الخمر كافياً للجميع .. والخمر الذي صنعه السيد المسيح غير مسكر أراد به أن يحول أخلاقية الناس إلى أخلاق حسنة رفيعة كاملة الإحسان (أي أنه حوله إلى عصير عنب "ليشربوا منه فيسري في دمائهم وتطهر أجسادهم وأرواحهم") . فهو إذن عندهم ليس إباحة للخمرة لأن المسيحية الحقيقية ترفض الخمرة.. وإنما جعل العصير بلون الخمرة وطعمها دون أن تؤدي إلى سكرهم .

معنى هذه المعجزة عند النصارى

١- تدل على أنه من الممكن تحويل الأشياء الميته إلى أشياء حية

٢- تدل على أهمية مشاركة الآخرين أفعالهم (أفراحهم وأتراحهم) .

٣- (وكعلاقة على دخول المسيحية) فهم يتناولون الخبز (الفطير) كعلامة على امتزاج لحم أو جسم المسيح بأجسادهم ويشربون الخمر (أي العصير أو النبيذ غير المسكر) علامة على امتزاج دم المسيح بدمائهم" (وهذا عندهم سر من أسرار الكنيسة).

عيد الغطاس (الظهور)

كان عيد الغطاس مدموجاً بعيد الميلاد، والغطاس يعني عماد السيد المسيح، على أساس أن الميلاد والعماد يؤديان مضموناً واحداً. ورأت الكنيسة بعد القرن الرابع الميلادي فصل الأمرين وجعلهما عيدين مختلفين لتعطي كلاً منهما أهمية أكثر. ويسمى كذلك "عيد تأسيس سر المعمودية المقدس ، حيث أن السيد المسيح عليه السلام (هو أقنوم من الثالوث المقدس عند النصارى) فإن القديس يوحنا المدعو (ذهبي الفم) يقول : إن عيد الظهور هو من الأعياد الهامة عندنا. وقد اعتمد السيد المسيح عليه السلام في نهر الأردن .

هذا ويرى المسيحيون ، أن السماء انشقت لظهوره، قال أشعياء ليتك تشق السماء وتنزل (اش ٦١: ١) والقديس بطرس الرسول في رؤياه رأى السماء مفتوحة (اع ١٠: ١١) [1].

عيد الختان (رأس السنة الميلادية)

كانت هنالك ثلاثة أمور مهمة في الشريعة الموسوية التي سبقت المسيحية وهي:

١- ختان كل ذكر

٢- قراءة الشريعة

٣- حفظ يوم السبت

وكان الناس يدعون اليهود " أهل الختان".

وقد اختتن السيد المسيح عليه السلام بعد ولادته بثمانية أيام. وكان لا بد أن تسري هذه السنة في اتباعه. إلا أن بولس الرسول رأى أن المسيح عليه السلام قد اختتن بالجسد وعلى المسيحيين أن يختتنوا بالروح فرفع عنهم هذه العادة "إنه في المسيح يسوع لا حاجة لختان الجسد بل ختان الروح وإن الختان يتحقق من خلال المعمودية بخلع الإنسان القديم والتمتع بالإنسان الجديد الذي على صورة خالقه "(كو ١٠، ٩: ٣) وجاء أيضاً" في خطة إله الناموس إن يكون الختان للقلب لا الجسد ، بالروح لا للحرف (رو ٢: ٩).

فإذا كان الختان الجسدي ليس ضرورياً فلماذا اختتن السيد المسيح ؟ يجيب النصارى على ذلك بالقول:

- لأنه لو لم يختتن لن يقبله اليهود.
- ولن يسمحوا له بالدخول إلى الهيكل
- ولن يسمعوا له كمعلم

---

(١) أعيادنا وإيماننا ص /٣٥-٤١

ويقع هذا العيد في اليوم الأول من بداية كل عام ويحتفل كل المسحيين بعيد رأس السنة الميلادية.

عيد دخول السيد المسيح أرض مصر

وتحتفل الكنيسة القبطية في مصر بهذا العيد .. وهو ذكرى اليوم الذي دخل فيه المسيح عليه السلام أرض مصر تحمله العذراء هرباً من هيرودوس وكانت بشارة دخوله قد وردت في العهد القديم (اشعيا ١٩: ١) ثم ذكرها (متى،:١٣ -١٥)

ويرى الأقباط في هروب العذراء بابنها المسيح إلى مصر أموراً منها (وهي نصوص يعتمدونها في تفسير أهمية هذا العيد).

١- تعليمهم الصبر على الأقدار في عملية الهروب دون أن يضطر المرء إلى فقدان إيمانه أو سلامته .

٢- تعليمهم الطاعة لأن الملاك قال ليوسف النجار خطيب العذراء عليها السلام (خذ الصبي وأمه واهرب إلى مصر) .. وقد قام برحلة الهرب فعلاً تمثلاً لأمر الملاك "ولم يذكر الإنجيل اسم الملاك ".

٣- وجوب الهروب من الشر لتحقيق السلام (الذكي يبصر الشر فيتوارى والحمقى يعبرون فيعاقبون . ثواب التواضع ومخافة الرب هو غنى وكرامة وحياة (أمثال ٣، ٢٢: ٤) "أي أنهم يفسرون جهاد الذكي بالتواري عن الشر لا مقاومته".

عيد الصعود

والصعود هو رفع السيد المسيح عليه السلام إلى السماء (إنه بضيقات كثيرة ينبغي أن تدخل ملكوت الله) (اع ١٤: ٢٢). ويقع هذا العيد بعد أحد القيامة بأربعين يوماً.

معاني هذا العيد عند النصارى

١- يعتقد النصارى أن صعود المسيح إلى السماء يدفع إلى الأعداد للمستقبل "أنا أمضي لأعد لكم مكاناً وأن رضيت وأعددت لكم المكان آتي أيضاً وآخذكم إلى حيث أكون أنا تكونون أنتم أيضاً وتعلمون الطريق"(لو١٤: ٢)

٢- الإعلان عن عودة المسيح عليه السلام.

ينتظر المسيحيون مجيئ المسيح ثانية من جبل الزيتون " أيها الرجال ارتفع عنكم إلى السماء سيأتي هكذا كما رأيتموه منطلقاً إلى السماء (١ع ١:٩)"[١].

عيد العنصرة [٢].

(عيد حلول الروح القدس على الكنيسة (خمسين يوماً بعد الفصح)).ويعتبر عيد العنصرة يوم مولد الكنيسه. وعيد العنصرة في يوم الخمسين لقيامة المسيح عليه السلام من بين الأموات.

عيد التجلي

أي تجلي المسيح بعد رفعه إلى السماء (وتفسير ذلك عند النصارى أن المسيح هو أقنوم من أقانيم الآله فهو في عرف النصارى إله من إله ، لكنه نزل بشكل بشر من مريم العذراء ليقوم بسحب خطايا البشر وإدخالهم في ملكوت الله). وقد صلب ومات وقام من بين الأموات ورفع إلى السماء .

عيد انتقال العذراء

يقع في الخامس عشر من آب، وهو من الأعياد الجديدة في الكنائس المسيحية، ويقال بأن جسد مريم حمل في السحب ، ومنها إلى الفردوس.

عيد أحد السعف أو السعافين أو الشعانين.

يقع في الأحد الذي قبل الفصح ويحتفل فيه بذكرى دخول المسيح عليه السلام إلى القدس راكباً على حمار واستقبال الناس له بسعف النخيل.[٣] ويقع في الأحد السابق للفصح والشعانين جمع شعنينة وهو الهتاف الذي استقبل به المسيح عند دخوله اورشليم .

---

(١) أعيادنا وإيماننا ص/١٣ -١٤.

(٢) الرسل

(٣) أعيادنا وإيماننا ص/١٢.

عيد الدنح أو عماد الرب أو عماد المسيح

يقع في (٦) كانون الثاني وتحتفل فيه بعض الكنائس حيث قام النبي يحيى عليه السلام "يوحنا المعمدان " بتعميده في نهر الأردن.

عيد العذراء (أم الأحزان)

تقع بعد ١٤ أيلول، ويحتفل به الكلدان في العراق وترفع فيه صورة العذراء وهي مطعون بها بسبعة سبوف وكل سيف يرمز إلى ألم من الآلام.

عيد ولادة مريم (٨ أيلول)

وهو يوم فرح في البيوتات المسيحية ، يقع في (٨) أيلول .

عيد تهنئة العذراء.

يقع هذا العيد في ٢٦ كانون الأول ، وهو من أقدم الأعياد المسيحية، حيث يقوم مسيحيو (العراق) بتهنئة مريم العذراء بولادة المسيح، كما قام الرعاة الفقراء والمجوس الأغنياء بذلك[1].

خميس الغسل أو خميس الأسرار.

وهو العيد الذي تناول فيه المسيح عليه السلام مع تلامذته "العشاء الرباني الأخير ويروى أن المسيح قام عن العشاء وغسل أرجل تلامذته ليعلمهم كيف يخدم البعض بعضاً أي (المحبة والتواضع).

الجمعة العظيمة .. أو جمعة الآلام.

والذي يتذكر المسيحيون فيه آلام المسيح عليه السلام(حيث صلب حسب معتقداتهم). وهناك أعياد كثيرة أخرى عند النصارى وكثير منها يختص بشخص مريم العذراء ويمكن الاطلاع عليها في أدبيات الكنائس المختلفة.

---

(١) الوجيز في الأعياد والمناسبات الدينية في العراق . ص/٢٩-٣١.

أسئلة اختبارية

- اكتب عن عيد الفصح عند اليهود والنصارى وبين الفرق بينهما.
- عيد رأس السنة، عيداً يهودياً وعيداً مسيحياً ، ما الفرق بينهما؟
- هل الأعياد اليهودية أعياداً فيها نصوص شرعية؟ أم أنها وضعية تعارف عليها الناس ؟ أكتب مقالاً قصيراً في شرح ذلك.
- هل هناك خلفيات عقائدية للأعياد المسيحية ناقشها بإسهاب.
- هل يتعطل المسيحيون واليهود في تلك الأعياد عن الأعمال رسمياً أم أنها احتفالات شكلية؟
- عدد الأعياد اليهودية واشرح أثنين منها.
- عدد الأعياد المسيحية وأشرح واحداً منها.

الوحدة الخامسة

الطوائف الدينية

اليهودية والمسيحية

ينتظر من الطالب بعد دراسة هذه الوحدة

- أن يعرف اسماء الفرق اليهودية القديمة منها والمعاصرة.
- أن يعرف الفرق والطوائف الموحدة في الكنيسة ومصيرها.
- أن يعرف الفرق اليهودية التي تؤمن بالتلمود وأسباب ذلك.
- أن يعرف الفرق المثلثة في الديانة النصرانية وأثر الإنجيل عليها.
- أن يعرف أسباب قيام البروتستنانتية وتاريخ نشوئها.
- أن يعرف معنى الكاثوليكية وعلاقتها بالبابوية.
- أن يعرف أسباب انقسام الكنيسة إلى شرقية وغربية والتعريف بكل منها.
- أن يعدد الفرق الكنسية القدمية ويعرف بها .
- أن يعرف الفرق بين مميزات الفريسيين والصدوقيين.
- أن يعرف أهداف الاصلاحيين اليهود.
- أن يعرف الأسباب التي دعت بعض اليهود بإطلاق لفظ الأرثوذوكس عليهم.

المبحث الأول
الطوائف اليهودية

سيتعرف الطالب من خلال هذا المبحث على الطوائف والفرق الدينية اليهودية وسيجد:

١- أن بعض الطوائف قد انتهت ولم يعد لها وجود في الوقت الحاضر.

٢- أن بعض الطوائف مستمرة إلى اليوم الحاضر.

٣- أن بعض الفرق تعترف بتوراة موسى عليه السلام فقط وبعضها يعترف بالعهد القديم كله فقط أما البعض الآخر فيعترف به وبالتلمود وبقية الكتب اليهودية.

٤- أن هناك فرقاً معاصرة في اليهودية قد اتخذت تسميات مسيحية تشبهاً بها.

عرفت عن اليهود بضعة فرق قديمة أو حديثة معاصرة منها:

أولاً: الطوائف القديمة

١- السامريون:

وهم فئة قليلة جداً من اليهود ، لا تعترف من العهد القديم إلا بالأسفار الخمسة الأولى، أسفار موسى عليه السلام ، وينسبون إلى السامرة ، وكانوا يسكنون شكيم (نابلس حالياً) وعندهم نسخة قديمة من الأسفار الخمسة ترجع إلى ما قبل عهد المسيح ، ولا زالت بقية قليلة لهذه الفرقة في نابلس في الوقت الحاضر.

أما بقية الفرق اليهودية فقد أصدرت قراراً بعدم الاعتراف بهذه الفرقة كفرقة يهودية.

ويناصب السامريون العداء للصهيونية وتعتبرها كفراً ، ويعتقدون بأنهم البقية الباقية من الدين الصحيح وتتلخص عقيدتهم بما يأتي:-

١-   الإيمان بإله واحد ، وبأن هذا الإله روحاني بحت.

٢-   الإيمان بأن موسى رسول الله وأنه خاتم رسله (أي لا يعترفون بأي نبي بعده عدا يوشع بن نون لأنه كان صاحب موسى ومذكور في التوراة .

٣-   الإيمان بتوراة موسى (فقط) وتقديسها ويعتبرونها كلام الله .

٤-   الإيمان بأن جبل جرزيم المجاور لنابلس هو المكان المقدس الحقيقي وهو القبلة الحقيقية الوحيدة لبني إسرائيل – حسب رأيهم.

ويناصب اليهود العداء للسامريين ولا يعتبرونهم في نسب إسرائيل ويرون بأنهم لا يؤمنون بإله إسرائيل .. أما السامريين فيعتبرون أنفسهم من نسل هرون أخ موسى أي أنهم ينتسبون إلى سبط لاوي وهم يعظمون كهنتهم تعظيماً كبيراً.

والسامريون يؤمنون بيوم القيامة ويسمونه يوم البعث أو يوم الموقف العظيم، ويؤمنون بمجيئ المسيح المخلص "وهو عندهم غير عيسى بن مريم عليه

السلام" وتسمي هذه الطائفة نفسها ببني إسرائيل أو بني يوسف رغم أنهم ينتسبون إلى سبط لاوي.

٢- الفريسيون:

اسمهم في العبرية "فروشيم" وتعني (المفروزين) أي الذين أمتازوا وعزلوا عن الآخرين وصاروا الصفوة المختارة من اليهود لعلمهم وورعهم واتصالهم بأسرار الشريعة.

لذلك يلقبون بالأتقياء (حسيديم) والرفاق أو الزملاء (حبيريم) والتي جاءت منها لفظة (الأحبار) أي علماء اليهود، يرى الفريسيون إن الشريعة اليهودية منبع لا ينضب للسعادة في الدنيا والآخرة .. وهم الذين وقفوا بوجه السيد المسيح بصلابة وعناد لأنه وقف ضدهم وضد سلطاتهم الدينية.

وفي العصر الحاضر ... فهم الذين ساعدوا على بذر الصهيونية واحتقار الأمم والأجناس والأديان الأخرى ورفض أية حكومة أجنبية غير يهودية تهيمن عليهم وكانوا دائماً وراء أعمال التخريب والمؤامرات في الشرق الأوسط. وهم المسؤولون عن (الدياسبورا) أو التشرد الذي استمر مع اليهود إلى ما بعد وعد بلفور في بداية القرن الماضي .. وهي المسؤولية التي يوجهون أتباعهم دائماً فيها إلى الهجرة إلى فلسطين المحتلة .

ويذكر المؤرخ اليهودي يوسفوس أن هذه الفرقة قد تكونت في عهد يوناثان الذي كان صديقاً حميماً لداود عليه السلام وتعتبر هذه الفرقة أهم فرقة يهودية وأكثرها عدداً . وأهم مميزات هذه الفرقة التي كانت تميل إلى السلم ومعاشرة الناس بالحسنى :

١- تعترف بجميع أسفار العهد القديم والتلمود. وأن الربانيين وهم فقهاء هذه الفرقة هم الذين جمعوا وألفوا أسفار التلمود.

٢- تؤمن بالبعث والحساب واليوم الآخر.

٣- تؤمن بالمسيح المنتظر وتزعم أنه سيأتي لينقذ الناس ويدخلهم في ديانة موسى (عليه السلام) .

٤- أما بالنسبة للألوهية فهم يقولون بأن الله واحد وهو رب العالمين أجمع.

استمر الفريسيون إلى يومنا هذا تحت أسماء كثيرة، وهم الذين يميزون الجماعات والأحزاب الدينية الصهيونية في إسرائيل وباقي أنحاء العالم.

٣- الصدوقيون :

كان الصدوقيون يدعون أنهم ينتسبون إلى "صدوق" الكاهن الأعظم لداود عليه السلام الذي تولى أخذ البيعة لابنه سليمان (عليه السلام) وتنصيبه على العرش، وصار في عهد سليمان الكاهن الأعظم للهيكل وقد ورث أحفاده الكهانة عنه .

والصدوقيون تعني العادلين الأبرار(صدوقيم أو صديقيم) ومن عقائدهم :-

١- أنهم لا يؤمنون بقيامة الأموات من القبور.

٢- لا يؤمنون بالحياة الأبدية للبشر بأفرادهم وأشخاصهم كما كانوا في الدنيا.

٣- يرفضون الثواب والعقاب في الآخرة ويرفضون الإيمان بالآخرة.

٤- ينكرون القضاء والقدر وما كتب للإنسان أو عليه في اللوح المحفوظ.

٥- يقولون تبعاً لذلك بأن الإنسان خالق أفعال نفسه حر التصرف وبذلك فهو مسؤول.

٦- تؤمن بقدسية العهد القديم ولا تؤمن بالتلمود ونحوه .

٧- عدم وضوح فكرة المسيح المنتظر في أفكارهم ، لذلك فقد اشتركوا مع الفريسيين في حرب المسيح بن مريم (عليه السلام) ومقاومته ومعاداته.

٨- في تصورهم للألوهية كانوا يقولون بأن لإسرائيل ربهم الخاص -يهوه- فهو الذي اختارهم وهم شعبه وكانوا يميلون إلى سياسة العنف مع الشعوب الأخرى.

٤- القفاؤون:

يقول المؤرخ يوسفوس أن هذه الجماعة كانت تمتاز بتمسكها بفكرة الوطن اليهودي الحر المستقل ولا يعترفون بسيادة غير سيادة الله، وهم من الخارجين على القانون حين يحكمهم الأجنبي ، ظهرت هذه الفرقة في القرون الميلادية الأولى.

إن هذه الفرقة تعتبر من أشد الفرق اليهودية تطرفاً وعنفاً، معنى القفائين أي (أصحاب الغيرة) أو (أصحاب الحمية) وهي من الأوصاف التي وصف الله بها نفسه في الوصايا العشر.

إن هذه الفرقة – وإن كانت قد اختفت – إلا أن منهجها ووسيلتها (العنف) ما تزال توحي للفكر الصهيوني الحديث بكثير من التفاصيل التعسفية التي يعتمدها المتطرفون من أصحابهم حتى اليوم في فرض كلمتهم بالقوة وإهدار كل الحقوق المنبثقة مما هو تشريع أو قانون أو سلوك إنساني[١].

٥- فرقة الحسيديين:

ظهرت هذه الفرقة حوالي القرن الثاني قبل الميلاد وتختلف عن بقية فرق اليهود اختلافاً كبيراً سواء في العقيدة أم العبادة أم النظم أم التقاليد ومن أهم مميزات هذه الفرقة:

١- أنها تحرم الأضحية والقرابين على عكس بقية الفرق التي تجعل ذلك من المقدسات .

٢- تميل إلى السلم مع بقية الناس وتسمى هذه الفرقة الأسينيين أو المغتسلين[٢] .

٣- تحرم هذه الفرقة الملكية الفردية وتدعو إلى جعل الملكيات جماعية.

٤- تحرم الاشتغال بالتجارة وصناعة الأسلحة والتعامل بالذهب والفضة.

---

(١) الفكر الديني اليهودي ص/١١٩-٢٢٠.

(٢) مفصل العرب واليهود في التاريخ ص/٨٠٢.

٥- تميل إلى الزهد والتقشف والبعد عن متع الجسد لذلك كانت تدعو إلى التبتل والابتعاد عن الزواج قدر الإمكان[١]. وبالنظر لما كانت عليه هذه الفرقة من خطر كبير على مستقبل الديانة اليهودية ، فإن هذه الفرقة بقيت حبيسة القرن الذي ظهرت فيه وانقرضت في أواخر القرن الأول الميلادي[٢].

٦- القراؤون:

تنسب فرقة القرائين إلى عنان بن داود، الذي أسسها في بابل في القرن الثامن للميلاد، ومن أهم معتقداتها:

١- عدم الاعتراف بالتلمود كمصدر من مصادر التشريع اليهودي.

٢- كانوا يخالفون الربانيين في جانب التشريع فقط وليس في الجانب العقائدي.

٣- التمسك بظواهر النصوص، وتحريمهم للتأويل.

٤- يتميزون بالتعنت والتصلب في طقوس العبادة.

٥- يميلون إلى الجبر في مسائل القضاء والقدر.

ثانياً: الفرق المعاصرة

١- الاصلاحيون

أسس موسى مندلس (١٧٢٩-١٧٨٦)، وهو من المفكرين الألمان، اذ أنه ترجم التلمود إلى اللغة الألمانية وكان من مؤسسي مجلة (المجمع) لتعليم اليهود الثقافة الألمانية. وقام بتأسيس المدرسة اليهودية الحرة. وتتلخص أفكاره في:

١. التوفيق بين المواطنة في أي قطر من الأقطار وبين الانتماء إلى اليهودية.

---

(١) إبن حزم الفصل في أملل والأهواء والنحل ج١ ص/٨٢.

(٢) د. علي عبد الواحد وافي ص/٥٨-٦١.

٢. استعمال اللغات المحلية بدل العبرية في العبادات اليهودية كالصلاة مثلاً تشبهاً بالمسيحيين.
٣. استخدام الآلات الموسيقية في الصلوات .
٤. إنكار أية قيمية تشريعية للتملود والتوراة
٥. التخفيف من الطقوس الدينية
٦. إلغاء المحرمات القديمة كتقديس السبت وتحريم الخنزير
٧. الخوض في إصلاح بعض التشريعات.
أ- زواج المسيحيين باليهوديات .
ب- تعديل قوانين الزواج والطلاق.

وعندما توسعت الحركة الإصلاحية، دعت هذه الحركة إلى جملة أمور منها:
١. إنكار فكرة المسيح المنتظر
٢. علمنة فكرة الشعب المختار بحيث لا تبقى مقصورة على بني إسرائيل .
٣. إنكار بعث الأجساد
٤. تغيير مواعيد الصلاة وإلغاء عطلة السبت.

٢- الطائفة الأرثوذوكسية:

والتسمية تعني الطريقة السليمة أو المستقيمة وهو لقب اتخذته الكنيسة الشرقية عندما انسلخت عن الكنيسة الكاثوليكية بفعل خلافات شكلية، إلا أنها أرادت أن تنفصل قيادياً عنها وتكون طائفة مستقلة

وقد حذا اليهود حذو المسيحيين في ذلك. إلا أن ثورتهم لم تكن ضد اليهود التقليديين، بل على العكس فإن الأرثوذوكس حافظوا على عقائد الفريسيين في الاعتقاد بأن التوراة والتلمود هما من الله تعالى . وإن الثاني ينقسم الى قسمين الأول وهو (المشناه) قد نزل من الله تعالى بصورة مباشرة بينما يكون شرحه (الجماراه) الهام من الله ووحي منه إلى الحاخامات الذين شروحوه

وتشكل كل هذه الكتب ما يسمى (الحلقاه) والذي يعتبر نظاماً معيارياً قياسياً لحياة اليهودي والذي لا بد وأن يجند حياته لتطبيقه.

ابتدأت التسمية هذه على اليهود الرافضين لإصلاح مندلسن وقاد هذه الطائفة في البدء حاخام يهودي ألماني يدعى هرش وقد نجح في قيادة نسبة كبيرة من الاتباع معظمهم الآن في أمريكا وإسرائيل أما رجال الدين فهم الدارسون في (اليتشيبوت) وهي مدارس يهودية تقليدية. وهم المسموح لهم بإقامة الطقوس الدينية في أمور الدين، وتتلخص آراؤهم بما يأتي:

١. الدين اليهودي نظام حياة وليس نظام عقيدة، وذلك يجعل الخلاص بالعمل وليس بالإيمان.
٢. الأيمان بالتلمود كتوراة شفوية سلمها الله إلى موسى في طور سيناء. أما التوراة فهي الكتب الخمسة الأولى من العهد القديم ، وعلى اليهودي أن يعمل على تطبيق هذين الكتابين الألهيين مضافاً إليه الشروحات (الجماراه)، كما سبق أن ذكرنا.
٣. تجبر أعضاءها على لبس القبعة والشال في الصلاة.

اذن فإن هذه الطائفة الجديدة تعتبر متزمتة في تطبيق قوانين التوراة والتلمود ويتميز اتباعها بالتشدد.

٣- **فرقة الحسيديم**، ولعل أتباعها يحيون فرقة الحسيديين القديمة والتي تدعو إلى الإحسان وعمل الخير، وهم أشبه بالفرق المتصوفة ينتشر أصحابها في امريكا وفلسطين المحتلة وكل بلدان العالم، وترتبط هذه الفرقة بالطائفة الأرثوذوكسية بتشددها التقليدي في تطبيق الشريعة اليهودية إلا أنهم

٤- يختلفون عنهم في الممارسات الدينية والسلوكية والتقاليد، ويتكلم اتباعها لهجة خليطة من اللغة العبرية والألمانية القديمة يطلق عليها (البديش).

٥- **المتناجدون:** أو(المتناجديم)في اللغة العبرية وتعني المعارضين، ولا يعرف عنهم غير معارضتهم للحسيديين المعاصرين، إلا أنها فرقة تدعو لتطيق التشريعات الموسوية وهي متشددة في ذلك ، وتنسب إلى مجموعة الأرثوذوكس، حيث يؤمنون بكل الكتب اليهودية المقدسة والتي تحوي تشريعات وشروحات تحتويها التوراة والتلمود بقسميه المشناه والجماراه.

٦- **المحافظون**

والمحافظون يقفون في معتقداتهم بين تشدد الأرثوذوكس من جانب وبين انفتاح الاصلاحيين، حتى أن بعض اليهود يرى أنهم لم يكونوا يبغون أن يؤسسوا طائفة جديدة بقدر كانوا يريدون الوقوف في وجه النزاعات التقليدية والمعاصرة المتمثلة في الأرثوذوكس والاصلاحيين.

ومن أهدافهم.

١. إقامة شعائر السبت.

٢. تقوية معرفة اليهودي باللغة العبرية.

٣. تقوية التربية اليهودية.

٤. مساعدتهم لليهود للهجرة إلى الأرض المحتلة

٥. إلغاء ترديد التراتيل (الغناء في الصلوات)

٦. لبس القبعة والشال أثناء الصلاة

٧. السماح للجنسين بالجلوس إلى جانب بعضهم أثناء تأدية الشعائر الدينية(تشبهاً بالنصارى)

٨. جواز الصلاة باللغات المحلية القومية والوطنية وكذلك في الأدعية.

٩. المرأة تساوي الرجل في الأعمال التعبدية.

١٠. تربية النشيء تربية ديفية لتتقوى صلتهم بدينهم .

١١. الاجتهاد في دراسة تاريخ بني إسرائيل وفي التوراة

المبحث الثاني
الطوائف المسيحية

سيتعرف الطالب هنا على :

١- الفرق الموحدة القديمة في الديانة المسيحية وسيرى الفرق في معتقداتها مع الطوائف المعاصرة.

٢- إن جميع الفرق المسيحية المعاصرة دون استثناء تؤمن بالأناجيل الأربعة وأنها تؤمن بالتثليث.

٣- سيتعرف على التثليث وكيف نشأ من خلال قيام الفرق التي تؤمن به وتدعو له.

٤- سيتعرف على الكنائس الشرقية وتسمياتها وسماتها العقائدية كالتشابه والاختلاف مع الكنيستين الكاثوليكية والبروتستانتية.

تمهيد

وحين الحديث في الطوائف المسيحية لا بد من تقسيم الطوائف إلى:-

١- الطوائف الموحدة: أي التي ترفض عقيدة التثليث أو ما تسمى بعقيدة (بولص) وهي فرقة قديمة حرمتها الكنيسة واعتبرت أصحابها هراطقة أي كفاراً، يجب مقاطعتهم وحرمانهم بل وقتلهم .

٢- الطوائف الخاضعة لقوانين الكنيسة والتي تلتزم بعقائد المجامع التي مر ذكرها والتي بنيت على أساس التثليث أي بأن الله له ثلاثة أقانيم هي الأب والابن والروح القدس وسوف نقسمها إلى فرق قديمة وفرق معاصرة.

أولاً : الطوائف الموحدة:

والطوائف التي اتسمت أفكارها وعقائدها بالتوحيد هي فرقة أبيون وفرقة بولص السميساطي وفرقة اريوس...

١- فرقة أبيون:

كانت تقر جميع شرائع موسى (ع) وتعتبر عيسى (ع) هو المسيح المنتظر الذي تحدثت عنه أسفار العهد القديم وتنكر ألوهية المسيح وتعتبره مجرد بشر رسول. وكان لهذه الفرقة في تفاصيل عقائدها هذه إنجيل خاص مدون باللغة الآرامية، وتم انقراض هذه الفرقة في أواخر القرن الرابع الميلادي[١].

٢- فرقة السيمساطي:

والسيمساطي كان أسقفاً لأنطاكيا سنة ٢٦٠م. فإنه أنكر ألوهية المسيح وقرر أنه مجرد بشر رسول وقد عقد بأنطاكيا من سنة ٢٦٤-٢٦٩ ثلاثة مجامع للنظر في شأنه وانتهى الأمر بحرمانه وطرده وقد بقى لمذهبه اتباع على الرغم من ذلك حتى القرن السابع الميلادي، ويذكر ابن حزم في كتابه (الفصل في الملل والأهواء والنحل) عن بولص هذا أنه كان بطرياركاً بأنطاكيا وكان دينه

---

(١) الأسفار المقدسة في الأديان السابقة للإسلام ص/١٠٨

التوحيد المجرد الصحيح وأن عيسى (ع) خلقه الله في بطن مريم من غير ذكر. وإنه إنسان لا ألوهية فيه وكان يقول:لا أدري ما الكلمة (أي الابن) ولا (روح القدس) ويقول ابن البطريق في بيان مذهبه: (إن المسيح إنسان خلق من اللاهوت كواحد منا في جوهره وان ابتداء الابن من مريم (أي أنه محدث وليس قديما). ويقولون الله جوهر وأقنوم واحد ولا يؤمنون بالكلمة (أي الابن) ولا (بروح القدس) وهي مقالة بولص السيمساطي يدعي اتباعه أيضاً ، (البوليقانيون) [1]

٣- الآريوسيون أتباع(آريوس):

كان آريوس قسيساً في كنيسة الاسكندرية وداعياً قوي التأثير واضح الحجة جريئاً في المجاهرة برأيه وقد أخذ على نفسه في أوائل القرن الرابع الميلادي مقاومة كنيسة الإسكندرية فيما كانت تذهب إليه من القول بألوهية المسيح ونبوته للأب فقام يقرر أن المسيح ليس إلهاً ولا إبناً لله وإنما هو بشر مخلوق وأنكر جميع ما جاء في الأناجيل من العبارات التي توهم ألوهية المسيح ، ويلخص ابن البطريق مذهبه فيقول "كان يقول إن الأب وحده الله والابن مخلوق مصنوع وقد كان الأب حيثما لم يكن الابن" ، وقد تبعه مشايعون كثيرون، فقد كانت كنيسة أسيوط على هذا الرأي وعلى رأسها (ميليتوس). وكان أنصاره في الإسكندرية نفسها كثيرون في العدد أقوياء في المجاهرة بما يعتقدون . كما تبعه خلق كثير في فلسطين ومقدونيا والقسطنطينية. وذلك على الرغم من حكمها عليه بالطرد من الكنيسة ، وقد اصبح مذهباً لدول مسيحية قوية في شمال إفريقيا وجنوب أوربا ، إلا أن المذهب هذا أخذ يضمحل ويتناقص عدد أتباعه أواخر القرن الخامس الميلادي[2].

---

(١) الأسفار المقدسة في الأديان السابقة للإسلام ص/١٠٨.

(٢) المصدر السابق ص/١٩٠، المسيحية والحضارة العربية ص/٢٦-٢٧.

ثانياً: الطوائف القائلة بالتثليث:-

أ- الطوائف الكنسية القديمة:

والطوائف القديمة المشهورة في الديانة المسيحية هي (اليعقوبية) أصحاب يعقوب و(النسطورية) أصحاب نسطوريوس أو نسطور و(الملكانية) أي الذين كانوا على دين الملوك الرومانيين ، وقد اتفقت هذه الفرق الثلاث على "أن الخالق الإله جوهر واحد ثلاثة أقانيم وإن أحد هذه الأقانيم أب والآخر ابن والثالث روح القدس"... وهي نفس عقيدة الفرق الكنسية المعاصرة.

تقول اليعقوبية والنسطورية بأن الأقانيم الثلاثة هي الجوهر والجوهر هو الأقانيم ، أما الملكانية فتقول إن القديم جوهر واحد ذو ثلاثة أقانيم وإن الأقانيم هي الجوهر والجوهر هو الأقانيم [1].

واختلفوا في المسيح والاتحاد، فزعمت النسطورية إن المسيح إله وإنسان (أي ماسح وممسوح) اتحدا فصارا مسيحاً واحداً ومعنى اتحدا أنه صار من اثنين واحد. والصحيح عندهم على الحقيقة جوهران اقنومان ، جوهر قديم لم يزل وهو الكلمة التي هي أحد اقانيم الإله . وجوهر محدث كان بعد أن لم يكن وهو يسوع المولود من مريم، ويقال بدل كلمة "اتحد" تجسد أو تأنس أو تركب.

وذهبت الملكانية إلى أن للمسيح جوهران أحدهما قديم والآخر محدث. وزعم اكثر اليعقوبية أن المسيح جوهر واحد إلا أنه من جوهرين أحدهما جوهر الإله القديم والآخر جوهر الإنسان فاتحدا وصارا جوهراً واحداً اقنوماً واحداً وقال بعضهم صارا طبيعة واحدة . أي أن الجوهر العام اتحد بالإنسان الكلي.

---

(1) المسيحية والحضارة العربية ص/٢٨-٣٠ ، ٣١-٣٢.

واختلفوا في الصلب والقتل بعد اتفاقهم على وقوع الصلب والقتل ذاته فزعمت النسطورية أن الصلب وقع على المسيح من جهة ناسوته لا من لاهوته (أي من صلب هو الإنسان لا الإله).

وزعم أكثر المكانية أن الصلب وقع على المسيح بكماله، والمسيح هو اللاهوت والناسوت، كذلك ذكرت أكثر اليعقوبية أن الصلب والقتل وقعا في الجوهر الواحد الكائن من الجوهرين اللذين هما الإله والإنسان لأن المسيح على الحقيقة هو الإله وقد اتفقت الفرق الثلاثة أن المسيح يعبد ويستحق ذلك فمنهم من قال بأنه يعبد بكماله ومنهم من قال أنه يعبد من جهة لاهوته.

ب- الطوائف المعاصرة:

ويمكن اختصارها بما يلي:-

أ- الكاثوليك:

والكنيسة الكاثوليكية هي الكنيسة الغربية أو اللاتينية أو البطرسية أو الرسولية ومعناها (الكنيسة العالمية) ويقول قادتها بأنهم المسؤولون عن نشر الدين والتبشير به بين الناس وتتبع هذه الطائفة النظام البابوي الذي يرأسه البابا وهنالك مجلس أعلى يضمه النظام البابوي يسمى (مجلس الكرادلة) له حق إصدار أنظمة الكنيسة، وأصبح البابا ممثلاً للسيد المسيح أو لله في الأرض وفي نهاية القرن التاسع عشر صدر مرسوم عن المؤتمرات الكنيسة يقول بعصمة (بابا روما) لذلك أصبحت كلمته ملزمة.

الفرق التابعة للكنيسة الكاثوليكية:

وهذه الفرق تختلف مع عقائد الكنيسة الكاثوليكية أما بطبيعة المسيح أو بمشيئته وإرادته، وهي ذات الخلافات التي فصلت الكنيسة الشرقية عن الكاثوليكية إلا أن هذه الفرق بقيت على اعترافها ببابا روما رئيساً لها رغم تلك الخلافات، فأصبحت تعرف بالفرق التابعة للكنيسة الكاثوليكية ومنها:

أ- طائفة السريان:

وهي طائفة لا تعترف بطبيعة واحدة للمسيح، فهي تشبه الأرثوذوكس في هذا المعتقد وكذلك تشابه (اليعاقبة) الفرقة القديمة القائلة به. ولكن هذه الطائفة تعترف برئاسة (البابا) على الكنائس المسيحية. ولهم بطرياركهم الخاص بهم، أما أماكن تواجدهم، فهم منتشرون في العراق وفي الرها ونصيبين وفي سوريا. ولهم فيها مراكز تدير شؤونهم .

ب- الطائفة المارونية:-

وهي من أكبر الطوائف المسيحية في لبنان، أطلقت عليها هذه التسمية لأنها تنسب إلى القديس يوحنا مارون الذي أعلن في مجمع القسطنطينية عام ٦٨٠م أن للمسيح طبيعتين إلا أن له مشيئة أو إرادة واحدة.

ولقد أصدر المجمع قراراً بحرمانه (أي بفصله) عن الكنيسة إلا أنه اعتصم بجبال لبنان وتبعه جمع من المسيحيين صاروا يعرفون باسمه على مر العصور.

إن هذه الطائفة تعترف (ببابا روما) وتقر برئاسته للكنيسة رغم الاختلاف العقائدي معها. وقد أعلنوا ولاءهم الرسمي للبابا عام١١٨٢م. ورغم ولائهم هذا فإن لهم بطرياركهم الخاص بهم وشعائرهم التي تميزهم عن المسيحيين الكاثوليك الآخرين. ولكنهم أصبحوا محسوبين من ضمن الفرق التابعة للكنيسة الكاثوليكية.

٢- الكنيسة الشرقية أو (الأرثوذوكس)

وكل أتباعها في البلدان الشرقية كروسيا واليونان ومسيحيي البلاد العربية والشرقية ، انفصلت عن كنيسة روما منذ عام ١٠٥٤م. ولها عدة كنائس مستقلة في أدارتها وهناك أسباب كثيرة لنشوء هذه الكنيسة منها:-

أ- محاولة الشرقيين الحفاظ على عدم الامتزاج بأفكار الوثنيين في اوروبا والتي جاملتهم فيها الكنيسة الكاثوليكية، إلا أنها لم تنج منها وبقيت خلافاتهم شكلية وسياسية (أي إدارية لشؤون الكنيسة) فقد كان الغرض تثبيت سلطة الدولة البيزنطية التي انفصلت عن الإمبراطورية الرومانية . أي أن إحدى أسباب نشوء هذه الكنيسة كان سبباً سياسياً.

ب- وكان من أسباب بقاء وتوسع الكنيسة الشرقية هو عدم رغبتهم في الخضوع إلى إرادة البابا في روما والذي كان يصر على أن يتبعه كل المسيحيين في العالم.

ج- ومن الأسباب العقائدية أن الكنيسة الغربية كانت تقول أن روح القدس قد نشأ عن الأب والابن معاً . بينما ترى الكنيسة الشرقية أنه نشأ من الأب وحده. كذلك فإن الكنيسة الشرقية تجعل الأب أفضل من الأبن بينما كانت الكنيسة الغربية ولا زالت تجعل منه مساوياً للأب . أما المشيئة فإن الكنيسة الشرقية تعتقد بأن للمسيح طبيعة واحدة ومشيئة واحدة , بينما تصر الكنيسة الغربية على أن له طبيعتين ومشيئتين[1] .

الطوائف التابعة للكنيسة الأرثوذوكسية الشرقية:

تتشابه بعض الطوائف الشرقية مع الكنيسة الأرثوذوكسية في الاعتقاد بأن للمسيح عليه السلام طبيعة واحدة، ولكنها تربط وجودها بالكنيسة الشرقية ، رغم أن لهم بطاركتهم الخاصين بهم ومن تلك الفرق:

أ- الكنيسة القبطية:

وتعتقد هذه الكنيسة إنها الأساس في نشأة الكنيسة الأرثوذوكسية وأن اختلافهم مع الكنيسة الكاثوليكية اختلاف عقائدي حيث يؤمنون بأن للمسيح طبيعة واحدة وأنهم يعتزون بقيادتهم

---

(1) Church in History P.١٢١.

الكنيسة ولا يتبعون البطريارك الشرقي رغم أنهم يعتبرون جزءاً من هذه الكنيسة. وكنا قد ذكرنا في المناسبات والأعياد المسيحية بعضاً من أعياد الأقباط ومنها قدوم السيد المسيح إلى مصر، وهو اليوم الذي هربت فيه أمه ومعها يوسف النجار من اضطهاد هيرودوس الذي أراد قتله وهو طفل رضيع. ويحتفل الاقباط بتأسيس كنيسة الأسكندرية على يد القديس مرقص ويعتبرون أن سلك الرهينة في الكنيسة المصرية قد تأسس أساساً على أيديهم. وتعتبر الكنيسة الأثيوبية جزءاً من الكنيسة القبطية .

ب- الأرمن:

وهم من المسيحيين الموجودين في أرمينيا ومنهم المتناثرين في العراق ومصر وسوريا وتركيا ولبنان وكان موطنهم قبل ذلك في أرمينيا، عقيدتهم هي نفس عقائد الكنيسة القبطية، إلا أن لهم بطاركتهم وكنائسهم المستقلة في اسمها وأدارتها،ورغم أنهم لا يندمجون بأية كنيسة أخرى، إلا أنهم يحسبون أنفسهم جزءاً من الكنيسة الشرقية الأرثوذوكسية، لاعتناقهم عقائدها.

٣- الكنيسة البروتستانتية (الاحتجاجية).

وهي الكنيسة الانجيلية،أي الذين يعتبرون الإنجيل هو المصدر الوحيد للديانة المسيحية،وبمعنى آخر فإنها تستغني عن القرارات التي يصدرها البابا وقد تأسست هذه الكنيسة بعد الثورة الإصلاحية، ولهذه الكنيسة اتباع كثيرون في انجلترا وهولندا وألمانيا وسويسرا والنرويج وأمريكا الشمالية والدانمارك[1]

([1]) تاريخ أوروبا الحديث والمعاصر . دكتور عبد الفتاح حسن ص/١١٩.

أسئلة اختبارية

١- عرف بالفرق اليهودية واذكر شيئاً عن فرقها المعاصرة.
٢- من الذي يعترف بالتلمود من اليهود ومن يرفض العمل به؟
٣- هي يعتبر الزوهار كتاباً مقدساً عند اليهود؟عرفه واذكر أقسامه.
٤- كانت الفرق المسيحية موحدة ومثلثة. اكتب عن أفكار إحدى الفرق الموحدة واشرح ظهور الفرق المثلثة شرحاً وافياً.
٥- ما معنى الكاثوليك ؟ وكيف نشأت الكنيسة الكاثوليكية؟ ومن الذي يمثلها؟
٦- اكتب باختصار عن الطائفة البروتستانتية واكتب عن أسباب نشوئها وأهم مبادئها .
٧- هل تعبر الكنيسة الشرقية طائفة لها أتباع ؟ وما هي أهم مميزاتها.
٨- من هم القفاؤون ؟ اكتب عنهم بشيء من الإيجاز.

الوحدة السادسة

الكتب الدينية المقدسة

عند اليهود والنصارى

ينظر من الطالب بعد دراسة هذه الوحدة

- أن يعرف أن العهد القديم كتاب مقدس في كلا الدينيين
- أن يعرف أن التوراة تمثل القسم الأول من العهد القديم فقط
- أن يعرف أن الإنجيل مفردة تطلق على إحدى الكتب الخمسة التي يطلق عليها أسم العهد الجديد.
- أن يعرف إن العهد القديم والعهد الجديد معاً هما الكتاب المقدس عند النصارى.
- أن يعرف أن التلمود هو الكتاب المقدس الثاني عند اليهود .
- أن يعرف أن الأناجيل هي كتب تلامذة المسيح وحوارييه وليست أناجيل السيد المسيح نفسه.
- أن يعرف أن بعض اليهود لا يعترفون بالتلمود كتاباً مقدساً. وأن بعض الفرق اليهودية الأخرى تعترف به وبكتاب آخر هو الزوهار وتعتبرهما هوية لليهودي .
- أن يعرف أن كتاب الزوهار هو كتاب الفرق المتصوفة اليهودية.
- أن يعرف أن الأناجيل كتبت بفترات متفرقة ومتباعدة .
- أن يعرف أن كتابة التوراة لم تكن قد حصلت إلا بعد هجرة أحفاد اليهود من بابل إلى أورشليم.

المبحث الأول
الكتب اليهودية المقدسة

سيتعرف الطالب في هذا المبحث على الكتب المقدسة عند اليهود وسيجد:-

١- أن بعض التشريعات لا توجد في التوراة أو العهد القديم وإنما توجد في التلمود والذي يسمى الشريعة الشفوية.

٢- سيعرف من خلال تعلمه التلمود والزوهار أن اليهودي عند هذه الطائفة أثمن من كل البشر وأن كافة البشر في المنطقة المحصورة بين الفرات والنيل – أي الموعودة في التوراة – ينظر اليهم كعبيد وأن كل ما يملكون من مال وأرض وغير ذلك هو ملك لليهود ، وحتى البشر فيها، هم عبيد لليهود.

٣- أن اليهود من خلال كتبهم لا يمكن أن يعاهدوا الأمم الأخرى ويوفوا بالعهود فإن خيانة العهود عندهم أمر مقدس.

٤- أن الكتب توضح التطورات العقائدية التي حصلت في هذه الديانة مما يدل على التغير الذي حصل في نصوصها.

الكتب المقدسة عند اليهود

أولاً: العهد القديم [1]:

إن مجموع أسفار العهد القديم هي تسعة وثلاثون سفراً. و يطلق عليه لفظ العهد القديم تمييزاً له عن العهد الجديد إنجيل المسيحيين، وقد يحسب كل سفر مزدوج مثل صموئيل الأول والثاني والملوك الأول والثاني والأحابر الأول والثاني سفراً واحداً وعزرا ونحميا واسفار الملوك الأثني عشر سفراً واحداً ، فيكون مجموعها أربعة وعشرين سفراً ومجموع إصحاحاتها ٩٢٩ إصحاحاً. وهو مجموعة الأسفار التي جمعها رجال السنهدرين الذي تأسس عقب رحلة أحفاد المرحلين إلى بابل الذين رغبوا في الهجرة إلى أورشليم بعد سقوط بابل على يد كورش الملك الفارسي سنة ٥٣٨ ق.م وكان السنهدرين مؤلفاً من مائة وعشرين عضواً بينهم عزرا ونحميا ودانيال وحجاي وزكريا وملاكي ومردوخاي. وهم من أنبياء بني إسرائيل. ومنهم زورو بابل حفيد ملكهم الأخير قبل السبي البابلي (يهوياكيم).

أما أقسام العهد القديم فهي:

١- التوراة :

وتعرف في العبرانية بـ(تورا) وقد ناقش المؤرخون العرب أصل معناها، فقال بعضهم بأنها "علم اخترع ووسع ليدل على الوحي الذي نزل على موسى(ع) ، هذا قول الشافعي رحمه الله، ومنهم من قال إنها مشتقة من الورى أي الزند يرى وريا إذا خرجت ناره، إن التوراة ضياء ونور معتمداً على قوله تعالى : ((إنا أنزلنا التوراة فيها هدى ونور) وهذا رأي الفراء أما القاسمي في تفسيره (٤-٧٤٩) فقد

---

(١) إن أول من أطلق لفظ العهد القديم هو بولص الرسول في رسالته الثانية إلى أهل كورنثوس (إصحاح ١٤/٣) انظر التوراة الهيروغليفية د. فؤاد حسنين ، القاهرة بدون تاريخ".

قال بأن التوراة اسم عبراني بمعنى (الشريعة) هذا هو الصواب كما نص عليه علماء الكتابيين في مصنفاتهم.

ومصطلح (التوراة) في العبرانية يضم الأسفار الخمسة (البنتاتك) فقط ويضم معنى العهد القديم بأقسامه الثلاثة أيضاً.

أما الأسفار الخمسة المنسوبة فيه إلى موسى عليه السلام فهي:

١- سفر التكوين أو الخليقة: ففيه قصة تاريخ العالم منذ تكوين السماوات والأرض وحتى استقرار أولاد يعقوب أو إسرائيل في أرض مصر، مع تفصيل في قصص آدم وحواء ونوح والطوفان ونسل سام بن نوح (ع) وخاصة إبراهيم وإسحاق ويعقوب ويوسف والأسباط من الذين يربط اليهود تاريخهم بهم. وفيه إشارات إلى إسماعيل (ع) وأمه هاجر.

٢- سفر الخروج: فيعرض تاريخ بني إسرائيل في مصر ثم خروج موسى مع قومه إلى سيناء ورحلة (التيه) التي قضوها في الصحراء والتي إستغرقت أربعين عاماً والتي ذكرها الله تعالى في القرآن الكريم، وكانوا يحاولون الوصول إلى كنعان إلا أنهم عصوا ربهم فحرم الله عليهم تلك الأرض[1]. وبجانب هذه القصص يشتمل سفر الخروج على طائفة من أحكام الشريعة اليهودية في العبادات والمعاملات والعقوبات وإنزال الألواح إلى موسى(ع) والتي تتضمن الوصايا العشر.

٣- سفر اللاويين: فيتناول شؤون العبادات وخاصة ما تعلق منها بالأضحية والقرابين والمحرمات من الحيوانات والطيور، واللاويون هم نسل لاوي أو (ليفي) أحد أبناء يعقوب (عليه السلام)، ومن نسلهم جاء موسى (ع) وهارون وأصبح اللاويون فيما بعد سدنة الهيكل والمشرفين على شؤون

---

(١) قال تعالى :. قَالَ فَإِنَّهَا مُحَرَّمَةٌ عَلَيْهِمْ أَرْبَعِينَ سَنَةً يَتِيهُونَ فِي الْأَرْضِ فَلَا تَأْسَ عَلَى الْقَوْمِ الْفَاسِقِينَ (٢٦) [المائدة:٢٦].

المذبح والأضحية والقرابين والقوامين على الشريعة الموسوية ومن ثم نسب إليهم هذا الكتاب الذي شغل معظمه بما يشرفون عليه من العبادات والمعاملات والفرائض والحدود.

4- سفر العدد: ومعظمه إحصائيات لقبائل بني إسرائيل وجيوشهم وأموالهم وكثير مما يمكن إحصاؤه من شؤونهم ويضم كذلك أحكاماً تتعلق بطائفة من العبادات والمعاملات وفي أخبار موسى (ع) وقومه في التيه وقصة العجل، وغير ذلك.

5- سفر التثنية: ويضم أحكام الشريعة اليهودية الخاصة بالحروب والسياسة وشؤون الاقتصاد والمعاملات والعقوبات والعبادات وغيرها، وسمي التثنية، لأنه يعيد ذكر التعاليم التي تلقاها موسى (ع) في الحوادث والأخبار المهمة والوصايا والفرائض التي أوصى بها الله والانذارات ونشيد موسى للشعب وبركته.

ب- الأنبياء:

أما القسم الثاني من العهد القديم فيتألف من واحد وعشرين سفراً منها ستة تسمى أسفار الأنبياء الأول ، وتبحث أسفارهم في تاريخ أتباع موسى (ع) بعد وفاته إلى خراب الهيكل واورشليم، وهذه الأسفار هي يوشع، القضاة، صموئيل الأول والثاني، والملوك الأول والثاني ، ويلي هذا القسم أسفار الأنبياء الآخرين وعددها خمسة عشر سفراً وهي أشعيا وأرمياء وحزقيال وهوشع ويوئيل وعاموس وعوبديا ويونس وميخا وناحوم وحبقوق وصفنيا وحجى وزكريا وملاخي.

ج- الكتب والصحف:

ويدعى القسم الثالث من العهد القديم بالكتب والصحف ويعني بالحكم والأمثال والمزامير والأخبار التاريخية الخاصة باليهود بعد خراب الهيكل وعدد هذه الكتب أو الصحف سبعة كبيرة وهي:- مزامير الأمثال: أيوب ودانيال وعزرا

ونحميا وأخبار الأيام الأول والثاني وخمسة صغيرة هي : روث ، نشيد الأنشاد، الجامعة، المراثي ، استير [1].

ومن الأسفار التي ألفت في الفترة الواقعة بين النصف الأخير من القرن التاسع وأوائل السادس قبل الميلاد.

ويشمل هذا القسم أسفار يوشع والقضاة وصموئيل والملوك والأمثال ونشيد الأنشاد ومعظم أسفار الأنبياء، وإن قسماً آخر منها قد ألفت في الفترة الواقعة ين أوائل القرن السادس وأواخر القرن الرابع قبل الميلاد ويشمل هذا القسم أسفار يونس وزكريا وقسماً من سفر دانيال. فيما عدا الأجزاء والفقرات التي ألفت في أول الأمر باللغة الآرامية [2].

وللعلماء المسلمين آراء التوراة منها:-

١- إن التوراة كلها أو أكثرها مبدلة مغيرة هي ليست التوراة التي أنزلها الله على موسى (ع) وتعرض هؤلاء لتناقضها وتكذيب بعضها لبعض، وممن ذهب إلى هذا الرأي ابن حزم الأندلسي في كتابه (الفصل).

وذهبت طائفة أخرى من رجال الحديث والكلام والفقه كالبخاري (رحمه الله) في صحيحه والرازي (رحمه الله) في تفسيره إلى أن التبديل وقع في التأويل لا في التنزيل وهو كلام مردود في القرآن الكريم بقوله تعالى:(يُحَرِّفُونَ الْكَلِمَ عَنْ مَوَاضِعِهِ وَنَسُوا حَظًّا مِمَّا ذُكِّرُوا بِهِ) [المائدة:١٣].

٢- وطائفة أخرى منهم ابن تيمية (رحمه الله) ذكر بأنه قد زيد في التوراة وغيرت ألفاظ يسيرة منها، لكن أكثرها باق على ما أنزل عليه والتبديل وقع في قليل منه، يقول القاسمي في تفسيره (٢٠٨٥/٦) شرائع هذه الكتب

---

(١) المسيح في مصادر المسيحية ص/١٣-١٤.
(٢) انظر :د. علي عبد الواحد وافي الأسفار المقدسة في الأديان السابقة للإسلام الصفحات ١٣-١٥.

وأوامرها ونواحيها هي أقل أقسامها تحريفاً وأكثر التحريف وقع في القصص والأخبار والعقائد وما ماثلها.

وذكر صاحب تفسير (المنار) (١٥٦/٣) قائلاً: التوراة في عرف القرآن هي ما أنزله الله تعالى من الوحي إلى موسى (ع) ليبلغه قومه لعلهم يهتدون به، وهي كوثيقة تاريخية يتعرض إليها أكثر من شك، ففيها التحريف وفيها الزيادة والحشو والنسيان لكثير من كلام الله تعالى وهي كوثيقة دينية ، مليئة بالمخازي التي لا يتصور عقلاً نزولها من الله سبحانه وتعالى واتهامات بالمجون والخلاعة والردة للأنبياء[١].

فمن المثالب التي وردت في التوراة في حق الأنبياء والتي تجعل المرء يحار في المعايير الخلقية لمدوني التوراة وفيما إذا كانت الرذائل هي المقياس الخلقي للفترة التي دونوا فيها معلوماتهم عن أقدس البشر من الذي أختارهم الله ليكونوا رسله وأنبياءه[٢].

١- إن اله اليهود(يهوه) يأمرهم بالسلب: وجاء في التوراة أن نساء بني إسرائيل حينما عزمن على الخروج مع أزواجهن من مصر مع موسى (ع) ذهبن إلى جاراتهن المصريات وزعمن أنهن ورجالهن سيحتفلون بالعيد في الصحراء على بعد ثلاثة أيام من مدينتهم وسألنهن حليهن ليتزين بها في إحتفالههن بهذا العيد فأخذن حلي جاراتهن وهربن بالحلي إلى سيناء وكانت هذه الجريمة قد طلبت بأمر من النبي موسى(ع) على أثر توصية من الله وأعطى الرب نعمة للشعب في عيون المصريين حتى أعاروهم فسلبوا المصريين(خروج ١٢/١٦)[٣]

(١) تاريخ الآلهة : الكتاب الثالث ص٤٣ وما بعدها.

(٢) تاريخ الالهة ، الكتاب الثالث ص/٤٣ وما بعدها.

(٣) بين التوراة والقرآن خلاف ص/١٢-١٦ وانظر دراسات في التوراة ص /٣٢٣-٣٢٧.

٢- إتهام النبي نوح بالسكر: ذكر محرر سفر التكوين أن نوحاً بعد خروجه من سفينته، شرب من الخمر فسكر وتعرى داخل خبائه ، فأبصره حام، وأخبر أخوته عنه، فأخذ سام ويافث الرداء، ومشيا إلى الوراء وسترا عورة أبيهما ووجهاهما إلى الوراء ،فلما أستيقظ نوح من سكرته علم ما فعل به أبنه حام فلعنه وجعله عبد العبيد لأخوته(٩/٢٠-٢٧ت) .

٣- إتهام النبي لوط بالزنا مع ابنتيه : ولم ينس محرر التكوين أن ينسب إلى النبي لوط(ع) بمثل تلك المنكرات، إذ وصفه وبنتيه بأبشع الصفات ، فذكر أن ابنتي لوط بعد خروجهما من سدوم وفي مغارة صوغر، سقتا أباهما خمراً وأضطجعتا معه بالمناوبة فحملتا منه وولدت الكبيرة إبناً سمته (مواب) وهو أبو الموابيين، وولدت الصغيرة إبناً وسمته (بني عمي) وهو أبو بني عمون (١٩/١٧/٣١ت).

٤- الإساءة إلى النبي إبراهيم عند قدومه إلى مصر: ذكر محرر سفر التكوين في الإصحاح الثاني عشر أن النبي إبراهيم (ع) إنحدر إلى مصر بسبب الغلاء ولما اقترب منها قال لزوجته ساراي: (قد علمت أنك امرأة حسنة المنظر فيكون إذا رآك المصريون أنهم يقولون هذه امرأته، فيقتلونني ويستبقونك، قولي انك اختي ليكون لي خير بسببك وتحيا نفسي من أجلك (١٢/١١ت) ووقع ما كان يتوقعه ويخشاه (فأخذت المرأة إلى بيت فرعون، فصنع فرعون إلى إبرام خيراً بسببها وصار له غنم وبقر وحمير وعبيد وإماء وأتن وجمال فضرب الرب فرعون وبيته ضربات عظيمة بسبب ساراي امرأة إبرام. فدعا فرعون إبرام وقال له لماذا قلت هي أختي حتى أخدتها لي لتكون زوجتي خذها واذهب (١٣/١٤ت) وأمر فرعون رجاله بتسفيره (فشيعوه وامرأته وكل ما كان له (١٢/٢٠ت) فخرج إبرام من مصر ومعه امرأته وابن أخيه ، وكل ما أغدقه عليهم فرعون من الأموال والماشية والخدم والعبيد فأصبح إبرام (غنياً جداً في المواشي والفضة

والذهب (١٣/٢ت) وأصبح كذلك لوط ابن أخيه غنياً من هبات فرعون وعطاياه (١٣/٥ت).

٥- وكذلك في جرار : ذكر محرر التوراة أن إبراهيم (ع) حينما اقترب من جرار قال لامرأته ساراي أيضاً، قولي هو أخي، ووقع أيضاً ما كان يتوقعه ويخشاه (فأرسل أبو مالك ملك جرار، وأخذ ساراي وقال له إبراهيم إنها أختي قالت سارة إنه أخي (٢٠/٥/٢ت)، ثم استدرك محرر السفر هذا الخطأ فقال (فجاء الله إلى أبي مالك في حلم الليل ولم يكن أبي مالك قد اقترب إليها وقال له إنها متزوجة ببعل. لذلك لم أدعك تمسها، فالآن رد امرأة الرجل (٢٠/٧ت) واعتذر إبرام بعد ذلك لابي مالك قائلاً (إني قلت ليس بهذا الموضع خوف الله البتة فيقتلونني لأجل امرأتي وبالحقيقة هي أيضاً أختي ابنة أبي غير إنها ليست ابنة أمي فصارت لي زوجة. وقلت لها هذا معروفك الذي تصنعين اليّ في كل مكان تأتي إليه قولي عني هو أخي (٢٠/١٣ت) فأعطاه أبو مالك أيضاً (غنماً وبقراً وعبيداً وأماء وألفاً من الفضة ورد إليه ساراي امرأته(٢٠/١٤ت) وصرفه من عنده وأضحى إبراهيم غنياً من هذه الهبات.

٦- إتهام يهوذا بممارسة الزنا مع أرملة ابنه: وذكر محرر التكوين أن يهوذا بن يعقوب بن إسحق بن إبراهيم صادف أرملة إبنه (ثامار) في الحقل(وقال لها هاتي ادخل عليك ٣٨/١٦ت) فولدت له فارص (الإصحاح٣٨ت) سفاحاً عن طريق الزنى مما يجعل فارص وذريته خارجين عن جماعة الرب. وفارص هو الذي ذكره (متي) في إنجيله(ويهوذا ولد فارص .. من ثامار ١/٢) بأنه الجد الأعلى للملك داود والنبي سليمان وكافة أنبياء بني إسرائيل.

٧- إتهام إسحاق عليه السلام باقتراف الإثم: وذكر محرر التكوين أن أهل جرار حين سألوا إسحاقاً عن امرأته رفقة (فقال هي أختي لأنه خاف أن يقول امرأتي ، لعل أهل المكان يقتلونني من أجل رفقة لأنها كانت حسنة المنظر (٢٦/٧ت) وحدث أن ملك جرار أشرف من الكوة ونظر وإذا اسحق يلاعب رفقة امرأته ولما عاتبه ملك جرار وقال له: إنما هي امرأتك فكيف قلت هي أختي؟ اعتذر له إسحاق بقوله (لأنني قلت لعلي أموت بسببها (٢٦/١٠ت) واستدرك محرر السفر خطأته فذكر إن ملك جرار أجاب إسحاق قائلاً (لولا قليل لاضطجع أحد الشعب مع امرأتك فجلبت علينا ذنباً (٢٦/١١ت) ولما بارك الرب زرعه وصار له مواشي من الغنم والبقر كثير . قال له الملك (اذهب من عندنا ١٦/١٧ت).

٨- إتهام موسى وهرون عليهما السلام بالمروق عن الدين وعصيانهما أوامر ربهما وخيانتهما عهود الاله: فقد جاء في سفر الخروج (٥-٣٢) أن هرون صنع العجل الذهبي بيده ودعا القوم لعبادته وقال غداً عيد الرب. وجاء في سفر التثنية (وكلم الرب موسى في ذلك اليوم قائلاً: أصعد إلى جبل عباريم في أرض مواب الذي قبالة أريحا ومت في الجبل الذي تصعد إليه كما مات هرون أخوك في جبل هور لأنكما ختنماني في وسط بني إسرائيل عند ماء مريبة في برية صين إذ لم تقدساني في وسط بني إسرائيل (٥-٣٢).

٩- التجني على النبي داود عليه السلام: كذلك ما ذكره محرر التوراة عن النبي داود(ع) وتسلطه على (يتشبع) زوجة (أوريا) أحد جنوده، وحملها منه سفاحاً (ص ث -١١) ثم أرساله اوريا إلى الحرب وقلته ظلماً وعدواناً، بوضعه في الخط الأمامي ، ثم زواج داود من زوجته بعد ذلك رسمياً. فولدت له الملك والنبي سليمان (ص ث ٢٤-١٢) ، ومثله تفضيله إبنه

سليمان من يتشبع محبوبته على إبنه البكر وإجلاسه على كرسي الملك خلافاً لشريعة موسى (ع).

١٠- التجني على إبشالوم ابن النبي داود عيه السلام: ذكر محرر التوراة أن أبشالوم ابن النبي داود (ع) تسلط على نساء أبيه وأخضعهن لمشيئته (فنصبوا لأبشالوم الخيمة على السطح ودخل أبشالوم بن داود إلى سراري أبيه أمام جميع إسرائيل) "ص ث ١٦-٢٢" وذلك بأمر الهي (هكذا قال الرب: هاأنذا أقيم عليه الشر في بيتك وآخذ نساءك أمام عينيك وأعطيهن لقريبك "أبنك" فيضطجع مع نسائك في عين هذه الشمس)"ص ث ١٢-١٧".

١١- إتهام النبي سليمان عليه السلام بالردة: حيث اتهم محرر التوراة بارتداده عن عبادة (يهوه) ونصبه الاصنام والتماثيل والأوثان فوق الجبال وفي معابد زوجاته.

١٢- إتهام أمنون بن النبي داود بجريمة الزنا: ذكر محرر التوراة ، أن أمنون بن داود (ع) قد أخضع أخته (ثامار) لشهوته واضطجع معها (ص ثم ١٥-١٣).

اللغات التي أَلِفَ بها أو التي ترجم إليها العهد القديم:

من الدراسات التي تمت عن تدوين أسفار العهد القديم ثبت بأن تلك الأسفار قد دونت بلغة واحدة، وهي اللغة العبرية [1] وإن كانت تراكيب بعض مفرداتها تختلف باختلاف هذه الأسفار. أما الشريعة (الوصايا العشر) فلقد وجد بأنها كتبت بالهيروغليفية- كما سبق أن ذكرنا ، وفي فترة تسبق فترة تدوين التوراة[2] ، وكان كل سفر يدلل على العصور التي ألف فيها ، ولا يستثنى من ذلك إلا أجزاء يسيرة

---

(١) د. علي عبد الواحد وافي ، الأسفار المقدسة في الأديان السابقة للإسلام ص/١٦.

(٢) التوراة الهيروغليفية ص/٣.

ألفت ابتداء باللغة الآرامية ، وهي اللغة التي حلت محلها اللغة العبرية في أواخر القرن الرابع قبل الميلاد .

أما أقدم ترجمة للعهد القديم فهي الترجمة اليونانية التي اشتهرت بإسم "الترجمة السبعينية" وهي التي تمت في سنتي ٢٨٢ و ٢٨٣ ق.م على يد اثنين وسبعين حبراً من يهود مصر في عهد بطليموس فيلادلف [١].

وتشتمل الترجمة السبعينية على عدة أسفار لا توجد في الأصل العبري الذي وصل إلينا ، وهذه الأسفار هي : سفر طوبيا وسفر الحكمة لسليمان أسفار المكابيين وعددها أربعة أسفار وسفر يهوديت وسفر الكهنوت أو سفر الحكمة ليسوع بن سيراخ. ونشيد الأطفال الثلاثة وسفر سوزان وسفربل والتنين وثلاثة أسفار منسوبة لعزرا زيادة على السفر المثبت في الأصل العبري ، وفصول في آخر سفر إستير زائدة على الفصول المثبتة في الأصل العبري وبعض زيادات في سفر دانيال. وعن الترجمة السبعينية ترجمت أسفار العهد القديم إلى اللغة اللاتينية.

أما الترجمة إلى لغات أخرى فقد ترجمه أحبار اليهود إلى الآرامية الحديثة وقد أطلق على كتبهم هذه أسم الترجوم . ومن أشهرها ترجوم انقلوس وهي ترجمة للأسفار الخمسة الأولى وترجوم يوناثان وهي ترجمة لبقية أسفار العهد القديم، وبدأت ترجماتهم هذه في الفترة الواقعة بين أوائل القرن الثاني وأواخر الخامس بعد الميلاد، وتم معظمها في القرنين الرابع والخامس الميلاديين .

ثانياً : الشريعة الشفوية أو (التلمود):-

تألف التلمود من بحوث أحبار اليهود وربانييهم وفقهائهم المنتمين إلى فرقة الفريسيين (أشهر فرق اليهود وسبق أن ذكرناها) في شؤون العقيدة والشريعة

---

(١) الأسفار المقدسة في الأديان السابقة للإسلام ص/٢٢-٢٣.

والتاريخ المقدس وما إلى ذلك ثلاثة وستون سفراً ألفت في القرنين الأول والثاني بعد الميلاد وأطلق عليها إسم "المشناه" بمعنى المثنى أو المكرر أي أنها تكرار وتسجيل للشريعة، ثم شرحت هذه المشناه فيما بعد وأطلق على هذه الشروح اسم الجماراه أي الشرح اوالتعليق وألفت هذه الشروح في فترة طويلة أمتدت من القرن الثاني إلى أواخر السادس بعد الميلاد ، وتألف من المتن والشرح (أي من المشنا والجمارا) ما أطلق عليه لفظ (التلمود) بمعنى التعاليم والتلمود كلمة مشتقة من كلمة "لوميد" العبرية والتي تعني دراسة أو تلمذه، والمشنا كلمة مشتقة من فعل شانا العبري بمعنى يثني والفعل الأرامي (تانا) بمعنى يدرس، ويعني لفظ المشناه- الشريعة المكررة - أي تكرار شريعة موسى (عليه السلام) وهي أول لائحة قانونية وضعها اليهود لأنفسهم بعد (المقرا) أو (العهد القديم) كما وإنها خلاصة "القانون الشفوي" الذي تناقله الحاخامات منذ ظهور حركة الفريسيين، لكنهم يزعمون أنه نزل على موسى (عليه السلام) في طور سيناء.

وتتكون المشناه من ستة مباحث تسمى سيداريم، وهي المباحث الشرعية التي يعمل بها اليهود، وهي كما يلي:-

١- قداشيم : أي المقدسات وهي إحدى عشرة رسالة في قوانين الصلاة والشرائع الخاصة بالطقس القرباني وخدمة الهيكل.
٢- طهاروت: أي الطهارة وهي اثنتا عشر رسالة في قوانين الطهارة والنجاسة والحمام والمغاطس ونجاسة المرأة وأحكام المشناه أما عامة مجهولة المصدر وتسمى "أحكام مقبولة" أو آراء الحاخامات (الحكماء اليهود) وهي المفضلة في حالة وقوع تعارض مع الأولى في مسألة ما[1].
٣- نزيقين : أي الأضرار، وهي عشر رسائل في القوانين المدنية والجنائية وبتناول الأحكام المتعلقة بالأشياء المفقودة والبيع والمبادلة والربا والغش

(1) فضح التلمود ص/٢٦-٢٧ ، التلمود تاريخه وتعاليمه ص١٥-١٦.

والاحتيال كما يتضمن هذا الكتاب الإشارة إلى عصر المسيح ومحاكمته وصلبه، وهذا الكتاب موضع اهتمام ما يسمى بـ "الأخلاق اليهودية " في تعاليم التلمود.

٤- ناشيم: أي المرأة ويتضمن سبع رسائل في قوانين الزواج والطلاق والنذور وعلاقة اليهود بالوثنيين .

٥- مواعيد: أي الأيام المقررة ويحتوي على إثني عشر رسالة في لوائح الأعياد والصيام والسبت والأحكام الخاصة بها.

٦- زراعيم : أي البذور والإنتاج الزراعي ، ويتضمن إحدى عشرة رسالة في اللوائح الزراعية ونصيب الحاخام (العشور) من الثمار والمحصول.

أما الجماراه: فتعني الإكمال وهي تفسير وشروحات للمشناه الستة التي ذكرناها.

أما تلك الشروحات فهي جماراه أورشليم وجماراه بابل، لذلك أطلق على التلمود اسم التلمود البابلي والتلمود الأورشليمي ، لأن المشناه واحدة بينما الاختلاف في الجمارا.. أما شروحات التلمود الأورشليمي فقد نشأت في طبرية بين طبقة من العلماء يدعون (الأمورائيم) فكانوا يشرحون المشناه التي دونها قبلهم طبقة من المعلمين تدعى (التنائيم) والأمورائيم أي الأساتذة المحدثون درسوا المشناه وألقوا عليها شروحات وافية تتناول شرائح اليهود وتقاليدهم وطقوسهم وتاريخهم وقد جمعت هذه التعليقات والشروح في مجموعة أصبحت تعرف بالتلمود الأورشليمي، وكان الفراغ منه في أواخر القرن الثالث الميلادي، وقد فقد قسم كبير منه .

ولما اشتد ضغط الرومان على اليهود في فلسطين ، لم يعد بإستطاعة الرابيين الاستمرار على الدرس والبحث بحرية وأمان فاضطر عدد كبير منهم إلى الهجرة إلى العراق حيث أنشأوا مدارس كبرى للأمورائيم ، وفي ذلك المحيط الذي كان يسوده الأمان والحرية الدينية المطلقة آنذاك إستطاع الأمورائيم أن يشرحوا المشناه

شرحاً أكثر تفصيلاً وأتم موضوعاً مما اضطلع به علماء فلسطين ، فصارت مجموعة الشروح العراقية تعرف بالتلمود البابلي الذي تم وضعه سنة ٤٩٠م. وبها انتهى دورالأمورائيم[١] .

وفي التلمود تأكيد على مبدأ الاستعلاء والتفوق العنصري اليهودي على بقية الشعوب وجعل الناس عبيداً لليهود باعتبارهم الشعب المختار وإن الله قد اصطفاهم من دون سواهم من شعوب الأرض. ويصور التلمود بأن اليهود خلقوا من طينة أرفع من طينة بقية الجنس البشري غير اليهودي.

وينص التلمود على أنه يجب على كل يهودي أن يبذل جهده لمنع تسلط باقي الأمم في الأرض حتى تصير السلطة لليهود وحدهم.

وجاء في التلمود كثير من العبارات التي تطعن وتشتم المسيحيين والسيد المسيح وأمه العذراء (عليهما السلام) واستباحته للدم المسيحي الذي يعجن بالفطير ويأكله اليهود في أعيادهم[٢] .

ويقول التلمود بالتناسخ وهو فكر تسرب من الهند إلى بابل وأخذه الحاخامات من المجتمع البابلي[٣] .

والاعتراف بأحكام التلمود مسألة مختلف بها بين بعض الطوائف والفرق اليهودية، إذ أن هناك من نادى بعدم الاعتراف بها وسنأتي إلى ذكرها في الحديث عن الفرق اليهودية.

وكان موسى بن ميمون ، الفيلسوف اليهودي القرطبي الأندلسي(١١٣٩-١٢٠٥م) الذي ألف كتابه المشهور(دلالة الحائرين) - والذي أشرنا إليه في عدة مواضع- قد إستعان فيه بالمشناه وشروحها أي بالتلمود.

---

(١) د. أحمد سوسة ، مفصل تاريخ العرب واليهود ص ٣٦٣-٣٦٤

(٢) أفاض مؤلف (الكنز المرصود) في تفصيل ذلك، وننصح بمراجعته.

(٣) انظر د. أحمد سوسة المصدر السابق ص ٣٦٦-٣٦٧

اللغات الأولى لأسفار التلمود والتي ترجمت منها إلى اللغات الأخرى:

أن تأليف أسفار المشناه قد حدث بعد أن انقرضت العبرية من لغة التخاطب لدى اليهود وحلت محلها في ألسنتهم اللغة الآرامية واقتصر استخدام العبرية لديهم على ميادين الكتابة وخاصة في شؤون الدين ومن ثم تمتاز اللغة التي ألفت بها المشناه بشدة تأثرها باللغة الآرامية كما يبدو من مظاهر التأثر ببعض اللغات الآرية - الهندية- الأوربية التي احتك اليهود بأهلها احتكاكاً سياسياً أو ثقافياً وخاصة اللغات اليونانية واللاتينية والفارسية ولكن هذا لا ينقص شيئاً من قيمتها اللغوية والتاريخية وذلك لأن ما بها من مفردات أجنبية لا يعد شيئاً مذكوراً بجانب ما استخدمته من المفردات العبرية التي لا يوجد بعضها في العهد القديم نفسه.

وأما شروح المشناه المسماه(الجماراه) وهي التي ألفت باللغة الآرامية، فقد قامت بها مدرستان -كما مر علينا ذلك- أولاهما مدرسة يهود فلسطين ، وقد ألفوا شروحهم باللهجة الآرامية- الفلسطينية الحديثة وهي اللهجة نفسها التي استخدمها هؤلاء في ترجمة العهد القديم - كما سبقت الإشارة إلى ذلك.

والأخرى مدرسة يهود بابل، وقد ألفوا شروحهم هذه باللهجة الآرامية الجنوبية الشرقية (وهي إحدى لهجات اللغة الآرامية) وعن اللغتين العبرية والآرامية ترجم التلمود إلى كثير من لغات العالم قديمها وحديثها [1]

وكانت أول طبعة كاملة للتلمودين الفلسطيني والعراقي بعد ظهور وسائل النسخ تلك التي طبعت خلال سنتي ١٥٢٠-١٥٢٤م، في البندقية، وقد أحرق في إيطاليا سنة ١٥٥٣م. ويبلغ التلمود في اللغة الانجليزية بأصوله ومتونه وشروحه وتعليقاته ٣٦ مجلداً، وقد نقل الجزء الأول إلى العربية سنة ١٩٠٩ والعثور على نسخ كاملة من التلمود صعب للغاية نظراً لما حذفه المتأخرون من العبارات فقد

---

(١) د. علي عبد الواحد وافي ، الأسفار المقدسة في الأديان السابقة للإسلام ص٢٤-٢٥.

٢٠٣

قرر المجتمع الذي إنعقد في بولونيا سنة ١٦٣١م بالاجماع إلغاء العبارات التي تهين الاغيار، وان التعاليم التي تهين المسيحيين لا يجوز نشرها[1].

ثالثاً: القبالة والزوهار:

القبالة هي علم التأويلات الباطنية والصوفية عند اليهود وتعني المعاني المتطورة للتصوف وتعني (العلم الحاخاموي) في اليهودية، وهي مذاهب اليهود الباطنية ويطلق القباليون (المقبليم) على أنفسهم لقب (العارفين بالفيض الرباني) وتمثل القبالة تفكيراً أسطورياً، وتمكن الحاخامون من جعلها أعمق وأكثر نفعاً من التلمود، حتى حلت القبالة أو التفسير القبالي محل الكتب اليهودية المقدسة في القرن السادس عشر .وتعني كلمة القبالة في اللغة العبرية، التراث. وكان يقصد بهذه الكلمة الشريعة الشفوية [2]. ويطلق المقبيليم أي القباليون على أنفسهم لقب (العارفين بالفيض الرباني) ، وتمثل القبالة تفكيراً أسطورياً ، وتمكن الحاخامون من جعلها أعمق وأكثر نفعاً من التلمود حتى حلت القبالة أو التفسير القبالي محل كل الكتب اليهودية المقدسة في القرن السادس عشر.

وتنقسم القبالة إلى قسمين ، نظري يخص طريق المعرفة الباطنية والفيض الإلهي ، وعملي أقرب إلى السحر الذي يستخدم التسبيح باسم الله ورموز الحروف والأرقام السحرية والتنجيم والسيمياء وعلم الفراسة وقراءة الكف وتحضير الأرواح وغير ذلك ، ويصور العلم القبالي بأن لكل حرف ولكل نقطة قيمة عددية يمكن للإنسان أن يفصلها أو يجمعها وأن يستخلص منها معنى حقيقياً غير المعنى الظاهر[3].

(والزوهار) كلمة عبرية تعني الضياء أو الاشراق، ويعتبر كتاب الزوهار من أهم كتب التراث القبالي ، وكان مكتوباً بالآرامية ثم ترجم إلى العبرية وينسب الكتاب

---

(1) د. أحمد سوسة، المصدر السابق ص ٣٦٩.

(2) اليهودية والصهيونية وإسرائيل ص/٣٢، الموسوعة الفلسطينية ص/٩٣.

(3) في إسطورة من أساطير الزوهار إن الاثنين والعشرين حرفاً من الأبجدية العبرية ، نزلت من السماء قبل الخليقة بستة وعشرون جيلاً وإنها نقشت بنار ملتهبة (انظر د. أحمد سوسة، مفصل تاريخ العرب واليهود ص/٣٧٤).

إلى الحاخام سمعان ين يوشاي[1] ولكن آخرين يذكرون أن الحاخام موسى الليوني (١٢٢٥٠-١٣٠٥م) قد كتبه في أواخر القرن الثالث عشر[2].

ويعالج كتاب الزوهار طبيعة الخالق وأسرار الأسماء الالهية وروح الإنسان وطبيعتها ومسيرها والخير والشر وأهمية التوراة والماشيح[3] والخلاص ويتحدث الكتاب أيضاً عن التاريخ والطبيعة والإنسان[4].

ويصور القباليون آراءهم في الخلق على أن الله قد خلق العالم عن طريق الفيض الالهي (وفكرة الفيض تفترض وجود وحدة تنتظم كل المخلوقات بل وتنتظم الإنسان والخالق حتى يصبح الاله ومخلوقاته نفس الشيء) وقد خلق الله العالم عن طريق السحابة فترك فراغاً ، ثم خاص بالمراحل العشر (السفروت) وكان الكون كلاً متكاملاً ولكن الضوء الإلهي كان قوياً لدرجة قوية حتى أن كل الأوعية والسفروت أو (المراحل) تحطمت مما أدى إلى تبعثر النور الإلهي والشرارات في كل مكان وفي كل زمان وفي كل شيء (بما في ذلك الأشياء الشريرة) ولن يعود التكامل ولن تجتمع الشرارات الإلهية المتناثرة المتبعثرة إلا بعودة الماشيح[5].

أما مسار التاريخ فيتجه كله نحو إعادة الشرارات إلى مكانها الأصلي[6] أما التاريخ في مفهوم الزوهار فيدور كله حول اليهودية فهو الذي يضيف الكمال إلى الكون بفعل طيبته، فهو إذن يساهم في استعادة الشرارات ، ويزداد هذا الكمال بازدياد الحال اليهودية (الطيبة)[7] حتى تصل إلى الكمال المطلق أو نهاية التاريخ وذلك حين تتطهر الشرارات ويختفي الشر عن الناس.

---

(١) عاش في القرن الثاني الميلادي، انظر اليهودية والصهيونية وإسرائيل ص/٣٣.

(٢) المصدر السابق ص/٣٣ وانظر د. أحمد سوسة المصدر السابق ص/٣٧٤.

(٣) المسيح.

(٤) اليهودية والصهيونية وإسرائيل ص/٣٣.

(٥) الموسوعة الفلسطينية ص/٩٣.

(٦) اليهودية والصهيونية وإسرائيل ص/٣٣.

(٧) لا ندري ما تعنيه كتبهم بكلمة "الطيبة" حين تصف الشعوب الأممية الأخرى بالحيوانات وتجيز سرقتهم وقتلهم. وما يجري الآن على أرض فلسطين أكبر دليل على اخلاقيتهم تلك.

أما العلاقة بين الخالق والمخلوقات في الزوهار فهي وحدة متكاملة والسفروت أو المراحل العشرة هي في الواقع شيء واحد متصل.

ويقسم القباليون كتاب الزوهار إلى ثلاثة أقسام حددوها وأطلقوا عليها:

الأول : الزوهار الأساسي

الثاني: الزوهار الذات

الثالث: الزوهار الجديد

أما السفروت أو "المراحل العشرة" التي تفرقت ولن تجتمع إلا بعودة الماشيح فقد أطلقوا عليها الأسماء الآتية:-

١- التاج الأعلى
٢- الحكمة
٣- الذكاء
٤- الحب
٥- القوة أو العدالة الصارمة
٦- الرحمة
٧- الانتصار
٨- الجلالة
٩- الأساس
١٠- الملكوت أو الوعاء الذي يفيض فيه الله من خلاله للعالم ويدعى أيضاً (الوجود الإلهي)[1]. ولعلهم في هذه المراحل يعبرون عن اعتقادهم بوحدة الوجود .

ويعتبر القباليون أن الزوهار (كتاباً مقدساً) بل يدعون بأنه مرسل وكل من يشكك فيه كمن يشكك في وجود الله.

([1]) اليهودية والصهيونية وإسرائيل ص٣٤.

أسئلة اختبارية

س: ماذا تعني كلمة القبالة ؟ وماذا يعني الزوهار؟ ومن يؤمن بهما من اليهود؟

س: ماذا تعني كلمة المشناه؟ إشرحها شرحاً كاملاً مبيناً أقسامها التشريعية.

س: لماذا دونت الجماراه؟ وماذا تعني؟ وأين صارت؟ إشرحها مع توضيح المعتمد منها في التطبيقات التشريعية اليهودية .

س: هل يعتبر التلمود كتاباً مقدساً؟ إشرح ذلك شرحاً وافياً.

المبحث الثاني
الكتب المقدسة عند المسيحيين

سيتعرف الطالب في هذا المبحث على كتب النصارى المقدسة وسيجد:

١- أن العهد القديم هو الجزء الأول من كتابهم المقدس أي انهم يقدسونه كما يقدسه اليهود.

٢- إن الأناجيل ليست أناجيل المسيح وإنما تنسب إلى تلاميذه أو تلامذة تلاميذه .

٣- إن القدسية جاءتها من خلال المجامع الكنسية المسكوني.

٤- إن الطوائف المسيحية كلها تعترف بالأناجيل الأربعة التي اعترف بها مجمع نيقية المسكوني سنة ٣٢٥م وإنها لا تعترف بأية أناجيل أخرى كإنجيل برنابا، ويرفض المسيحيون اعتباره إنجيلاً.

٥- إن الأناجيل ليست كلام الله عند المسلمين طالما أنها تنسب إلى اشخاص غير المسيح عليه السلام .

٦- اختلاف بعض النصوص في الأناجيل التي اعترفت بها الكنيسة المسيحية مما يشكل تناقضاً فيما بينها.

تمهيد

للنصارى كتاب مقدس مؤلف من قسمين هما:

١- العهد القديم ، وقد تناولناه سابقاً . ويعتبرونه كتاباً أدبياً مقدساً لكثرة الاختلافات العقائدية بينه وبين العهد الجديد (القسم الثاني) ولأن المسيح عليه السلام أرسل إلى بني إسرائيل أولاً، فإن كتابهم لا يعتبر ملغياً عند النصارى بل جعلوه مقدساً، وهم يتلونه في الصلوات في الكنائس وفي الأعياد والزيجات وهم يعملون بأحكامه في بعض جوانب حياتهم إلا أن العهد الجديد قد حل محله عندهم في تعالميه بعد أن تحولت رسالة المسيح إلى رسالة عالمية.

٢- العهد الجديد، وهو كتاب النصارى المهم لأنه يحوي ما له علاقة بالعقيدة الجديدة التي جاء بها السيد المسيح ويرى المسيحيون أن رسالة المسيح عليه السلام موجودة فيه رواها تلامذته أو تلامذة تلامذته الهاماً.. وهم رسل وقديسون روحانيون لهم كراماتهم يتألف هذا القسم من :-

أ- الأناجيل الأربعة، إنجيل متى وإنجيل مرقص وإنجيل لوقا وإنجيل يوحنا.

ب- الأسفار التعليمية أو رسائل الرسل.

ج- رؤيا يوحنا والتي تلحق بالأسفار التعليمية واليك تفصيل ذلك:-

وفي القرنين الرابع والخامس الميلاديين ترجمت الكنيسة المسيحية السريانية العهدين القديم والجديد الى اللغة السريانية عن الترجمة السبعينية الأرامية الفلسطينية الحديثة التي كانت مستخدمة في فلسطين وما إليها، وترجموها عن الترجمة السبعينية اليونانية وجاءت ترجمتهم هذه ترجمة حرفية. وقد استغرقت ترجمتهم

للعهدين القديم والجديد مدة طويلة تمتد من القرن الثامن الى الحادي عشر بعد الميلاد. ترجمت هذه الأسفار الى معظم لغات العالم قديمها وحديثها[1].

إنجيل متى (متياوس)

(متى) من حواريي المسيح ، ويدعو المسيحيون الحواريين رسلاً، وقد اختار المسيح عليه السلام متى ليكون أحد حوارييه . وكان جابياً للضرائب "عشاراً" في عهد المسيح عليه السلام، وصار من أشهر المبشرين بعد رفع المسيح إلى السماء. وقد اختار الحبشة لتكون موطن تبشيره بعد أن توزع الحواريون في الأرض ليبشروا بديانة المسيح عليه السلام. وقد قتل عام ٦٢م أو ٧٠م (على رأيين).

وقد كتب الانجيل هذا بالعبرية وقد ابتدأ متى بكتابته بعد رفع المسيح بأربع سنوات.وقد اختلف المؤرخون المسيحيون في سنة تأليفه ويجعلونه بين٣٧م - ٦٤م وهو أقدم الأناجيل وقد ألف بالارامية الفلسطينية الحديثة ترجم إلى اليونانية، وهي النسخة الوحيدة القديمة له إذ لم يستطع أحد تحديد تاريخها (أي أن الأصل مفقود والترجمة هي المعول عليها) ولا يعرف مترجمها، ولا تعرف نسبة صحة الترجمة عن الأصل . ويقال بأن مترجمهُ كان يوحنا صاحب الانجيل الرابع.

إنجيل مرقص

ولم يكن القديس مرقص من الحواريين ولم يتتلمذ على المسيح عليه السلام ولكنهُ من السبعين الذين يرى المسيحيون أن الروح القدس قد نزل عليهم وكان قد خصص حياته بالتبشير المسيحي .. والسبعون يسمون في النصرانية رسلاً كذلك . ولم يكن مرقص مستقراً في مكان معين إلا أنه استقر في نهاية أمره في مصر واعتبرها موطناً له حتى نقل منها عام ٦٢م.

---

(1) فضح التلمود ص ٢١ وما بعده. التلمود تاريخه وتعاليمه ص٢٩ وما بعده.

ولكن إنجيله قد كتب سنة ٦٣م أو ٦٥م باللغة اليونانية وهذا التاريخ بعد وفاته بسنة واحدة، فمن هو كاتبه الحقيقي ؟ لقد ذكر البعض بأن معلمه بطرس (رئيس الحواريين) هو الذي كتبه ونسبه إلى تلميذه مرقص. ونسبة ما يكتبه المعلم إلى التلميذ احتمال ضعيف ، فقد يكون هو الذي كتبه قبل وفاته أو أن هناك خطأ في تاريخ الوفاة.

إنجيل لوقا

كان القديس لوقا طبيباً ومصوراً وهو تلميذ بولص الرسول، أي أنه لم يكن تلميذاً للمسيح ولا من تلامذة تلاميذه . ولوقا ليس معروفاً في الأوساط المسيحية وقيل بأنه مولود في إيطاليا . يقال بأنه كان مصرياً أو يونانياً وقد كتب انجيله باللغة اليونانية وقد ألف عام ٦٣ أو ٦٥م أي بعد عشرين سنة من رفع السيد المسيح عليه السلام .

وبقي الاختلاف فيه على نقاط منها:

١- شخص كاتبه الحقيقي و صنعته

٢- تاريخ تأليفه

٣- لمن كتب هذا الإنجيل؟

إنجيل يوحنا:

يوحنا بن زبدي الصياد، أحد الحواريين المقربين إلى المسيح عليه السلام. قضى حياته مبشراً بالمسيحية وقد تعرض كثيراً إلى الضرب والتعذيب وقد استخدم هذا الإنجيل أوصافاً للمسيح لم نجدها في الأناجيل الأخرى، فيوحنا يرفض ألوهية المسيح بل يعتقد بأن المسيح هو عبد الله ورسوله. ويعتقد كثير من الباحثين أن هذا الإنجيل يحمل اسم يوحنا فقط ونسبوه لأحد تلامذة مدرسة الاسكندرية، أما علماء دائرة المعارف البريطانية فإنهم قد ذكروا بأن إنجيل يوحنا كتاب غير صحيح

وادعى كاتبه بأنه الحواري الذي يحبه المسيح . فأخذت الكنيسة هذه الجملة على علاتها وجزمت بأنها كتبت من قبل يوحنا الحواري ووضعت اسمه على الكتاب .
وقد كتب بين عام ٦٥م -٩٨م ويقال بأنه ألف سنة ٩٠م وهو تاريخ بعيد عن فترة رفع المسيح عليه السلام وبقي كاتبه الحقيقي مجهولاً وإن كان يعتبر أحدث الأناجيل نظراً للفترة الزمنية التي تفصل تأليفه عن تأليف بقية الأناجيل[١].

الأسفار التعليمية "رسائل الرسل".

ينقسم العهد الجديد إلى قسمين هما:
الأسفار التاريخية : وهي الأناجيل الأربعة المعترف بها .
الأسفار التعليمية : وهي مجموعة رسائل الرسل والخطب التي كان يلقيها معلمو المسيحية أثناء دعوتهم للمسيحية الجديدة بما حوت من مبادئ اعتقادية وشرائع وهي:

١- إحدى وعشرون رسالة مكتوبة باللغة اليونانية ألقاها بولص .
٢- ثلاث رسائل تنسب إلى يوحنا الحواري.
٣- رسالتان تنسبان إلى بطرس الحواري (سمعان).
٤- رسالتان تنسب إحداها إلى يعقوب بن زبدي الصياد الحواري ورسالة تنسب إلى يهوذا الحواري (لباوس).

وقد تضمنت هذه الرسائل المواعظ التي أداها بولص مثل نبوة المسيح وتخليصه للعالم من خطيئته وقيامه من بين الأموات بعد صلبه ودفنه وجلوسه إلى يمين الأب (الرب) .

---

(١) المصدر السابق ص/٧٦-٧٩

٥- رؤيٍ يوحنا اللاهوتي (السفر النبوي) التي رآها يوحنا اللاهوتي يقظة. أظهرت هذه الرسالة الكثير من صفات الألوهية المنسوبة إلى المسيح عليه السلام وسلطانه في السموات . وقد جعلت آخر قسم من أقسام الإنجيل (العهد الجديد) وهي تؤكد عقائد الكنيسة التي مررنا على ذكرها.

إنجيل برنابا

كان معروفاً لدى النصارى منذ أقدم عصورهم أن لبرنابا إنجيلاً، وإن ذلك مذكور في الموسوعة الدينية Encyclopedia of Religion وورد ذكر هذا الإنجيل فيما ينسب لقدامى رجال الكنيسة من بحوث وقرارات ، ومن ذلك القرار الذي أصدره البابا جلاسيوس الأول ، الذي تولى بابوية الكنيسة الكاثوليكية بروما سنة ٤٩٢ إلى ٤٩٦، وعدد فيه الكتب المنهي عن قراءتها، وذكر من بين هذه الكتب إنجيل برنابا، وهذا يدل على أن إنجيل برنابا كان معروفاً قبل بعثة النبي محمد صلى الله عليه وسلم بنحو قرنين ، وقد اختفت نسخه ، ولكن مكتبة البابا سكتس الخامس بروما احتفظت بنسخة منه، ثم اختفت من المكتبة حوالي القرن السادس عشر، ثم ضمت مكتبة أحد وجهاء أمستردام تلك النسخة، أو شبيهة لها حيث بقيت حتى القرن الثامن عشر.

كانت هذه النسخة عند ملك بروسيا، ثم انتقلت إلى مكتبة البلاط الملكي في فينا حيث لا تزال مجودة حتى الآن، وهي باللغة بالإيطالية، وعلى هامشها تعليقات باللغة العربية. ويشكك الباحثون بأن هذا الإنجيل موضوع بقلم يهودي تنصر ثم أسلم، وتحمس للإسلام لكثرة ما تضمنه من توافق بين النصرانية والإسلام ، ولما اشتمل عليه من بشارة النبي محمد(ص) .

والإسلام ليس في حاجة للتأييد في أي من هذه الأناجيل جميعها فما جاء فيه عن عيسى هو الحق ، وما سواه هو الباطل.

محتوى الأناجيل

وتشتمل الأناجيل الأربعة على موضوعات خمس هي : القصص والعقيدة والشريعة والأخلاق ومن تلك القصص حمل مريم العذراء بعيسى (ع) وخطبتها ليوسف النجار، ثم قصة يوحنا المعمدان وتبشيره بظهور المسيح وصلب المسيح ورفعه إلى السماء وغير ذلك.

أما العقائد فتدور حول المسيح وألوهيته ونبوته للأب والأقانيم الثلاثة وصلب المسيح والخطيئة الأزلية وتوليه حساب الناس يوم القيامة.

وفيما يتعلق بالشريعة فقد أقرت المسيحية بعض التشريعات اليهودية وإلغاء بعضها و(خطبة الجبل) والتي ألغى فيها بعض تشريعات موسى (عليه السلام) كالطلاق وإلغاء ما أشتهر عن موسى (عليه السلام) من قول (العين بالعين والسن بالسن) فدعا الناس أن تعطي خدها الأيسر لمن يضربها على الأيمن وإلغاء حد الزنا (الرجم) والاكتفاء بأخذ العهد على عدم العودة إليه.

أما في الاخلاق فقد تحدث المسيح عليه السلام عن العفو ودفع السيئة بالحسنة وتقديم الخير للناس والدعاء لهم بالهداية وتقديم العون للمحتاج وغير ذلك من الأمور.

بعض الآراء النقدية في الأناجيل:

تعرضت الأناجيل لجملة نقود، نعرض قسماً منها :-

١- إن الأناجيل الأربعة تفتقر إلى الإسناد، فليس هنالك سند مرفوع إلى عيسى عليه السلام أو إلى تلامذته أو حتى تلامذة تلامذته.

٢- إن هناك بعض اختلافات وتناقضات في موضوعات الكتب الأربعة كمثل اختلاف إنجيل متى عن إنجيل لوقا في نسب المسيح عليه السلام واختلاف خبر القبض على المسيح لمحاكمته في إنجيل متى عن إنجيل يوحنا واختلاف واقعة الصلب في كل الأناجيل.

٣- يكتفي علماء الإنجيل من النصارى بالقول بأن هذه الكتب كتبت بالإلهام والإلهام كما نعلم يستلزم أن يدعم بنبوة صادقة ومعها المعجزة الدالة عليها.

٤- إن بعض الأناجيل والأسفار التعليمية تدعو إلى التثليث، بينما العهد القديم الكتاب الأول للكتاب المقدس، لا يوجد فيه أثر التثليث أو أي تمهيد له لأنه يدعو إلى التوحيد ولا أثر لذكر الأقانيم فيه وهو ما يجعل من عقيدة الألوهية في الكتابين موضوعين متناقضين.

أمثلة من الأناجيل الأربعة.

أولاً: في توحيد الله:

يقول الله في التوراة (الجزء الأول من الكتاب المقدس) "أنا الأول وأنا الآخر ولا إله غيري" كل شيء أنا أعمل به، أنا الرب صانع كل شيء ناشر السموات وحدي، باسط الأرض من معي؟ مبطل آيات المخادعين، ويمحق العرافين، مرجع الحكماء إلى الوراء، ومجهل معرفتهم، مقيم كلمة عبده ومتمم رأي رسله"[1]

بينما يرد في الإنجيل (الذي هو الجزء الثاني من الكتاب المقدس) ما نصه "لكننا إذا أطعلنا على كنه الله لا يسعنا إلا القول بالتثليث وإن المسيح ابن الله"[2].

ثانياً: اختلاف الأناجيل:

ورد الكلام في ألوهية المسيح في إنجيل يوحنا فقط بينما لا نجد في الأناجيل الثلاثة الأولى (مرقص ولوقا ومتي) ما يدل على ألوهية المسيح، مع استحالة أن تهمل الأناجيل الثلاثة الأولى أمراً أساسياً هو في الحقيقة أهم أسس الدين المسيحي وهو ألوهية المسيح، فلو أن لهذه الألوهية أصلاً في الديانة لديهم لما كان من الممكن إن تهملها هذه الأناجيل الثلاثة.

---

(١) أشعيا الإصحاح ٤٥.

(٢) (يوحنا الأولى ١٦/٤).

ثالثا: الأناجيل ليست كلام الله

إن الأناجيل بطبيعة الحال منسوبة إلى بشر فهي ليست كلام الله ،ولا كلام المسيح (عليه السلام) ، وإنما هي من تأليف البشر ، انظر إنجيل (متى) من أول الفصل الرابع إلى الرقم السادس والسابع ففيهما الصريح بأن عيسى عبد، والله سيد ورب، لقوله في الآية السابقة قد كتب أيضاً(لا تمتحن الرب إلهك) وفي هذا الفصل نفسه(إن الشيطان حمل المسيح وأخذ يطوف به من مكان إلى مكان) فكيف يستطيع الشيطان أن يحمل الإله، (ثم أمره الشيطان أن يسجد له ويعبده وأطمعه بمال الدنيا ، أجابه المسيح بقوله قد جاء في الكتب السابقة ، لا تسجد إلا للرب إلهك وهو وحده نعبده).

ويكثر التعبير في التوراة والأناجيل أن يسمى كل تقي بر ابن الله ، بدليل ما جاء في الآية التاسعة من الفصل الخامس (متى) طوبي لصانعي السلام ، لأنهم أبناء الله يدعون، وجاء في الفصل نفسه رقم (٤٥) (لتكونوا أبناء أبيكم الذي في السماء ، وفي رقم (٤٨) (فكونوا أنتم كاملين كما أن أباكم الذي في السماء كامل).

ويمكن مقارنة حديث الرسول صلى الله عليه وسلم بذلك بقوله: (الناس عيال الله).

رابعاً: الأناجيل ونسب السيد المسيح:

مما تجدر ملاحظته أن إنجيل متّى ولوقا حينما ذكرا نسب المسيح (عليه السلام) من جهة الرجال دون ذكر لأمه وهو لا يملك إلا أماً. بل أن متّى ومرقص ويوحنا قد ذكروا أن له إخوة وأخوات[1]. ولوقا يعطي نسبا للمسيح يختلف عن ذلك الذي في إنجيل متى، فمتّى الذي يبدأ بالسلسلة من آدم قد ابتدأها من إبراهيم (عليه السلام) ذكر أن العدد الأول من بعد داود (٢٧) في حين أن لوقا الذي ابتدأ نسب المسيح من آدم ذكر العدد من بعد داود (٤٢) والجدول الآتي يبين لنا ذلك بوضوح:

---

(١) (متي ١٣-٤٦-٥٠ و٥٤-٥٨) -(مرقس٦، ١-٦) ، (يوحنا ٧-٣-٢-١٢).

جدول مقارن من العهد الجديد.

أولاً لوقا: (من آدم -إلى - تارح٢٠).

١	آدم	٢١	إبراهيم	٤٠	الياقيم	٥٩	يوحنا
٢	شيت	٢٢	إسحق	٤١	يونان	٦٠	يهوذا
٣	اندش	٢٣	يعقوب	٤٢	يوسف	٦١	يوسف
٤	قينان	٢٤	يهذا	٤٣	يهوذا	٦٢	سمعي
٥	مهلئيل	٢٥	فارض	٤٤	شمعون	٦٣	متتبا
٦	يارد	٢٦	حصرون	٤٥	لاوي	٦٤	مآب
٧	اخنوخ	٢٧	عرق	٤٦	متات	٦٥	نجاى
٨	متوشالح	٢٨	أدمنى	٤٧	يوريوم	٦٦	مسلي
٩	لامك	٢٩	عميناداب	٤٨	عازر	٦٧	ناحوم
١٠	نوح	٣٠	نخشون	٤٩	موسى	٦٨	عاموس
١١	سام	٣١	شالح	٥٠	غير	٦٩	متيتيا
١٢	أرفكشاد	٣٢	برعز	٥١	المودام	٧٠	يوسف
١٣	قينان	٣٣	عوبيد	٥٢	وسام	٧١	ينا
١٤	شالح	٣٤	يسى	٥٣	آدى	٧٢	ملكي
١٥	عابر	٣٥	داود	٥٤	ملكي	٧٣	لاوي
١٦	فالج	٣٦	ناتان	٥٥	نيرى	٧٤	متات
١٧	راعو	٣٧	متانا	٥٦	شالتئل	٧٥	عالي
١٨	سروح	٣٨	منا	٥٧	زربابل	٧٦	يوسف
١٩	ناحور	٣٩	مليا	٥٨	ريسا	٧٧	عيسى
٢٠	تارح						

ثانياً متّى

لم يذكر أي اسم قبل إبراهيم

١	إبراهيم	٢٢	يوتام
٢	إسحق	٢٣	أجاز
٣	يعقوب	٢٤	حزقيا
٤	يهوذا	٢٥	منسى
٥	فارض	٢٦	اموت
٦	حصرون	٢٧	يوشيا
٧	آرام	٢٨	يكينا
٨	عميناداب	٢٩	شالتئيل
٩	نعشون	٣٠	زربابل
١٠	سليمان	٣١	أبيهود
١١	بوعز	٣٢	الياقم
١٢	عبيد	٣٣	عازور
١٣	يسى	٣٤	صادوق
١٤	داود	٣٥	اكيم
١٥	سليمان	٣٦	اليهود
١٦	رحبعام	٣٧	العازار
١٧	أبيا	٣٨	مقان
١٨	أسا	٣٩	يعقوب
١٩	بوشافاط	٤٠	يوسف
٢٠	بورام	٤١	عيسى
٢١	عزيا		

أسئلة اختبارية

- هل يحترم المسيحيون كتب اليهود المقدسة؟ وكيف
- ما معنى العهد الجديد؟ اشرح ذلك مبيناً أقسامه.
- ما هي أقسام العهد القديم وما أثره على النصارى؟
- هل الانجيل كلام الله؟ اشرح ذلك شرحاً وافياً.
- أين نجد التلمود؟ وهل ترجم إلى اللغة العربية؟
- من هم التلامذة الذين سميت الأناجيل بأسمائهم؟ اذكرها واكتب عنها شرحاً بسيطاً.
- هل ذكرت الأناجيل نسباً واضحاً للسيد المسيح؟ وكيف؟
- ما معنى التلمود؟ وما معنى الزوهار ؟ وهل هما جزء من العهد القديم؟ اشرح ذلك.
- متى كتب العهد القديم ؟ ومتى ترجم؟
- ما هي المثالب والمنكرات التي تحدث بها العهد القديم؟
- هل يعتبر إنجيل برنابا مقدساً عند النصارى ؟ وكيف؟ إشرح ذلك شرحاً وافياً.

الوحدة السابعة

العبادات في الأديان

العبادات في الديانة اليهودية
العبادة في الديانة المسيحية

ينتظر من الطالب بعد دراسة هذه الوحدة أن يعرف

- أن الحج ليس فرضاً من الفروض الأصلية في الديانتين اليهودية والمسيحية وإنما أضيفا إلى الفروض.
- إن الصيام يعتبر من الأمور الأساسية في الديانتين اليهودية والمسيحية.
- إن الحركات الأساسية للصلاة (من ركوع وسجود) كانت موجودة في الديانتين اليهودية والمسيحية في الأصل، وإنهما تغيرتا لتحل التراتيل والموسيقى محلها.
- إن الختان من الفروض التي على اليهودي ممارستها وإنها علامة العهد بين اليهودي وبين (يهوه)، وإن بولص الرسول قد ألغاها عن المسيحي.
- إن الزكاة من الفروض التي اقرها المسيحيون في ديانتهم وإنها موجودة أصلاً في الديانة اليهودية .
- إن الفروض عموماً في الديانتين اليهودية والمسيحية تشير إلى وحدة مصدر الأديان السماوية.
- إن الفروض عموماً قد تعرضت إلى تغيير وتبديل وإضافة وحذف من قبل كهنة ورهبان الديانتين اليهودية والمسيحية.

المبحث الأول
العبادات في الديانة اليهودية

في هذا البحث سيجد الطالب:

- أن الأديان جميعاً لها نفس التسميات للعبادات والشعائر. أي (الصلاة والزكاة والصيام والحج).

- ورغم التشابه في تسمية العبادات إلا أنها تختلف في ممارستها ومضامينها.

- إن الكثير من الشعائر اختيارية عند اليهود وليست فروضاً كما هي الحال في الإسلام.

- إن بعض الشعائر لها علاقة بأحداث تاريخية وقعت لموسى عليه السلام أو لبعض الأنبياء من قبله أو بعده.

- إن بعض الشعائر تصاحبها بعض الممارسات التي يجب أن يقوم بها اليهودي لتكون تأديته لها صحيحة مقبولة في طائفته.

223

الصلاة في الشريعة اليهودية

الصلاة (هي الوسيلة الملزمة لتأدية عمل من الأعمال وهذه الظاهرة نتبينها في العهد القديم من الطريقة التي يعبر بها المصلي عن احترامه لله).

وأشهر مصطلحات الصلاة عند اليهود مصطلح (تافيلا) وتدل على الابتهال إلى الله كحاكم، والاستسلام له. واستعمل اليهود كلمة (صلوته) في التوراة وأصبحت الكلمة المألوفة بمعنى الصلاة.

ورأوا في الصلاة انبعاثاً جديداً لدينهم في الفترة التي أعقبت السبي البابلي وتدوين التوراة.

واستدل فقهاء اليهود على تشريع الصلاة من نص ورد في سفر التثنية وهو (وتحبه وتعبد الرب الهك من كل قلبك ومن نفسك).

قال أحد علمائهم (إن يعقوب قال لأولاده: ماذا تعبدون من بعدي؟ قالوا: اسمع يا إسرائيل الرب الهنا رب واحد فحب الهك؛ من كل قوتك ولتكن هذه الكلمات التي أوصيك بها اليوم على قلبك).

(ولم تخرج الصلاة بمعناها العام المفهوم عن الدعاء إلا أنها أصبحت تعني الوقوف والجثو والركوع والانبطاح على الأرض في زمن دانيال وعزرا). ويؤكد المستشرقان (كريمر وجيب) على أن الركوع والسجود من أوليات طقوس الصلاة عند الديانتين اليهودية والمسيحية وقد بينها الله تعالى في القرآن الكريم، قال تعالى(وظن داود إنما فتناه فاستغفر ربه وخر راكعاً وأناب).

وكان اليهود قديماً يلبسون القلنسوة وفوقها منديل صوفي دقيق أثناء أدائهم الصلاة .

والطهارة لديهم نوعان : صغرى وكبرى، فالكبرى تتمثل بأن يغطس الرجل أو المرأة ثلاث مرات في الماء وتتربص المرأة قبل الغطس أثر الولادة أو الإجهاض

وعليها إن تنتظر خمسة عشريوماً قبل التطهر بالغسل وتقضي الأسبوع الأول في التربص لما قد يطرأ خلاله من ظهور بقايا دم الحيض ثم تطهر.

أما الطهارة الصغرى فيقوم بها اليهودي يومياً قبيل كل صلاة وهي تشبه عملية الوضوء في الإسلام وكيفيتها أن يأخذ اليهودي لتراً من الماء الطاهر وعلامة طهارته صلاحيته للشرب ولا يعتد عندهم بماء البحر أو الماء المالح ثم يبدأ بغسل اليدين ثلاثاً قبل إدخالهما في الإناء ثم يغسل بعد ذلك الوجه ثم يتمضمض ثم يعمد إلى مسح وجهه بمنديل ثم يتبع عملية الغسل بالدعاء حمداً لله الذي أعطاه الماء طهورا.

وكانوا ينادون بالصلاة قديماً عند حلول وقتها بالنفخ في الأبواق المصنوعة من سن قرون الكباش ومن المعدن والآن هم يستخدمون الأجراس وقبلتهم إلى جهة الغرب (مغارب الأنوار) واليه تمت الإشارة في القرآن الكريم (وما كنت بجانب الغربي إذ قضينا إلى موسى).

ويعلل أشهر فقهائهم (موسى بن ميمون) اختيارهم لجهة الغرب لسببين:

الأول: امتثالاً لقول التوراة(سكينة في الغرب).

الثاني: إن عابدي الأوثان كانوا يعتمدون لبناء هياكلهم وقصورهم فوق الأماكن المرتفعة خاصة الجبال وإن سيدنا إبراهيم اختار جبل (الموريا) الواقع في جهة الغرب من هياكل الوثنيين التي تقع في الشرق.

وأوجب اليهود طهارة الموضع الذي يصلون فيه من النجاسات، وجعلوا بيوت عباداتهم خالية من الصور والتماثيل لأنهم أهل توحيد لذا فهم لا يصلون في كنائس النصارى لقولهم بالتثليث النافي للوحدانية ، كما أنهم لا يجوزون الصلاة في المقابر لأن الميت نجس ولا في بيوت الراحة والمزابل واشترطوا الطهارة الجسدية للمصلي امتثالاً لقول الرب (واستعد للقاء الهك يا إسرائيل).

ويتوجه للبيعة لغرض التطهر كل من لمس جثة ميت أو أجرى اتصالاً جنسياً أو لمس الحشرات أو دم الحيض والنفاس والخنزير ، وكأنه بذهابه للبيعة يعلن طهارته من جديد لخالقه.

وسميت مساجدهم بالمحاريب ، والقرآن الكريم أطلق عليها لفظ (بيع) ومفردها بيعة، ويسميها يهود العراق (التورات).

ويعد كتاب(الصلاة اليهودية) أقدم كتاب لديهم يشمل على مجموعة الصلاة اليومية إذ وضع في بابل في الفترة الممتدة من 846-864م وهو يختلف في وصفه للصلاة عن الصلاة اليهودية الحالية وبقي ما يقرب من الألف سنة بدون طبع إلى إن طبع في (وارشو) سنة 928-942م، كما وضع موسى بن ميمون كتابين للصلاة هي (سيدورتفلون)

وكتاب(الياد) طبع مع ترجمة له بالمانيا في بطرسبرغ في سنة 1851م.

وورد في كتاب (دانيال) ذكر عدد الصلوات مستدلين بقوله (إذ ركع على ركبتيه ثلاث مرات باليوم وصلى وشكر أمام ربه).

واستدلوا من المزمور (55) على أوقات الصلاة (الصباح والمساء والظهر).

وقبل اقامة الصلاة يستحضر المصلي النية (كوانة) في قلبه، والوقوف في الصلاة أثناء قراءة (التفلاة) ، واشترطوا أن يكون لباس المصلى محتشماً وأن تغطي المرأة شعر رأسها بغطاء سمي (خيليا) ، وعند ذكرهم لاسم الله تعالى يدفعون أجسامهم في حركة إلى الأعلى بالوقوف على الأصابع برهة ثم يدعون دعاء توسل.

وأدخل أنبياء بني إسرائيل بعد موسى على الصلاة تعديلات وإضافات وذلك بقراءة نصوص من العهد القديم لم تكن تقرأ من قبل واستخدموا (الشال) الذي يوضع على الكتفين وهو مصنوع من نسيج أبيض أو مستطيل الشكل في كل زاوية من زواياه حلية وثمانية أهداب أربعة منها بيضاء وتعرف بالعبرية (صيصت) وهي

رمز لطلوع الفجر والأخرى متفاوتة في زرقتها والشال قسمان: صغير ويرتدى في الصلاة الفردية وكبير يستخدم في الصلاة الجماعية كيوم السبت والأعياد وأهداب الشال تقوم محل السبحة عند المسلمين يسبح بها المصلي وعادة ما يكفن الميت بالشال الكبير وهم يرون في الشال (رداء روحي تلف به أرواحهم عند الصلاة فيجعلهم كأنهم ملائكة قديسون أصطفاهم الله بحسن عنايته ورعايته).

والصلاة عندهم نوعان : شخصية ارتجالية تتلى حسب الظروف والاحتياجات الشخصية ولا علاقة لها بالطقوس والمواعيد والمراسم مثل صلاة إبراهيم ويعقوب وموسى ويوشع عليهم السلام وتؤدى في أي مكان فالنبي يونس أداها في بطن الحوت ودانيال في جب الأسود والصلاة الثانية صلاة مشتركة إذ يشارك فيها الجماعة علناً في أماكن مخصوصة وأوقات معلومة حسب الطقوس التي يضعها ويقررها رؤساء الدين والكهنة واليهودي يصلى ثلاث مرات في اليوم.

صلاة الصبح: وتسمى(شحرين) ووقتها من بزوغ الشمس إلى ارتفاع النهار وينبغي للمصلي إن يرتدي الشال ويربط التفليم ويتجه لبيت المقدس ويبدأ بقراءة الأدعية وهي تتكون من أربع ركعات يفصل بين ركعة وأخرى أدعية وأذكار توحيد الله وتحمده على جعله يهودياً.

صلاة الظهيرة أو العصر: وتسمى بالعبرية (المنما) و(تفلية هعربيت) ووقتها من انحراف الشمس من نقطة الزوال إلى ما قبل الغروب بعشرين دقيقة وفيها أربع ركع يفصل بينها أدعية وأذكار وقراءة منتخبة من أشعار الزبور وفيها اعتراف بالذنوب وطلب الغفران والأدعية المقررة فيها تناسب وقت الظهيرة وقيل إن أول من أداها داود إذ يقول في مزموره الخامس(الغداة أوجه صلاتي نحوك وانتظر).

صلاة المغرب: وتدعى (عربيت) ووقتها من غروب الشمس وراء الأفق أي إن تتم ظلمة الليل ويجوزون أداءها قبل وقتها بساعة في الأيام الاعتيادية أما في

يوم السبت فتؤدي بعد مغيب الشمس بعشرين دقيقة وفي الأعياد الرئيسة تصلى بعد المغرب بعشر دقائق وهو تتكون من أربعة ركعات يفصل بينها أدعية وأذكار وفيها يطلب الغفران ويكثرون فيه التأكيد على اعتقادهم بتوحيد الله ويحبذون قراءة التوراة والتراتيل الدينية ويشترطون أن يكون كاهنهم حسن الصوت وأن يكون من نسل (لاوي) وتعد البركات الثمانية عشر (شيمونة عشر) مع قراءة نص الشهادة الركنين الأساسيين لصلاة المغرب.

إما الصلاة يوم السبت فتعتبر مهمة لديهم حيث يقف الرجل الذي يقوم بالصلاة فيهم ويسمى (شيليح هصبور) في منصة مرتفعة نسبياً والمصلون جالسون على أريكتين متقابلتين متعددتين فيبدأ بحمد الله وتمجيده ويقرأ دعاء (إلهنا واله آبائنا إبراهيم وإسحاق ويعقوب الطارق القوي الذي إحسانه على العالم أن الشعب المختار...) ثم ينزل من المنصة وبرفقة مصلي آخر يقوم بإخراج التوراة من محلها المحفوظة فيه وفي أثناء ذلك يقرأ شيئاً من التوراة(سماع إسرائيل الله ربنا الله واحد إن ربنا واحد إلهنا هو ربنا مقدس هو) ويحمل التوراة الموضوعة في صندوق ويسير الإثنان إلى المنصة مع نغمة ترتيل ويقول (أعلن عظمة الله ولتعظيم مجده سوية يا الهي أن ما لديك من العظمة والقدرة والمجد ما لديك هو النصر والجلال في جميع السماوات والأرض) وعند جلب التوراة يقف الجميع إجلالاً لها وبخشوع ترفع إلى الأعلى وتقرأ بعض الأدعية ويفضل عندهم أن يكون القارئ من نسل (لاوي) حسن الصوت ويقول (تبارك الله مصدر كل التبريكات تبارك الله مصدر كل البركة الخالد تباركت يا الله ملك الكون الذي اختارنا من بين كل الأمم اعطانا التوراة فبوركت يا اله معطي التوراة).

ثم يتم رفع التوراة إلى الأعلى ويقول (هذه هي التوراة التي وضعها موسى أمام إسرائيل هذه هي التوراة التي أعطاها الله بواسطة موسى). ثم تفتح لفات الورق وتوضع في وسط المنصة ويقوم شخص ثالث بالوقوف جانب كاهن الجماعة (شيليح هصبور) لتأشير آيات التوراة التي يقرأها إمام الجماعة ثم تعاد لفات التوراة

داخل العلبتين في الصندوق بالهيئة نفسها التي جلبت بها ويقولون (تباركت عظمة الله العليا عظمة عالية فوق السماء والأرض وعلم شعبها وعافا المخلصين بني إسرائيل الذين أقرب إليه).

ويؤدون صلاة القمر في أحد ليالي الأسبوع الثاني من كل شهر ويتوجهون بالكلام إلى القمر إذ يكررون ثلاثاً القول (لتكن طالعاً سعيداً لنا ولكل إسرائيل مبارك مصورك مبارك صانعك) ثم يرتفع المصلون إلى الأعلى على اطراف أصابعهم ويقولون (كما إننا نحاول أن نلمسك هكذا ليت كل الذين يقفون نحونا ليضروا بنا لا يقدرون أن يلمسونا).

أما صلاة الغفران فتقام يوم الغفران مرة واحدة في السنة وهو يوم الأيام عندهم ويوم التكفير عن الذنوب ومدته عشرة أيام ويؤدي الصلاة هذه الكاهن الخادم في المعبد مع كاهنين اثنين آخرين وتبدأ بدعاء (الكل يدعو الله).

وهناك صلوات مستحبة لديهم مرتبطة بالأعياد منها:

صلاة (يوم كيبور) وهي صلاة تقام مطلع عيد الغفران وهي تدعو إلى طلب الغفران من الله تعالى عن الوعود التي قطعوها على أنفسهم لله تعالى ولم يوفوا بها وأصل هذه الصلاة يرجع إلى عهود اضطهادهم وسبيهم.

ويصلون صلاة عيد المظال (الشبيكوت) أو العرازيل إذ تقام في (٥ تشرين) ويستخدمون أوراق الأشجار أو السعف ليعملوها على هيئة سقف كالمظلة يستظلون تحته يوماً كاملاً أما في الوقت الحاضر فإنهم يكتفون بإقامة عرش رمزي في منازلهم يشير إلى موضع صلاتهم.

ويصلون من الفجر إلى منتصف النهار عند حلول عيد (شيعوت) وهو عيد يأتي بعد عيد الفصح بسبعة أيام يوم(٦ جوان) ويحتفل به بمناسبة نزول التوراة في جبل سيناء وقديماً يحتفلون به بمناسبة يوم الحصاد ويقرأون في هذه الصلاة الوصايا العشر ويقوم الحبر الأكبر بشرح مضامينها وتبيان مغزاها للمصلين وهناك

صلاة يشترطون لإقامتها حضور عدد مناسب من المصلين إذ يرتلون فيها دعاء (البسماح حقادا) ولا يسمحون بإقامتها في البيوت.

الزكاة في الشريعة اليهودية

ورد لفظ (صداقا) في الكتب الثلاثة (دانيال- طوبيا - يشوع بن سيراخ) وهي مشتقة من (صدق) وهو العدل ، والمقصود هنا إيصال كل ذي حق لمستحقه وإعطاء كل موجود من الموجودات بحسب استحقاقه.

وقديماً كانوا يرون أن غير اليهودي لو تصدق بصدقة فإنها لا تقبل منه لأنه لا يتصدق بنية حسنة خالصة لوجه الله تعالى وإنما يفعل ذلك رياء وكبرياء أما الصدقة التي يدفعها اليهودي لمستحقيها فهي مقبولة عند الله تعالى لأنهم أبناء الله وشعبه المختار وهي بذلك تجعلهم أرفع شاناً وأعظم قدراً . والصدقة كشريعة دينية قديمة جداً وافقت شعيرة تقديم القرابين والنذور التي كان المتعبد يقوم بها عند زيارته للمعبد وأصبح لها تأثير في النفوس تشير إليها مصاديق دلالتها -عند اليهود- على أنها عمل تقوى وتدل على الأمانة الشخصية في الممارسات اليهودية[1]

وجاء في أحكام الزكاة ما نصه في سفر التثنية (إذا حصدت حصادك في حقلك ونسيت حزمة من الحقل فلا ترجع لتأخذها – أي دعها - للغريب واليتيم والأرملة لكي يبارك الرب الهك في كل عمل يديك)[2].

وورد ذكر الصدقة في سفر الأويين بقوله (وعندما تحصدن حصيد أرضكم لا تكمل زوايا حقلك وكرمك لا تعلله ونثار كرمك في الحصاد ولقاط حصيدك لا تلتقط للمسكين والغريب تتركه أنا الرب إلهكم)[3].

([1]) وهم يؤكدون في كل تعاليمهم على عكس ذلك ويعتبرون خيانة العهد مع الأغيار أمراً مقدساً.
([2]) والمقصود بالغريب واليتيم والأرملة ، من اليهود وليس من الأغيار .
([3]) كذلك.

وأوجب فقهاؤهم إعطاء عشور كل ثلاث سنوات لصالح الذين لا يملكون أرضاً تخصهم فالأيتام والأرامل والغرباء – من اليهود – واللاويين وخاصة كهنتهم الذين يأخذون العشور على نتاج الضمان وينتفعون بما يبقى من الهيكل من القرابين.

ومما جاء في سفر التثنية بخصوص العشر ما نصه(في آخر ثلاث سنين تخرج كل عشر محصولك في تلك السنة وتضعه في أبوابك، فيأتي اللاوي لأنه ليس له قسم ولا نصيب معك والغريب واليتيم والأرملة الذين في أبوابك ويأكلون ويشبعون لكي يبارك الرب الهك في كل عمل يدك الذي تعمل)[1].

يقول أحد فقهاء اليهودية: أن عشر محصول الأرض والأنفال كان واجباً على بني إسرائيل ونصف مثقال من الدينار لمن كان في العشرين من عمره أو فوق العشرين غنياً كان أو فقيراً وقد ورد في سفر الخروج ما نصه (كل الشاقل هو عشرين جيرة نصف الشاقل تقدمه للرب الغني لا يكثر الفقير لا يقلل عن نصف الشاقل حين تعطون تقدمه للرب للتكفير عن أنفسكم).

وجاء في سفر التثنية (لأنه لا تفقد الفقراء من الأرض لذلك أنا أوصيك قائلاً افتح يدك لأخيك المسكين والفقير).

ويقول المزمور (٤١) (طوبى للذي ينظر إلى المسكين).

وكانت الزكاة التي تجبى بنصف شاقل فإنها تدفع إلى خيمة الاجتماع في القدس لينفقونها في شراء أواني المذبح ويقول أحد علمائهم أن ما سقط من المحصول على الأرض عند حصاده لا يلتقطه المزارع بل يتركه للغرباء والمساكين والطيور ويفعلون ذلك مع بعض الثمار كان ذلك في العهد القديم أما الآن فهم يعمدون إلى تقديم الصدقات كل حسب طاقته نقداً كان أم محصولاً وقد كانت أموال الزكاة تدفع إلى بيت المقدس ينال فيها نسبة ويوقف عشره لضيافة الوافدين والحجاج وينفق

(١) وكل من أشار إليهم من المستحقين ، يقصد بهم اليهود

على إطعام عامة المسافرين والفقراء والأيامى واليتامى وإن تحديد العشر في التصدق نسبة لا تضر بالمتصدق مادياً فلا تضره بضيق أبداً بل هي نسبة بسيطة يستطيع اليهودي إعطاءها للمستحقين من الأقارب والأقرب فالأقرب وأصبحت الصدقة من مجريات الأعياد الدينية فقد كان التصدق على الفقراء يرتبط بترتيب احتفالاتهم الدينية إذ تقول التوراة على لسان نبي الله داود عليه السلام(وقسم على جميع الشعب على كل جمهور إسرائيل رجالاً ونساء على كل واحد رغيف خبز وكأس خمر وقرص زبيب ثم يذهب كل الشعب إلى بيته).

الصيام في الشريعة اليهودية

وسع اليهود من مفهوم الصيام كثيراً وذلك راجع إلى كثرة اجتهاداتهم وتأويلاتهم لمعناه كي يتوافق مع حياتهم كما أن أنماطاً مختلفة ظهرت عندهم لم ترد في التوراة.

الصيام عندهم من غروب الشمس إلى مساء اليوم التالي.

تنوع الصيام عند اليهود فصار امتناعاً عن الأكل والشرب وعن العمل والكلام أيام السبت من كل أسبوع (كل من صنع عملاً يوم السبت يقتل قتلاً)

صام اليهود يوماً واحداً عرف بصوم تموز أثناء السبي البابلي إلا أنه الغي بعدئذ، عرف اليهود صيام الصمت الذي يقصد به التوبة من الخطايا والندم وهناك نوع آخر من الصيام يسمى صيام السلوك وهو سلوك يبقي الناس صامتين حين يحجون بيت أيل حتى المساء.

وربط اليهود الحزن بالصيام وخصصوا له أربعة أيام هي:

١- اليوم العاشر من الشهر الخامس (يوم احتراق الهيكل والمدينة).
٢- اليوم العاشر من الشهر العاشر (يوم ابتداء حصار اورشليم).
٣- اليوم الثالث من الشهر السابع (يوم استباحة نبوخذ نصر لأورشليم قتلاً ونهبا).

٤- اليوم التاسع من الشهر الرابع (يوم استيلاء الكلدان على أورشليم).

ويرى ابن كثير في تفسيره إن صيام اليهود كان من العتمة إلى العتمة واذا ما صلى أحدهم ونام صام عن الطعام والشراب والنساء ويحبذ في أيام الصيام التصدق على الفقراء والمساكين وإطعامهم العشاء التقليدي.

ويؤمن اليهود أن شريعتهم فرضت عليهم فرضاً واجباً صيام يوم واحد في السنة وهو العاشر من الشهر السابع ويسمى يوم الغفران (يوم كيبور)، ويبتدئ قبل غروب الشمس بنحو ربع ساعة إلى ما بعد غروب الشمس في اليوم التالي بنحو ربع ساعة.

واشترطوا لصيام يوم الغفران إلا يقع في يوم الجمعة أو الأحد أو الثلاثاء وقيل أن مدة يوم الغفران هو سبع وعشرون ساعة من قبل مغيب الشمس لليوم الأول إلى ما بعد غياب الشمس لليوم الثاني.

ويقول اليهود إن دليل وجوب صيامهم يوماً واحداً هو أن (موسى عليهِ السلام)عندما اختار عشرة أسباط ليكمل السبعين للقاء الله تعالى أمرهم بعد أن أصبحوا شيوخاً أن يصوموا أو يتطهروا ويطهروا ثيابهم.

ويؤدون صوماً جماعياً عند حدوث كارثة كالهزائم في الحروب أو رداءة المحصول أو غارات الجراد.

ومن مظاهر الصيام عندهم شق الثياب إلى الحد المسموح وذر الرماد على الرؤوس وعدم تمشيط الشعر وغسل الجسم ولبس الأبيض في يوم الغفران إما في أيام الصيام المستحبة الأخرى فيلبسون اللباس الأسود ويسمونها أيام الصوم السوداء .

وذكرت الموسوعة اليهودية خمسة وعشرين ذكرى مقدسة حزينة يستحب الصيام فيها منها:

١- أول نيسان مقتل أولاد هارون في المخيم .

٢- العاشر من نيسان وفاة النبية مريام.

٣- ٢٦ نيسان وفاة يشوع بن نون.

٤- العاشر من أيار وفاة الكاهن الأعلى وأولاده وأسر الفلسطينيين له.
٥- _(٢٩ سيوان) وفاة صموئيل الكاهن.
٦- (١٧ تموز) انكسار الألواح وحرق التابوت ودخول الرومان للمدينة المقدسة.
٧- (٩ آب) ذكرى خراب المعبد في القدس للمرة الأولى والثانية.
٨- (٧ تشرين) قتل الإسرائيليين للعجل الذهبي.
٩- (٩ تبيشو) ترجمة التوراة اليونانية .
١٠- (٩ تبيشو) وفاة عزرا.
١١- (٧ آذار) وفاة موسى عليه السلام.

وقد حرم اليهود أكل اللحوم في كثير من المواسم ولم يشرع موسى أي وقت يمنع فيه أكل اللحوم.

الحج في الديانة اليهودية.

جاء في التوراة أن على كل يهودي أن يحج إلى المعبد المقدس ثلاث مرات في السنة (سفر الخروج ١٤/٢٣) ويجري التمهيد للحج ببعض الطقوس وتتم الزيارة في تجمع يظهر الجماعات الدينية التي ينتمون إليها.

يذكر سفر التكوين فرض الحج مرتبطاً بتاريخ بني إسرائيل وبمزاراتهم المقدسة ، وفي القرن الرابع عشر قبل الميلاد حج اليهود الموضع الذي أودعوا فيه التابوت وكانوا يستخدمون الآلات الموسيقية في رحلتهم .

واليهود في الوقت الحاضر يرون أن فريضة الحج غير ملزمة فصارت عبادة اختيارية حيث يحجون حائط المبكى في القدس والذي يعدونه بديلاً للهيكل والمعبد اللذين لا وجود لهما .

يؤمن اليهود أن جبل صهيون يحميهم من أعدائهم .

تعتبر الأناشيد الدينية والتراتيل من أهم مظاهر الحج.

يعمد الكهنة اليهود إلى وضع شعائر دينية في موسم الحج ويستمدون من نشيد صهيون ينابيع العظمة - حسب تعبيرهم - للترحيب بضيوف الهيكل .

يعمد الكهنة اليهود إلى وضع شعائر دينية في موسم الحج يدور محورها حول وصف المذابح والأنصبة المقدمة للهيكل المقدس ، وهو ما يفعلونه عندما يتوجهون إلى جبل صهيون بالتعظيم والطواف حوله.

ويطلق اليهود على الحج مجازاً (عيد المظال) أو العرازيل ومدته ثمانية أيام تبدأ يوم الخامس عشر من تشرين الأول وحتى الثاني والعشرين منه ،وهو يوم حج لهم يجلسون فيه تحت ظلال سعف النخيل وأغصان الزيتون تخليداً لذكرى أجدادهم في أيام التيه عند خروجهم مع موسى عليه السلام من سيناء.

ويقرأ اليهود في موسم الحج المرتبط بعيد الأسابيع (العنصرة) سفر (راعوث) الذي يذكرهم بإعطاء الله التوراة لموسى عليه السلام ويقومون بالتصدق بجزء من محاصيلهم في موسم الحصار.

ويحيي اليهود ذكرى الخروج من مصر في موسم الحج المرتبط بعيد الفصح الذي يقع بين الثاني عشر من آذار حتى الخامس عشر من نيسان.

أما السامريون فإن قبلتهم التي يحجون إليها فهي جبل يقال له (عزيزيم) بين بيت المقدس ونابلس، وقالوا أن يهوه أمر داود (عليه السلام) أن يبني بيت المقدس بجبل نابلس وهو الطور الذي كلم الله موسى فيه فتحول داود (عليه السلام) إلى المقدس وبين البيت مخالفاً أمر الرب وهم يتوجهون إلى تلك القبلة مخالفين بذلك بقية اليهود.

المبحث الثاني
العبادات في الديانة المسيحية.

في هذا البحث سيجد الطالب :

١- أن العبادات المسيحية تحمل نفس الألفاظ التي تستخدمها الأديان الأخرى كالصلاة والزكاة والصيام والحج.

٢- إن لكل عبادة أساليبها وطرقها في الأداء .

٣- أن بعض العبادات اختيارية وليس فروضاً .

٤- إن مناسبات الصوم كثيرة لا حدود لها عند النصارى وقد تستغرق معظم أيام السنة.

٥- إن بعض العبادات قد مارسها القديسون ولم تكن في صلب الديانة ولا في كتبهم المقدسة وتوارثها عنهم المسيحيون.

الصلاة في الديانة المسيحية.

الصلاة في الدين المسيحي تعني "رفع الروح إلى الله" وتعني كذلك (حديث موجه نحو الله) وكلمة الصلاة أصلها آرامي بمعنى ينحني أو ينثني أو يتمدد وإن كلمة (صلوتا) معناها الانحناء كما تعني في الآرامية الدعاء. وقد أقام المسيح صلاته في الهيكل (أورشليم) مع بني إسرائيل وصلى الساعتين الشرعيتين اللتين أمرت بهما الشريعة اليهودية في وقتي الصباح والمساء الموافقتان آنذاك لسياق الحياة اليومية للناس أي ساعة نهوضهم من النوم صباحاً وساعة عودتهم من العمل وخلودهم إلى الراحة.

والنصارى لم يشترطوا شروطاً لازمة لإقامة الصلاة بل نسبوا إليها أموراً وضعوها من تلقاء أنفسهم ، وفي يوم السبت المقدس مارس المسيح (عليه السلام) تعليم الصلاة وشارك اليهود في صلاتهم.

وكانت صلاة الصبح تمثل لهم اكتشاف الحياة من جديد فهي تمثل القيام من عالم الأموات(النوم).

أما صلاة المساء فكانوا يؤدونها قبل أن يأووا إلى فراشهم وفيها يشكرون الله تعالى على نعمهِ التي أسبغها عليهم في النهار ويستغفرون للذنوب التي ارتكبوها في النهار.

والحواريون اقتفوا آثار معلمهم المسيح في إقامة صلاتي الصباح والسماء، واستنبط المسيحيون الأوائل من سيرة حياة السيد المسيح (عليه السلام) والتي قضاها في صلاة دائمة لله تعالى ليشدوا منها قوة الربط بينهم وبين الله تعالى فعمدوا إلى تحديد أوقات للصلاة تقوي صلتهم بالله. فقسموا النهار بين العمل والصلاة فبعد أن تقام صلاة الصباح تقام صلاة (التاسعة صباحاً) وهي تشابه صلاة الضحى عند المسلمين (تشابهاً في الوقت بطبيعة الحال) ومن ثم صلاة الساعة (الثانية عشر

ظهراً) وصلاة (الثالثة عصراً) [1] وصلاة المساء التي تقام قبل النوم وصلاة منتصف الليل.

ويجب التمييز بين صلاة الفرد العامل وصلاة الراهب الذي يؤدي صلوات سبع مرات وربما يزيدها ويؤديها بعمق كالمتصوفة مستدلاً برسالة بولس إلى أهل كورنثوس القائلة (الصلاة بالروح) (وأضيفت صلاة الظهر زمن السيد المسيح إذ وجد الناس متسعاً لشد النفس بصورة أقوى مع الله وتطبيقاً لمبدأ فرض العهد الجديد يقول المسيح (صلوا في كل حين).

واضطر المسيحيون بعد حصول القطيعة بينهم وبين اليهود عام ٧٠م إلى إقامة شعائر خاصة بهم [2] ومع ذلك لم يقيموا طقساً ثابتاً، ففي القرن الأول الميلادي (أخذوا يتلون الصلاة ثلاث مرات في اليوم دون تحديد أوقات معينة).

وقد دعى السيد المسيح إلى الصلاة الانفرادية بقوله (فأما أنت فأدخل إلى مخدعك وأغلق بابك وصل إلى أبيك الذي في الخفاء فأبوك الذي يرى في الخفاء يجازيك علانية) وقال لوقا (وفيما هو يصلي على انفراد كان التلاميذ معه وصعد إلى جبل ليصلي)

وكثيراً ما كان (عليه السلام) يصلي عندما تلم به شدة أو عزيمة على أمر جلل وهو ما قاله لأحد أصدقائه : عندي اليوم أعمال كثيرة وشاقة فيلزم صرف ثلاث ساعات في الصلوات لله ليرشدني وليهديني وليعضني في أعمالي).

ولا توجد سن محددة للصلاة كاشتراط البلوغ ما دامت الصلاة طلباً ودعاءاً فكل الناس في حاجة إلى ذلك فيستوي الجميع في ذلك ، إما التغيير في

---

(١) هكذا وجدت الإشارة إلى الساعات في الأدبيات الكنسية ولا يوجد ما يشير إلى وقت كتابتها لأن تقسيم الساعات بهذا الشكل هو أمر معاصر لم يكن معهوداً عند ظهور المسيحية.

(٢) وهذا يدل على أن الشعائر اليهودية والمسيحية كانت واحدة قبل هذا التاريخ .

الصلاة فلهم الخيار بتلاوة ما يشاؤون من كتابهم المقدس وما يناسب أحوالهم بشرط أن لا تخرج عن المفهوم الروحي للصلاة.

أكد العهد الجديد على ضرورة الصلاة والامتثال لطاعة الله .(كونوا على الصلاة مواظبين) (اسهروا وصلوا).

وأمر (مجمع نيقية) في سنة ٣٢٥م ، بتأليف أول صلاة مسيحية ذلك أن أساس جميع الأدعية (الصلاة) الواردة في العهد الجديد أصلها مستمد مما أداه المسيح في (كشماني).

وأدى السيد المسيح الصلاة بأوضاع مختلفة منها:

١- صلى ساجداً ، قال متى في أنجيله (ثم تقدم قليلاً وخر على وجهه وكان يصلي).

٢- وصلى راكعاً في ظروف احتفالية عند رجم (اسطفانوس) وهو يدعو الراجمين، وكذلك بولس صلى راكعاً في خطابه إلى أهالي (آفسس).

٣- وصلى مطروحاً على الأرض ، قال مرقس في أنجيله (ثم تقدم قليلاً وخر على الأرض وكان يصلي).

٤- جثا على ركبته في صلاته ببستان الزيتون يقول لوقا(وانفصل عنهم نحو رميه حجر وجثا على ركبتيه وصلى).

وإن المسيحيين في القرن السابع الميلادي بدأوا بأداء الركوع المشابه للمسلمين ، وفي الصلاة الفردية يوجد الانحناء الكامل على الأرض والركوع.

وفي طقوس كنيسة المشرق (النساطرة) عندما يتوجه الكاهن في القداس إلى المذبح فإنه يسجد للأرض ثلاث مرات في المساحة الممتدة بين وقوفه أمام المصلين والمذبح.

أما بخصوص الطهارة في الصلاة فيجب أن تكون روحية لنقاء النفس دون شرط الطهارة الجسدية ، طهارة الجسد من كل رجس ونجس وأما الوضوء فلا يقيمونه وقد ورد ذكر غسل الأيدي قبل أداء الصلاة في بعد الأدبيات المسيحية.

أما قبلتهم فإلى جهة شروق الشمس ، والمسيح (عليه السلام) صلى لجهة بيت المقدس ويستخدمون دق الأجراس والنواقيس عند مناداتهم إعلاماً ببدء الصلاة أو صلاة جنازة أو حفل تعميد أو التثبيت والصومعة بيت لعبادة النصارى.

ويذكر الكتاب المقدس أن صلاة المساء أول صلاة أقيمت ، ثم صلاتي الصباح والظهيرة ، ولا يترتب على ترك الصلاة أي حكم ديني من عقوبة جزائية لأن الصلاة يعدونها من خصائص الإنسان.

أما صلاة الصباح عند المسيحيين فعناصرها الرئيسة مستلهمة من المراسيم والأدعية التي كانت تؤدي في الهيكل والمجامع، والعهد القديم لم يعط معلومات مفصلة عنها، ولكنها عموماً كانت تحتوي على الشعائر التالية.

١- استعداد المصلي نفسياً وإيمانياً لإقامة صلاة صامتة سابقة للصلاة الجامعة في الهيكل يتأملون فيها بانفراد بمفردات معان الكلمات الذي ينطقونها في الصلاة.

٢- قراءة الصلاة المسماة(اسمع) مع قراءات وأدعية مختارة من التوراة الإنجيل ، وتمتاز الصلاة الأسبوعية في يوم الأحد بخطبة يقدمها القس. وتتميز الصلاة في الكنائس الكاثوليكية والبروتستانتية بجملة أمور منها:

أ- صياغة الأدعية في أناشيد وترنيمات تغني بألحان مرسومة ومقررة.

ب- تتميز بصمت يسود الكنيسة عند ذكر الله.

ج- التأمل والسكون عند بعض الأدعية.

وبخصوص الصلاة في الكنيسة البروتستانتية فإنهم يضمون الركبتين إلى الأرض- الجثو على الأرض- عند تناولهم العشاء الرباني، والقداس لديهم طقس مهم ويطلقون على قداس يوم الأحد يوم الرب -وهو واجب محتم في الآحاد والأعياد ويرجعون أصله إلى السيد المسيح حينما أخذ خبزا وباركه وكسره وأعطى تلاميذه كسراً منه وأوصى تلاميذه أن يفعلوا ذلك.

ويعتبر كتاب (اليسالتر) من أهم كتب الكنيسة اليهودية الموسيقية والذي اعتمده فيما بعد المسيحيون مصدراً كافياً لأغنية العبادة .

ويرون في الموسيقى أثراً فعالاً في تنشيط العمل العبادي فهي (تساعد الجماعة على أداء العبادة وتساعد على توجيه الشعور لله - كما يقولون -.

والمزامير تعد كتاب صلاة عند اليهود والمسيحيين على السواء.

الزكاة في الديانة المسيحية

تعتبر الصدقات المرادفة لمعنى (الزكاة) في الفكر المسيحي مندرجة ضمن مفهوم المحبة لله لما ورد في الإنجيل من قول للمسيح (فكيف تقيم محبة الله في ذلك الذي يعلق أحشاءه دون أخيه الإنسان).

وورد لفظ (الصدقة، الصدقات) في إنجيلي متّى ولوقا فقط، يربط المسيحيون معناهما بمقدار إيمانهم بالسيد المسيح (عليه السلام) وحسب مراتبه من نفوس المتصدقين به، فيكون معناها هو قصد جزاء رباني كما هو الحال في الإصحاح السادس من إنجيل متى.

وفي تشجيع الزكاة جاء في إنجيل لوقا:- (بيعوا ما تملكون وتصدقوا، واتخذوا لأنفسكم أكياساً لا تبلى، وكنزاً في السماوات لا ينفذ حيث لا يقرب سارق، ولا يبلى سوس لأنه حيث يكون كنزكم هناك يكون قلبكم أيضاً).

ويقول متى(إن أردت أن تكون كاملاً فاذهب وبع مالك وأعط الفقراء لك كنزاً في السماء).

وذكر قاموس الكتاب المقدس إن اللفظ اليوناني للصدقة المترجم (اجر) ورد مرات عديدة في إنجيل متّى مرادفاً لمفهوم الصدقة في المفهوم المسيحي، ويحبذ الكتاب المقدس إعطاء الصدقة في السر دونما تباه أمام الناس يقول متّى: (فإذا تصدقت على أحد فلا تنفتح أمامك في البوق كما يفعل المراؤون في المجامع والشوارع ليمدحهم الناس). أوجب الكتاب إعطاء الصدقة بنية صادقة لله

تعالى(..ففي الوعظ أو العطاء فليعط بسخاء أو القيادة فليقد باجتهاد أو إظهار الرحمة فليرحم بسرور).

إن الإنفاق بكثرة هو ادخار للحياة الأخرى في المعنى الانجيلي: (وأن يصنعوا سلاحاً وأن يكونوا أغنياء في أعمال صالحة وأن يكونوا أسخياء في العطاء في التوزيع مدخرين لأنفسهم أساساً حسناً للمستقبل لكي يمسكوا بالحياة الأبدية).

وفي إنجيل لوقا جاءت الصدقة بمعنى المكافأة (بل إذا صنعت ضيافة فادع المساكين الجدع والعرج العمي فيكون لك طوبى إذ ليس لهم حتى يكافئوك لأنك تكافأ في قيامة الأبرار).

ويقول بولص(إن الله يريدك أن تعطي ما عندك لا ما ليس معك فالعطاء المضحي يجب أن يكون عطاء مسؤلاً).

ووضع فقهاؤهم مبادئ للزكاة منها: -

١- الرغبة في الزكاة بسرور أهم من مقدار العطاء.
٢- إن أعطيت الآخرين في وقت حاجتهم فسيساعدونك بدورهم في وقت حاجتك.
٣- أن يعطي المال من أجل المسيح.

ورد في الأناجيل ذكر (العشور) حاول من خلالها السيد المسيح أن يعطي تصويراً لبعض الحقوق المالية التي نظمتها الشريعة المسيحية[١] آنذاك، فالمسيح ميال إلى التصدق على الفقراء في أوقات غير محددة بالكم والكيفية وعلى الإنسان أن يتصرف في ضوء إمكاناته المالية.

يرى الإنجيل أن أحكام الصدقات في نشر التكافل والألفة بين الناس: (أعطوا تعطوا كيلاً جيداً وليداً، مهزوزاً فائضاً يعطون في أحضانكم لأنه ينقص الكيل الذي به تكيلون يكال لكم).

---

(١) الشرائع المسيحية توضع من قبل المجامع المسكونية التي سبقت الإشارة إليها.

الصيام في الديانة المسيحية.

لا يوجد في الكتاب المقدس ما يشير إلى فرض الصيام وجوباً على المسيحيين بل فيه ما يفهم أنه اختيار يلجأ إليه المسيحي عند الحاجة ويقترن بالصلاة لأجل التذلل، وليس هناك في الأناجيل ما يحظر الدعوة إلى الصوم والصلاة في كنيسة من الكنائس لأجل حاجة ما.

والسيد المسيح (عليه السلام) قضى حياته في صيام غير منقطع البتة ، يقول متّى (فصام أربعين نهاراً وأربعين ليلة وأخيراً جاع).

وهو (عليه السلام) أراد للصائمين عدم صومهم للآخرين لكيلا يصبحوا مرائين كما كان يفعل اليهود آنداك، وحث أتباعه على الصوم وامتدحه وهذا المديح واعتبر المسيحيون الصوم فرضاً كفائياً لا عينياً.

والمتطلع إلى تاريخ التشريع الفقهي المسيحي يجد إن الغالب فيه تشريع كنسي وضعته مجامعهم الكنسية التي عدت قرارتها ذات قدسية ملزمة وأن من يخالفها يعد خارجاً على الدين.

إن الصيام في عهد السيد المسيح (عليه السلام) كان طوعياً يقوم به المتعبد لغرض ما، وأن المسيحي لا يصوم لمجرد الصوم ولكن عندما يواجه أزمة كالتي مرت به (عليه السلام) في الصحراء عند مواجهته للشيطان صام أربعين يوما.

وهناك فريق من المسيحيين يرى أن عيسى (عليه السلام) لم يفرض عليهم صياماً إلا الصوم الكبير (صوم يوم الكفارة) السابق لعيد الفصح وهو اقتداء بصوم اليهود المعروف (بصوم كيبور).

والمسيحيون الأوائل الذين ينتمون إلى السلالة الإسرائيلية يصومون يوم الكفارة أما المسيحيون الذين ينتمون إلى أصول أخرى فلم يروا في ذلك فرضاً.

ومن مظاهر الصائم أن لا يكون عبوساً وأن يكون نظيفاً وأن لا تظهر عليه أي علامة توحي بصيامه يقول الإنجيل (ومتى صمتم فلا تكونوا عابسين كالمرائين

فإنهم يغيرون وجوههم لكي يظهروا للناس صائمين ... وأما أنت فمتى صمت فأدهن رأسك واغسل وجهك لكيلا تظهر للناس صائما لأبيك في الخفاء).

ومظهر الصيام هذا عند المسيحيين رد فعل لما كان اليهود يفعلونه في صيامهم من نثر الرماد على الرؤوس وعدم غسل الجسم والملابس.

الصيام (شريعة كنسية تكيفها الكنيسة حسب مقتضيات الزمان والمكان) والامتناع عن الأكل هو خاص بالامتناع عن أكل اللحوم والألبان والبياض بأنواعها يومي الأربعاء والجمعة، وقيل هو الامتناع عن الطعام من الصباح حتى منتصف النهار ثم تناول طعام خالي من الدسم ولا يعقد في أيامه سر الزواج.

وأقر مجمع الرسل في أورشليم سنة (٧٠م)[١] صوم الصمت وهو الامتناع عن الكلام وتلتزم به كنيسة دون أخرى ، وانتشر هذا النوع من الصيام بين الكهنة ورجال الدين وارتبط كثيراً بالأعياد والمناسبات الدينية .

ولا يشكل الصوم عند المسيحيين صوم اليوم بطوله، إذ يمكن للصائم إن يأخذ الإذن من رجل الدين بإنهاء صومه.

وبدأت بعد وفاة بولص مرحلة جديد ة من التشريع الكنسي للصيام فبان بوضوح تقنين خاص للصوم محدد الأيام والساعات والأطعمة خاصة في القرن الرابع الميلادي وكان الدافع إليه هو الحاجة والخوف من شعور عموم المسيحيين بأنه لا يؤدي الغرض الذي من أجله ذكر الصيام في الأناجيل بعد علمهم أنه فرض تطوعي لا إجباري وأول ما ابتدأت الكنائس بفرضه من أنواع الصيام تلك المتعلقة بالظروف التي مر بها السيد المسيح (عليه السلام) كيوم القبض عليه من قبل الحاكم الروماني لفلسطين ويوم الصلب[٢] ويوم المبعث.

---

(١) من المجامع المسيحية التي كانت تعقد سراً في أورشليم قبل أن تكون المسيحية ديناً معترفاً به.

(٢) الصلب عند النصارى كان للمسيح عليه السلام. أما عند المسلمين فلشبيهه.

أنواع الصيام

١- صوم شعبي شارك فيه الناس عامة إذ فرض في القرن الثاني المسيحي صوم يوم الجمعة (جمعة الآلام أو الصلبوت).

٢- امتثال لما ورد في إنجيل لوقا (أصوم مرتين في الأسبوع) فصاموا يومين في الأسبوع وهو أنموذج لصيام الفريسي[1].

٣- صوم يوم الأربعاء من كل أسبوع لاعتقادهم ولادة المسيح فيه ، واليهود كانوا يصومونه وقيل أن الذين ينتظرون التعميد يصومون يوماً أو يومين ويشاركهم الكاهن في الصيام.

ويبدأ الصيام عند الكاثوليك من منتصف الليل إلى منتصف النهار والصيام اللازم عندهم هو (الصيام الكبير) ويحق الصيام على كل من بلغ السابعة من العمر وينتهي بالستين للرجال والخمسين للنساء ، وهم يمتنعون عن أكل اللحم والبياض (البيض والجبن والحليب والزبد) يومي الأربعاء والجمعة.

والكنيسة الكاثوليكية التزمت بصوم يوم واحد هو (يوم الصوم الكبير) بعد أن أبطلت غيره وجوباً.

والتزمت الكنيسة الرومانية الكاثوليكية بصيام الأربعين يوماً التي تسبق عيد الفصح ما عدا (الأحد) وهو صوم يوم يسمى صوم (الينبوع) ومن وصايا العهد القديم أقرت صيام الصمت وجعلته تشريعاً كنسياً. وقد بالغت طائفة (الترايست) في جنوب فرنسا في صيام الصمت فأوجبت على نفسها إلا تتكلم طيلة حياتها فدعوا (بالسكوتيين).

ويصومون يوماً عرف بيوم (الأحد الأبيض) وهو الاسم الذي يطلق على اليوم الذي تم فيه تأسيس الكنيسة المسيحية حيث يقومون بالتعميد ولبس الملابس البيضاء.

([1]) الفريسيون : فرقة من الفرق اليهودية. سبق أن ذكرناها في وحدة الطوائف الدينية

وتغير معناه عندما قصد المسيحيون من صيام يوم الأحد الأبيض جمع المدة المحصورة بين عيد الفصح وأعياد الأحد الأبيض البالغة (خمسين يوماً) وفيه يصلون واقفين ولا ينحنون لأجل أن يقتدوا بشخصيته.

وبمرور الزمن فرضت الكنيسة الكاثوليكية على رعاياها صوم أيام الأربعاء والجمعة والسبت بعد أول أحد من أيام الينبوع والأحد الأبيض) ويوم (١٤) أيلول ويوم (١٣) كانون الأول وهذه الأيام تسمى أيام (الأمبر).

وفي سنة (٦١٠) ميلادي تم إدخال صوم (يوم القديسين) كعيد إحياء لذكرى الشهداء الذين سقطوا في سبيل الدفاع عن الدين في الأول من مايس من السنة ذاتها، وفي سنة (٨٣٤م) صار هذا العيد يحتفل به في اول تشرين الثاني على أساس أنه يدخل جميع القديسيين واستمر صيام الأربعين وصيام (الأمبر) موضع عناية الكنيسة الكاثوليكية حتى سنة ١٩٦٦م ، وعندما أتى البابا (بولس السادس) بقوانين جديدة للصيام شملت أيام الصوم جميع أيام الينبوع والأحد الأبيض وعيد ميلاد المسيح وأيام الأمبر وقد انقضت أيام الأمبر إلى يومي (أربعاء الرماد) و(الجمعة الحزينة) وفيها يأكلون اللحم مع وجبة كاملة ووجبتين أخريين تكفي لإعطاء القوة حتى يأخذ الصائم ما يحتاجه منها.

وفي تشرين الثاني ١٩٦٦ حدد رجال الدين الأمريكان متطلبات الصيام بالامتناع عن أكل اللحوم في جميع أيام الينبوع.

وفوضت الكنيسة الكاثوليكية لرجال دينها إعفاء من رغب من أتباعها من الواجبات الدينية ومنها الصيام مما أعطاها الفرصة من فرض أوقات صيام متفاوتة بجانب ذلك، وهكذا بقي في قانون الكنيسة العالمي (الكاثوليكي) الصيام في جميع أيام الأحد ويوم القديس (مرقص) وأسبوع الفصح وأيام الطلبات وجميع أيام السبت والجمعة.

وتتفق الكنيسة الأرثذوكسية الشرقية مع نظيرتها الكاثوليكية في الصوم الكبير باعتباره أعم وأهم أنواع الصيام ومدته خمسون يوماً أو خمسة وخمسون

يوماً ولديهم طريقة فلكية لضبط وقته من عام إلى عام دون وضع تاريخ ثابت له مضافاً إلى ابتدائه بيوم (الاثنين) من أيام الأسبوع وهو أقرب (اثنين) تقع بين اليوم الثاني من (شباط - فبراير) إلى اليوم الثامن من آذار (مارس) فأي يوم اثنين أقرب إليه يبتدئ فيه ذلك الصوم.

ويصومون (صيام القدوم) أي قدوم المسيح ويقع قبل عيد الميلاد.

وتكثر أيام الصوم في الكنيسة الأرذوكسية حتى تصل إلى (٢٦٦) يوماً ومنها :

٤- صوم الميلاد ومدته أربعون يوماً من (٢٥ نوفمبر الى٦ يناير).

٥- صوم العذراء ومدته خمسون يوماً.

٦- صوم نينوى ومدته ثلاثة أيام كالتي قضاها يونان (يونس عليه السلام) ببطن الحوت وكما أوردها سفر يونان في العهد القديم (٧/١).

٧- صوم الأربعين يوماً وهي أيام صامها المسيح ويصومون قبلها أسبوعاً سموه أسبوع الاستعداد وبعده أسبوعاً آخر سموه أسبوع الآلام.

٨- صوم العنصرة (الرسل) وتمارسه الكنيسة منذ عصر الرسل وليس له عدد محدد من الأيام ويترك أمره بيوم (أحد العنصرة فإذا تقدم هذا الأحد زادت أيام الصوم وأن تأخر انقضت وتنتهي تقريباً في(١١) أيلول.

٩- صيام الاستعداد (البراموت) وهو متفاوت المدة بين اليوم والثلاثة أيام، وعادة يسبق عيد العماد. والكنيسة الأرثوذوكسية كالكاثوليكية في أخذها بالامتناع عن أكل لحم الحيوان ونتاجه أثناء الصيام الكبير، وكلا التشريعين كنسيين ، وهم يمتنعون عن أكل اللحم خلال الأسبوع الأول من أيام (الينبوع) وبعد ذلك يمتنعون عن أكل السمك والجبن والزبد والدهن والحليب عدا أيام السبت والآحاد.

وتوجد أيام شعبية للصوم عند الكنيسة القبطية الأرثوذوكسية شبيهة بما لدى الكاثوليك ومنها:

١- الصوم الكبير.

٢- صوم الميلاد وعدد أيامه ثلاثة وأربعون يوماً تنتهي بعيد الميلاد.

٣- صوم الرسل ويبدأ بيوم الاثنين وهو مختلف في مدته بين (١٥-٤٩) يوماً.

٤- صوم العذراء ومدتة(١٥)يوماً.

٥- صوم نينوى ومدته ثلاثة أيام صامها نبي الله (يونس) (عليه السلام) في بطن الحوت.

وعموماً يحرم المسيحيون عقد الزواج في أيام الصوم الكبير إلا إذا اقتضت الضرورة فيرخصه الأسقف ، ويجوز عقد الزواج سراً لا علناً. أما في الكنيسة البروتستانتية (فعادة لا يعقد الزواج يوم الأحد).

يقول أحد رؤساء الكنائس: لا توجد أيام مخصوصة أو محبذة للصيام في الكنيسة البروتستانتية ولكن المرء عندما يجد نفسه في حاجة تستدعيه إلى الصيام كطلب للشفاء من مرض وطلب فرج من كربة ألمت به أو لأي حاجة أخرى فإن عليه الصوم.

والكنيسة البروتستانتية تختلف عن الكنيسة القبطية في أن الأولى تنكر الصيام والثانية تتمسك به ، والبروتستانتية لا تتمسك بالصلاة على أنفس الموتى والصالحين وطلب الرحمة لهم والقبطية تتمسك بذلك ، والبروتستانتية لا تعترف بالأعياد المقامة إكراماً للمسيح أو الشهداء والقديسيين والتي تتبعها الكنيسة القبطية وتهتم بها.

وتشير دائرة المعارف إلى أن أشد أنواع الصيام المسيحي هو عند طائفة الأرمن والقبط إذ يصومون الأربعاء والجمعة من كل أسبوع إلا ما وقع منها بين الفصح والصعود ويصومون عشرة أسابيع من كل سنة وهي:

١- بعد الأحد الأول من عيد الثالوث [١].

---

(١) من الأعياد المسيحية التي لم تذكر في الكتاب لكون الأعياد كثيرة وقد اخترنا منها بعضها.

٢- بعد عيد التجلي،
٣- بعد عيد انتقال العذراء
٤- صيام عيد الصليب في أيلول[1]
٥- بعد الأحد الثالث عشر من عيد الثالوث.
٦- بعد الواحد والعشرين من عيد الثالوث.
٧- الصوم السابق لعيد الميلاد.
٨- صوم الميلاد ،
٩- صوم المر.
١٠- صوم الفصح.

الحج في الديانة المسيحية

الحج هو: (رحلة إلى مرقد القديس أو زيارة إلى مكان مقدس آخر ، ويتم ممارسة هذا الطقس لدوافع مختلفة ، فهي لأجل الحصول على المساعدة الروحية أو لأجل القيام بصيام التشكر أو القيام بفعل تكفيري).

إن المتطلع إلى التاريخ المسيحي لا يجد بين ثناياه ما يشير إلى الاهتمام بضرورة زيارة الأماكن التي ارتادها وعاش فيها السيد المسيح (عليه السلام) كما أن الأناجيل الأربعة لم تبحث في فريضة الحج ولم تورد أي تنويه من السيد المسيح (عليه السلام) على فرضه أو الإشارة إليه، ولكنها ذكرت أنه عند بلوغه سن الإثني عشر ذهب مع أمه وخطيبها يوسف إلى أورشليم تنفيذاً لأمر الشريعة اليهودية وهذه الزيارة مرتبطة بعيد الفصح اليهودي يقول إنجيل متى(وصعد يسوع إلى أورشليم) ويقول يوحنا (وبعد هذا كان عيد اليهود فصعد يسوع إلى أورشليم).

(١) كذلك

وأدى (بولص الرسول) حج العنصرة بعد رفع السيد المسيح بخمسٍ وعشرين عاما.

وفي عهد قسطنطين (٣٠٦م) بدأ المسيحيون بالاهتمام بالأماكن التي ارتادها السيد المسيح وكذلك بأضرحة القديسيين ، فنظموا لها طقوساً خاصة فرضت على روادها الالتزام بها، واهتموا بكافة سبل الراحة للحجيج مما يسهل عليهم أداء هذه الشعيرة والحصول على البركات من الكاهن الذي يرتدي ملابس خاصة مميزة لهذا المحفل، وعند انتهائه من أداء كافة الشعائر يضع الحاج شارة تدل على المرقد الذي زاره، وطوال رحلة العودة يجد الحاج أماكن عديدة خصصت لخدمته وراحته.

واتخذ الحجاج شعيرة الحج طريقا للتكفير عن الذنوب ووسيلة يتقرب بها إلى ما يتمنى الحاج تحقيقه من طلبات كالشفاء من المرض مثلما حصل لملك إنكلترا (هنري الثامن) إذ حج حافياً بأمر البابا (أوريان الرابع) إلى قبر القديس (توماس بيكيت) الذي قتل عام ١١٧٠م، وحذا حذوه الفقراء والأغنياء.

وسمي زوار فلسطين في القرون الوسطى (بالنخيليين) لأنهم بعد أن يستحموا في نهر الأردن يأخذون غصناً من النخل ليقدمونه عند رجوعهم إلى رجل الدين كي يضعه على المذبح علامة لتطبيقهم جميع تعاليم الزيارة.

الكنيسة الكاثوليكية ، تعرف الحج بأنه (أعمال ذات قيمة دينية معتقدين بأن الحجاج يستحقون مكافأة سماوية).

ونظراً لشدة اهتمام الكاثوليك بالحج فقد اعتنوا بطقوسه وأولوها اهتماماً بالغاً حتى قيل (حيث ما وجد الكاثوليك وجدت الأماكن المقدسة).

وأشهر مزاراتهم القدس وروما (حيث استشهد القديس بطرس) وضريح القديس بولص، وفي إنكلترا إلى (وولسينغهام) وإلى مغارة (لوردز) الأرثوذوكسية فلها مزارات عدة منها -إضافة إلى أورشليم- دير ثالوث الأقدس في(كيان) ومزار القديس(الكسندر تفسكوي) قرب بطرسبرج.

وفي الوقت الحاضر أقاموا جمعيات إرشادية تحث الناس على زيارة فلسطين في كل سنة مرة خاصة أماكن (جبل الزيتون وجبل صهيون ووادي يهوشافاط وبيت لحم وجبل تابور وكنيسة (حيرانيا)، كما تحثهم تلك الجمعيات لزيارة(منف وطيوه) وصوامعها في مصر حيث كان يقيم القديس انطونيوس والقديس بولص الطيوي.

وعلى العموم أصبح لكل مسيحي مزاراته الخاصة يزورها مع عائلته تمثل في غالبيتها رفات قديسيهم أو الأماكن التي ارتادها السيد المسيح (عليه السلام) وأمه البتول.

وتفتخر الكنيسة الألمانية بأنها ومنذ عام ١١٩٠م ، تحتفظ بقميص السيد المسيح، إما الكنيسة الإيطالية فإنها تدعي بأن لمريم العذراء بيتاً فيها في مدينة (لوراتو)، والكنيسة الإسبانية تتبجل ببعض آثار مريم العذراء والقديس يعقوب الرسول في (كميوستل).

وإيجازاً لمفهوم (الحج) عند المسيحيين فإنه لم يعد فريضة ملزمة أو واجباً دينياً يلزم به المسيحي كل عام أو أكثر يقول ولا يعتبر هذا الفعل ممارسة روحية تقوي إيمان المرء، حتى الأماكن التي عاش فيها المسيح لا تجب زيارتها ولكن لا مانع من زيارتها للاطلاع عليها تاريخياً.

أسئلة اختبارية

- كيف تطور الصوم في الديانة المسيحية. تابع ذلك في مقال مسهب.
- ما هي علامات العهد الذي ذكرها العهد القديم بين يهوه وإبراهيم عليه السلام؟ والتي أصبحت من التشريعات اليهودية.
- من هو (زكا)؟ وكيف شرعت الزكاة في الديانة المسيحية؟ ناقشها باسهاب.
- هل تشكل الفروض اليهودية والمسيحية علامة على وحدة المصدر؟ ناقشها بإيضاح.
- ما عدد الصلوات في الديانة اليهودية؟ وما هي أوقاتها؟
- من الذي مارس الركوع والسجود قبل الاسلام؟ اذكر ذلك بإيجاز.
- هل التراتيل والموسيقى المصاحبة للصلاة المسيحية أصل من أصول الصلاة؟ وكيف بدأت؟
- هل استمرت الفروض اليهودية في الديانة المسيحية؟ أم تبدلت ؟ وكيف صار ذلك؟

الخاتمة:

ولا شك أن علم الأديان يبحث عن منشأ الأديان ومصدرها وفي الأسس التي ترتكز إليها وفي أوجه الاتفاق أو الاختلاف فيما بينها وبعبارة أخرى : أنه يناقش تاريخ الأديان ويوضح فلسفتها ويوازن بينها.

إما تاريخ الأديان فإنه علم يبحث من نشأة المعتقدات الدينية وتطورها ومرتكزاتها لدى الشعوب البدائية المتخلفة والشعوب المتمدنة فالغرض إذن من دراسة تاريخ الأديان هو معرفتها.

أما فلسفة الأديان فإنها تبحث في العلاقات بين الأسس التي تستند إليها الأديان المختلفة وفي الغايات التي تهدف إليها ، ويدخل ضمن مباحثها علم ما وراء الطبيعة وعلم الكلام أو (اللاهوت).

وأما مقارنة الأديان أو (تاريخ الأديان المقارن) فإنه يدرس خصائص ومميزات كل دين ، ويوازن بينها وبين خصائص ومميزات الأديان الأخرى.

إن إنسان القرن الحالي.. والمسلم خاصة لا بد وأن يكون متأقلماً مع الإنسانية جميعاً، وحيث أن الدين يمثل هوية الإنسان الأولى فلا بد للمسلم أن يحسن فهم هوية الإنسان الذي يعايشه.. فلا يمكن أن يقيم علاقات جيدة مع أي قطر دون أن يعرف طبيعة شعبه ومعتقداته.. اذ أن ذلك يسهل عليه فهمه وتوفير الاحترام اللازم له لأنه أن عرف ذلك فإنه سيتمكن من تقديم نفسه كمسلم ، تقديماً جيداً لا تكون فيه حواجب أو عقبات تمنع فهم الآخرين له وقد قال رسولنا العظيم (من تعلم لغة قوم أمن شرهم) وأن يوفر للآخرين أن يفهموا أن الإسلام دين رحمة وحب وتسامح وقد قال تعالى﴿ وَمَا أَرْسَلْنَاكَ إِلَّا رَحْمَةً لِلْعَالَمِينَ (١٠٧) ﴾ [الأنبياء:١٠٧].

إن هذا الأمر يدعونا أن ندرك أن هناك أدياناً ومعتقدات كثيرة تلف هذه المسكونة، من الأديان ما هو سماوي كما مر علينا في الديانتين اليهودية

والنصرانية، ولا شك أن هنالك أدياناً سماوية أخرى غيرهما إلاّ إن تلك الديانتين توفران بين أيدينا كتباً وممارسات وشعائر إضافة إلى شعوب تنتمي إليهما.. لذلك تناولناها بالتفصيل خاصة وأن بعضاً من أتباعهما يعيش بين ظهرانينا ومنهم من يكون جزءاً من شعوبنا، إلا أن هناك أدياناً وضعية غيرهما تعيش في النصف الشرقي من الكرة الأرضية [١].

---

(١) ومن تلك الأديان الوضعية مثلاً الهندوسية والبوذية اللتان تشتهران بيننا اكثرمن غيرها من الأديان الأخرى والتي هي الزرادشتية والجينية والكونفوشيوشية (ديانة الصنين) والشنتو (ديانة اليابان) وغيرها كثير.

أما الهندوسية فتتمثل بحملة مبادئ منها:-

(أ) أنها بنت كيانها على الإيمان بالكارما أو قانون الجزاء .

(ب) وتركز على عقيدة تناسخ الأرواح. وتنظر إلى الحياة نظرة متشائمة بالدعوة إلى تخليص الروح منها.

(ج) وتدعو إلى الزهد

(د) وترتكز كثيراً على الفضائل.

والكارما معناها قانون الجزاء أو العدالة، وتعني إن جميع أعمال الإنسان الاختيارية التي تؤثر على الآخرين شراً كانت أم خيراً يجازى عليها بالثواب أو العقاب. وهذا الجزاء يكون في الحياة فإن لم يقع هذا في الحياة الاعتيادية فقد يقع في الحياة الأخرى بعد أن تنتقل الروح إلى جسد آخر.

وتؤكد الديانة الهندوسية على العمل الجيد ليصل الإنسان من خلال عمله إلى لحظة النرفانا التي تعني انعتاق روحه من الجسد واتحادها بالآله براهما.. وذلك يقودنا إلى أن نذكر أن الديانة الهندوسية تتميز بكثرة الآلهة. ولكن الآلهة العليا أخذت عندهم ثلاثة أقانيم لنفسها فدعي الأقنوم الأول (براهما) ووظيفته الخلق والإيجاد، وبهذا فإنه يشبه أقنوم(الأب) في الديانة المسيحية. ودعي الثاني (فشنو) حيث يتولى المحافظة على الخلق والوجود ويشبه هنا وظيفة أقنوم (الابن) في المسيحية بشكل أو بآخر . أما الأقنوم الثالث فهو (سيف) المخرب الجبار . وهم يتشابهون في هذا الأقنوم مع الآلهة الثنوية التي تؤمن بآلة الخير وآله الشر.. ولكن الظاهر من ديانة الهندوس أنهم من دعاة (التثليث) لأن الأقانيم الثلاثة تكون عندهم الإله الواحد الأعلى كما عرفنا ذلك في الديانة النصرانية. فإن الديانتين رغم تعدد الأقانيم عندهما إلا أنهما يدعيان التوحيد. وفي الهندوسية فإنه ليس للآلهة الأخرى كيان منفصل اذ أن حياتها تستمد من روح واحدة هي روح (براهما) أو الإله الأعظم والتي توسعت مفاهيمها قديماً ليصبح إيمانها بوحدة الوجود أو الحلول عندما قالوا بأن روح الإنسان هي نفس روح (براهما) موجودة في الإنسان كما هي موجودة في المخلوقات الأخرى. وكذلك تؤمن الهندوسية بتناسخ الأرواح فقد تنتقل الروح من الإنسان إلى الحيوان وبالعكس ولذلك فقد قدسوا الحيوانات. وللهندوس كتاب مقدس اسمه (الفيدا) ينقسم إلى أربعة أقسام هي "الرجفيدا" وهي مجموعة من الشعر الكهنوتي أو أناشيد العوائل المقدسة و"السامافيدا" وفيها أناشيد موجهة إلى آلهة النار أو إله المطر" حيث تؤمن الهندوسية بأن لكل شيء آلهة في الكون والقسم الثالث هو (الياجور فيدا) وهي التراتيل التي ينشدها الكهنة الهندوس عند إحراق جثث الموتى أما القسم الأخير فهو (الآثار فيدا) وهي الأناشيد التي تتلى عند الزواج أو تلمس البركات أو لطرد المكروهات. ولكن الهندوسية تعتمد على الخرافات أيضاً. وفي النهاية لا بد من التذكير بأن الهندوسية تتميز بما يلي:-

١- كثرة الألهة فيها

٢- الإله الأعظم له أقانيم ثلاثة وتكون بهذا من الديانات التي تؤمن (بالتثليث) بشكل أو بآخر.

وأما الديانة (البوذية)، فهي الأخرى من الديانات الوضعية التي تضمن بعض التشابه بينها وبين اليهودية في مسألة الوصايا العشرة. حيث أن وصايا بوذا العشرة هي .

١. لا تزن ولا تأتِ أي أمر يتصل بالحياة التناسلية إذا كان محرماً.
٢. لا تشرب خمراً ولا تتناول مسكراً ما
٣. لا تكذب ولا تقل قولاً غير صحيح.
٤. لا تقتل أحداً ولا تقض على حياة حي.
٥. لا تأخذ إلا ما يعطى إليك فلا تسرق ولا تغتصب.
٦. لا تأكل في الليل طعاماً غير ناضج.
٧. لا تقتن أثاثاً فاخراً.
٨. لا ترقص ولا تحضر مرقصاً ولا حفل غناء.
٩. لا تستعمل العطور
١٠. لا تقتن ذهباً ولا فضة.

ولد بوذا سنة ٥٦٠ قبل الميلاد وتوفي عام ٤٧٠ق.م وقد ترهب في شبابه واعتزل الدنيا فدعي (غوتاما) أي الراهب واسمه الأصل (سدهارتا). خرج بفلسفة تقول (من الخير يجب أن يأتي الخير ومن الشر يجب أن يأتي الشر) وكان يقضي جلساته تحت شجرة (البو) التي صارت مقدسة عند أتباعه ودعا إلى تطهير النفس والعمل على إزالة الآلام ويقول بأن المولد ألم والهرم ألم والمرض ألم والموت ألم وعدم الظفر بما يهوى الإنسان ألم . فعلى الإنسان أن يسعى لإعدام الألم ولن يأتي ذلك إلا بالاعتقاد الصحيح والعزم الصحيح والقول الصحيح والعمل الصحيح والعيش الصحيح والجهد الصحيح والفكر الصحيح والتأمل الصحيح. ويدعو بوذا إلى محاربة الرذائل التي تأتي عن طريق:-

١. الاستسلام للملاذ.
٢. سوء النية في طلب الأشياء.
٣. عدم إدراك الأمور على الوجه الصحيح وذلك لما تمتلئ به النفس البشرية من الشهوات التي تمنعه عن الإشراق الذي ينشأ عن التجرد من الملاذ.

وتنقسم البوذية إلى قسمين :-

القسم الأول: يقول بأن بوذا لا يعترف بوجود الاله لذلك فإن واجب الإنسان عنده بالتطهير والقضاء على جميع الرغبات لذلك فإن الإنسان الصالح يتخلص من الكارما (أو قانون الجزاء). وقد ألَهَ اتباع هذا المعتقد (بوذا) وتدعى بطائفة (الماهايانا) .

القسم الثاني: الذي يرى أن بوذا معلم عظيم وليس بإله ويعتقدون بأن وصول الإنسان بالنيرفانا يتم في هذه الدنيا وهم (الهينيانا) .

وتكون البوذية أقرب إلى الفلسفة الاجتماعية غايتها تخفيف الآلام عن الإنسان. إلا أنها تؤمن بتناسخ الأرواح كالهندوسية.

وتتلخص فلسفة بوذا بالسلام والحب .. وأن تلك الفلسفة موضحة في (السلال)، وهو كتاب البوذية المقدس والذي هو مجموع أفكار بوذا التي وضعت بثلاث (سلال) أي فصول والتي هي:-

١. سلة النظام وتسمى الطريقة وهي تعاليم لرجال الدين الرهبان .
٢. سلة العظات وتضمن كل تعاليم بوذا.
٣. سلة العقائد وتضم كل الفلسفة البوذية وتوضحها.

وتدعو البوذية إلى إلغاء الطبقات الاجتماعية. وللمزيد من الاستقصاء ننصح بمراجعة كتابي الأديان دراسة تاريخية مقارنة الذي أصدرته جامعة بغداد عام ١٩٧٦ وكذلك موسوعة الأديان والعقائد القديمة الذي أصدرته دار المناهج في عمان، عام ٢٠٠٢ .

والأديان الوضعية هي الأديان التي اختلقها الإنسان لنفسه، وذلك لحاجة الإنسان إلى الانتماء، فالدين كما رأينا يمثل الهوية الرئيسة للإنسان. وفي المقارنة نصل إلى أن كثيراً من المعتقدات الوضعية قد تشابهت في بعض تعاليمها مع الأديان السماوية بشيء أو بآخر كما أشرنا في الهامش إلى التشابه الذي حصل في الألوهية بين الهندوسية وبين الديانة النصرانية حيث يؤمن كلاهما بالتثليث وإن كانت النتيجة فيهما تختلفان. وفي البوذية رأينا التشابه به بين الوصايا المنسوبة إلى بوذا والوصايا العشرة لموسى عليه السلام.. وإن كانت بعض فقراتها تختلف . وقد يكون الدين الوضعي له علاقة بدين سماوي معين إلا أنه تعرض للتغيير أو التحريف هذا إذا رجعنا إلى الآية الكريمة "وإن من أمة إلا خلا فيها نذير" ومعناها بأن جميع الأمم والشعوب قد كان لها نذيرها ورسالتها.. إلا أن هناك أسباباً كثيرة ربما حرفت تلك الديانات وجعلتها أدياناً وضعية.
وفي كتابنا هذا بحثنا بشيء من المقارنة في نشأة اليهودية وتطورها ونشأة معتقداتها والتعرف عليها وفي الأسس التي تستند إليها تلك الديانة وخصائصها ومميزاتها ومثالبها ، وكذلك فعلنا مع الديانة المسيحية .. مثبتين في نفس الوقت الغرض الديني الذي جاءت تلك الديانات لأجله وهو سيطرة الدين على نفسية الفرد والجماعات وزجرهم وتهذيب غرائزهم وبيان الأوامر والنواهي التي جاءت بها تلك الديانتين ، خاصة وأن تلك الأوامر والنواهي ما جاءت إلى تلك الأقوام إلا لخيرهم وتحقيق مصالحهم ودفع المفاسد عنهم.
ولا شك في أن اجتهاد قادة الدين الذين يأتون من بعد أنبيائهم يقود الناس في بعض الأحيان إلى طرقات وتشعبات كثيرة وهو أمر طبيعي إذ يزيد في المؤتمرات والمجامع، ولكنها تصبح ملزمة لاتباعها، بل تكون صبغتها إلهية كأنها نزلت من السماء لأن الوحي والإلهام هو الذي يسود جلسات المؤتمر ونتائجه التي يعلنها.

وتخرج جماعات مسيحية على البابوية وتعلن الكنيسة الاحتجاجية وتصبح لها عقائدها المميزة التي تفصلها عن كنيسة روما وتصبح إدارتها مستقلة ويبتعد قادتها عن السمات اللاهوتية فأصبح كاهنها موظفاً مدنياً يتزوج كبقية الناس ويمارس حياته المدنية سواء بسواء.

وهناك الكنيسة الشرقية التي لا تعترف بهذا ولا بذاك ويها انقساماتها أيضاً .. ولها عقائدها التي تميزها قليلاً عن غيرها.

لقد تناولت كل هذه المعلومات بإمعان ووصلنا إلى جملة نتائج منها:-

١- إن اليهودية لم تصل إلى معنى الألوهية بشكل واضح .

٢- إنها لم تتكلم لا عن طريق الكتاب المقدس ولاعن طريق علمائها عن اليوم الآخر ولا شكله وليس هنالك من وضوح عن مصير الإنسان بعد الموت.

٣- إنها رغم تغير الظروف لا زالت ديانة منغلقة ... تجعل من شعبها مختاراً دون بذل أي جهود فكرية لتصحيح هذا المفهوم الذي لم يعد ضرورياً.

٤- إن المسيحية تركت للعقل الإنساني أن يضيف ويحذف الكثير من المعتقدات عن طريق المجامع الكنسية .. ورغم إن هذه النقطة تعتبر اعترافاً بالاجتهاد إلا أن الاجتهاد عندهم مطلق مما يبين إن العقائد الدينية تصاغ من قبل الإنسان وليس عن طريق الوحي وتغير متى ما اقتضت الحاجة إلى ذلك كما حصل في تبرأة اليهود من دم السيد المسيح في مجمع الفاتيكان /٦ المسكوني، ويزداد سكان الأرض وتتعدد نفوس اتباع أية ديانة تستمر في الوجود، إذ يصبح لزاماً على القادة آنذاك إن يلائموا الأفكار مع المنتمين إليها خاصة عند تغير الظروف والأزمان والأمكنة، فاليهودية بدأت في مصر واستقرت لفترة في سيناء، ثم جاءت إلى فلسطين لتؤسس مملكة تمتد عبر

عشرات السنين وعبر عشرات الأنبياء وعبر أجيال تميزت بالتحمس لمعتقداتها في جانب ومعارضة لقادتها من جانب آخر.

وتبين التوراة والعهد القديم تطورات عقائدية وفكرية كثيرة في اليهودية كان انغلاقها سبباً في ظهور نبي من بين ظهرانيهم يدعو لدين أممي جديد ، فظهرت المسيحية، ولكن بين ظهراني مدن أخرى، بعيدة عن بلد النبي الذي جاء برسالتها، ثم أنها توسعت وتطورت بعيداً عن فلسطين، هناك في أوروبا حيث صارت ديانة علنية على يد "قسطنطين" الذي كان له فضل عقد أول مجمع كنسي صار أساساً للعقيدة الجديدة التي ميزت هذا الدين إلا وهي عقيدة التثليث.

وكان لعقيدة التثليث أثر في مطاردة الموحدين الذين رفضوا الاعتقاد بألوهية المسيح من اتباعه، فاشبعوا قتلاً وإرهاباً وتشريداً حتى تم استئصالهم في القرن السادس الميلادي، حيث واجهت المسيحية خطراً لم تفكر به إلا وهو الإسلام وظهور النبي محمد صلى الله عليه السلام.

أن بزوغ فكرة الألوهية في المسيح دفعت إلى إظهار فكرة الألوهية في الروح القدس ليكون الإله الواحد مجزءاً بثلاث أقانيم هي الأب والأبن والروح القدس، فيبقى واحداً في الأصل ثلاثة في الأقانيم والواجبات، فالأب الخالق والروح القدس الهادي والابن المنقذ من الخطيئة ويضطر الابن إلى النزول بناسوته إلى الأرض ليكون مسيحاً يتحمل خطيئة من يتبعه من المؤمنين به وبعدها يعود لاهوتاً حيث يجلس إلى جانب الأب في السماء.

وتستمر المجامع الكنسية بالانعقاد لتبحث أموراً أخرى كثيرة عقائدية تضيف أفكاراً جديدة إلى أفكار الكنيسة ، مما يجعل المعتقدات بشرية بحته.المهم أن للمجتهد إن أصاب أجران، وإن أخطأ فأجر واحد فقد اجتهدت في كتابي هذا، واجتهادي كان لمصلحة طلاب الدراسات الدينية المقارنة (أولية كانت دراساتهم أم عليا)، راجياً من الله أن أكون قد وفقت فيها ..

ومن الله التوفيق

المراجع

القرآن الكريم

أولاً المصادر العربية

- الدكتور سامي سعيد الأحمد: اللغات الجزرية ، بغداد (١٩٨٢) من مشورات اتحاد المؤرخين العرب.
- الدكتور سامي سعيد الأحمد : الأسس التاريخية للعقائد اليهودية ، من منشورات الجمعية العراقية للتاريخ والآثار رقم (١) مطبعة الإرشاد بغداد ،١٩٦٩.
- ابن حزم الأندلس ، الفصل في الملل والأهواء والنحل، ج١ القاهرة (د.ث)
- الدكتور أحمد سوسة مفصل العرب واليهود في التاريخ ط/٥ بغداد /١٩٨١.
- الدكتور أحمد شلبي، مقارنة الأديان (١) اليهودية ، القاهرة ط/٤. ١٩٧٣.
- الدكتور أحمد شلبي مقارنة الأديان (٢) المسيحية ، القاهرة ط/٤ ١٩٧٣.
- الدكتور أحمد عبد الوهاب، المسيح في مصادر العقائد المسيحية أن القاهرة / ١٩٧٨.
- الدكتور رشدي عليان و د. سعدون محمود الساموك ، الأديان، دراسة تاريخية مقارنة ، بغداد /١٩٧٨.
- صفي الدين المباركفوري ، الرحيق المختوم، دار السلام. الرياض ١٤١٤هـ/١٩٩٣م.

- الدكتور سعدون محمود الساموك، موجز تاريخ الديانتين اليهودية والمسيحية ، محاضرات ألقيت على طلبة الصف الرابع بكلية الشريعة /١٩٨٥.
- فرحان محمود التميمي، الجذور الدينية للحركة الصهيونية. رسالة ماجستير . كلية الشريعة . جامعة بغداد ١٩٨٦.
- عبد الحميد رشوان . الإدعاءات الصهيونية والرد عليها. اليهئة المصرية العامة للكتاب. القاهرة ١٩٧٧.
- الدكتور سعدون محمود الساموك. الوجيز في الأعياد والمناسبات الدينية في العراق مخطوط . بغداد.
- الدكتور سعدون محمود الساموك مختصر تاريخ الكنيسة، مجلة كلية الآداب ، القسم الثاني ، العدد/٢١ لسنة ١٩٧٦ (بغداد).
- جواهر لال نهرو، لمحات من تاريخ العالم ط٢/ بيروت/ ١٩٥٧.
- دائرة المعارف البريطانية ، طبعة /١٩٦٥(ج١١).
- الأب الدكتور جورج شحاته قنواتي، المسيحية والحضارة العربية، المؤسسة العربية للدرسات والنشر ، بيروت /١٩٨٤.
- الأب إي بي برناتيس(ترجمة زهدي الفاتح) ، فضح التلمود تعاليم الحاخامين السرية، بيروت /١٩٨٥.
- الدكتور بطرس ضو ، تاريخ الموارنة الديني والسياسي والحضاري /بيروت/١٩٧٧.
- الدكتور أسد رستم ، حرب في الكنائس ، بيروت/١٩٦٧.

- د. نعمان عبد الرزاق السامرائي، دراسات في التوراة ، مستلة من العدد الرابع مجلة الشريعة ١٩٦٧/١٩٦٨.
- د. نجيب العقيقي، المستشرقون، القاهرة.
- الدكتور سعيد الفتاح عاشور، أوروبا في العصور الوسطى ج١ التاريخ السياسي، القاهرة /١٩٧٣.
- محمد عي حسن، بين التوراة والقرآن خلاف، بغداد/١٩٨٣
- سليمان مظهر، قصة الديانات، القاهرة ، القاهرة/١٩٨٤.
- اسماعيل الفاروقي. قضية فلسطين في ضوء القانون الدولي. القاهرة ١٩٦٨.
- حسن الحلبي. قضية فلسطين في ضوء القانون الدولي . معهد البحوث والدراسات العربية. بغداد ١٩٦٩.
- د. مراد كامل "إسرائيل في التوراة والإنجيل ، معهد الدراسات العربية العالمية. دار المعرفة. القاهرة ١٩٦٧
- د. محمد كمال الدسوقي وعبد الوهاب عبد الرزاق سليمان، إسرائيل قيامها واقعها. مصيرها. دار المعارف بمصر. القاهرة ١٩٦٨.
- الدكتور محمد محمد صالح، تاريخ أوربا من عصر النهضة وحتى الثورة الفرنسية (١٥٠٠-١٧٨٩) بغداد /١٩٨٢.
- صبري جرجيس، تاريخ الصهيونية ج١،بيروت /١٩٧٧.
- الدكتور فؤاد حسنين علي، التوراة الهيروغليفية، القاهرة (د.ث)
- الشيخ محمد أبو زهرة ، محاضرات في النصرانية ، القاهرة.

- عبد الجبار القاضي، المغني في أبواب التوحيد والعدل ج/٥ القاهرة.
- ظفر الإسلام خان، التلمود ، تاريخه وتعاليمه ط٢ بيروت ١٩٧٢/.
- فاروق الدملوجي ، تاريخ الإلهة ،الكتاب الثالث في الديانة اليهودية بغداد /١٩٥٤.
- عبد الرزاق محمد أسود ، الموسوعة الفلسطينية ، الدار العربية للموسوعات/ ١٩٧٨ بيروت.
- الدكتور علي عبد الرزاق وافي، الأسفار المقدسة في الأديان السابقة للإسلام ، القاهرة /١٩٧١.
- عبد الفتاح حسن أبو عليه والدكتور إسماعيل ياغي، تاريخ أوروبا الحديث والمعاصر ، الرياض/١٩٧٩.
- عبد الوهاب النجار ، قصص الأنبياء ط٣ مكتبة وهبة القاهرة .
- عبد الوهاب المسيري ، اليهودية والصهيونية وإسرائيل (المؤسسة العربية للدارسات والنشر، بيروت/١٩٧٥).
- عبد الوهاب المسيري، موسوعة المفاهيم والمصطلحات الصهوينية والأيدلوجية الصهيونية. القسم الثاني . مطبعة الأهرام. القاهرة.
- محمد طلعت الغنيمي، دعوى الصهيونية في حكم القانون الدولي. مطبعة جامعة الإسكندرية . مصر ١٩٧٠
- أمين الغفوري، توازن القوى بين العرب وإسرائيل. دراسة تحليلية استراتيجية لعدوان حزيران ١٩٦٧. دار الاعتدال للطباعة والنشر. دمشق ١٩٦٨.

◻ د. عمر الخطيب ، الجذور الأيدلوجية للمفاهيم الإسرائيلية. القاهرة .

◻ عرفات حجازي، العبور إلى القدس / ١٩٧٤ (دون ذكر مكان الطبع).

◻ د. عابد توفيق الهاشمي ، عقيدة تملك الصهاينة لفلسطين وتنفيذها. بغداد ١٩٨٧.

◻ صادق حسن السوداني، النشاط الصهيوني في العراق. بغداد ١٩٨٠.

◻ الدكتور سعدون محمد الساموك والدكتور رشدي عليان. تاريخ الديانتين اليهودية والمسيحية. جامعة بغداد ١٩٨٨.

◻ الكتاب المقدس ، إصدار دار الكتاب المقدس /١٩٨٥.

◻ الدكتور حسن ظاظا، الفكر الديني اليهودي أطواره ومذاهبه دار العلوم ، بيروت (دار القلم . دمشق).

◻ الدكتور محمد نبيل طاهر العمري والدكتور محمد أحمد الحاج، مقارنة أديان. جامعة القدس المفتوحة ط١. عمان ١٩٩٨.

ثانياً: المصادر الأجنبية:

١-   Archibald G. Baker, A short Histoty os Christianity ,
     Chicago ١٩٤٤.

٢-   Bouquet. A.C Comparative Religion , Baltimore Maryland
     ١٩٦٩

٣-   Campenhausen , ll . anderen, Die Religion in Geschichte
     and Gegenwart, dritte Auflage lll Tubingin ١٩٥٩.

٤-   Hitti , History of Syria

٥-   Jewish Encyclopedia Handbook.

٦-   Kuiper, B.k. The Church in History , Michigan ١٩٦٤.

٧-   Ottly, R.L.B.K.A short History of the Hebrews to the Roman
     Period New York ١٩٠٥ .

٨-   Rattey , B.K.A short History or the Hebrews London ١٩٦٤.

٩-   Schops H.J. Religionen, Guersioh ,١٩٦٤

١٠- Walker, A History of the Christian church , Revised Edition,
     New York ١٩٥٩.

T0102971

Printed in the United States
By Bookmasters